★ 国家出版基金资助项目
★ 湖北省学术著作出版专项资金资助项目

高等教育与社会发展论丛

董泽芳◇主编

改革与探索：
高校创新型人才培养的社会学分析

袁 川 著

华中师范大学出版社

新出图证（鄂）字10号

图书在版编目（CIP）数据

改革与探索：高校创新型人才培养的社会学分析/袁川著．—武汉：华中师范大学出版社，2018.12

（高等教育与社会发展论丛/董泽芳主编）

ISBN 978-7-5622-8489-5

Ⅰ．①改…　Ⅱ．①袁…　Ⅲ．①高等学校—人才培养—研究—中国　Ⅳ．①G649.2

中国版本图书馆CIP数据核字（2018）第299312号

改革与探索：高校创新型人才培养的社会学分析

© 袁川　著

责任编辑：史小艳　　**责任校对**：刘　峥

封面设计：罗明波

编辑室：学术出版中心　　**电话**：027-67863220/7792

出版发行：华中师范大学出版社　　**社址**：湖北省武汉市洪山区珞喻路152号

电话：027-67863426（发行部）　027-67861321（邮购）

传真：027-67863291　　**邮编**：430079

网址：http：//press.ccnu.edu.cn　　**电子信箱**：press@mail.ccnu.edu.cn

印刷：湖北恒泰印务有限公司　　**督印**：王兴平

开本：710mm×1000mm　1/16　　**字数**：229千字

版次：2018年12月第1版　　**印次**：2018年12月第1次印刷

印张：15.25　　**定价**：54.00元

欢迎上网查询、购书

总　序

高等教育是社会大系统中的一个极其重要的子系统，它与经济、政治、文化等子系统之间有着相互依存的关系。高等教育作为培养高层次专门人才的社会活动，与人的发展更有着极为密切的联系。同时，高等教育自身又是一个多层次、多类型、多主体的系统，不仅大学之间，大学内部各组织之间，领导、教师与学生之间关系错综复杂，而且与社会的方方面面都有着千丝万缕的联系。随着时代的发展，多层次的高等教育与多元化的社会之间形成了越来越密切的互动关系。现代社会，高等教育的存在和发展越来越离不开政府和社会在人力、物力、财力，以及政策、环境等方面的支持与促进；社会的发展也越来越离不开高等教育及其研究的引领与推动。美国经济学家弗里德曼用经济学“核心—边缘”理论研究二战后的经济社会现象与教育特别是与高等教育的关系时，发现在知识成为经济社会赖以存在和发展的基本资源与生产要素后，高等教育逐渐从游离于社会之外的“象牙塔”进入社会的边缘区，并渐次成为推动经济社会发展的中心要素，从而提出了著名的高等教育“从边缘走向中心”的发展趋势理论。从二战后高等教育对许多国家发展的实际影响来看，高等教育已成为促进国家科技振兴、经济发展、政治民主、文化繁荣的必要条件；从高等教育对社会个体的影响来看，高等教育不仅是提高个人素质、开发个人潜能的重要基础，更是促进社会流动、实现人生价值的主要途径。的确，高等教育对社会及个人的影响力从来没有像今天这样巨大，社会变革对高等教育的影响也从来没有像今天这样深刻。

然而，随着现代科技的发展和工业化进程的加速，科学文化及其内含的经济价值和工具价值得以彰显，高等教育发展中理性主义与功利主义的冲突日趋激烈。同时，高等教育大众化的进程加快及其与政府、市场、大学三者关系日益复杂，加之财政困难，高等教育商业化、官僚化、技术至上和教育质量下降等问题凸显，高等教育发展的现状和社会的期望之间的鸿沟逐渐加深，高等教育与社会发展之间的冲突也不断加剧。著名的高等教育学家约翰·S. 布鲁贝克在其《高等教育哲学》一书中，专门从冲突论的视角，论述了高等教育发展中认知论与政治论、自治与控制、学术自由与社会责任、精英教育与大众教育、普通教育与专才教育五方面的冲突，还就传统的高等教育与现代的高等教育、学术研究与社会现实道德、大学与教会等方面的冲突展开了论述。联合国教科文组织前总干事费德里克·马约尔在1995年发布的联合国教科文组织关于“高等教育的变革与发展的政策性文件”中更明确指出，“全世界几乎所有国家的高等教育都处于危机之中”。

在我国，随着社会现代化进程的加快，人们已愈来愈清楚地认识到，高等教育与社会的良性互动和协调发展不仅是政治稳定、科技振兴、经济发展、文化繁荣、人民幸福的必要前提，而且是保障高等教育健康发展、高效运行的基本条件。然而，现实的高等教育与社会互动机制仍不够健全，高等教育与社会发展不协调的现象也普遍存在。尤其是在社会大转型的今天，新旧体制、新旧观念与新旧因素的对立与摩擦，以及由此产生的社会失序、混乱与震荡，不仅使高等教育与社会的互动日趋复杂，也使高等教育与社会的协调发展严重受阻。有关高等教育与社会发展的关系的研究也面临着一系列值得研究的新问题。

从宏观的层次讲：一是社会结构转型与高等教育制度的调适问题。社会转型主要包括政治结构、经济结构、文化结构等在内的社会结构的整体性变迁过程。社会转型必然引起与原有社会结构相配套的规则与程序不同程度的失效，而新社会结构要素的生长亟待制度创新来促进和保障。高等教育制度如何调适与创新，如何形成与各种新的社会结构要素协调发展的关系，如何实现高等教育自身健康发展与着眼于学科发展、促进社会全面协调发展的双重目标等问题，必须通过高等教育社会学的研究才能作出科学的回答。二是高等教育与社会关系的变化及高等教育的社会功能重构。社会结构的全面转型必然对高等教育产生巨大的影响，并使高等教育与社会的关系出现一系列新变化。如市场经济的发展打破了高等教育自我封闭的格局，加强了高等教育对市场的关注；民主政治的推进提升了高等教育的自主地位，弱化了高等教育对政府的依赖；对外开放格局的形成拓展了教育者的视野，加强了高等教育同世界的联系，等等。在这种情况下，如何重新认识高等教育的社会价值，如何重构高等教育的各种社会功能，如教育对市场经济的适应、支持与矫正功能，对政治的维护、监督与批评功能，对国外文化的选择、吸收与融合功能，等等，也是高等教育社会学研究的重要任务。三是高等教育与社会冲突的加剧及高等教育的整合机制。社会全方位的变革使高等教育赖以生存的基础发生了变化，高等教育本身也进入了一个剧变时期，旧的运行机制正在被打破，新的运行机制尚未被建立，高等教育与社会的冲突大量存在。如社会经济发展对高等教育的人才需求结构与高等教育的人才培养、输出结构的冲突，高等教育发展对投入的需求与社会经济承受力的冲突，高等教育对理性精神的追求与社会现实的功利取向的冲突，高等教育的价值观念取向与社会文化观念更新的冲突，等等。诚然，高等教育社会冲突的出现并不必然产生消极的后果。如果通过高等教育社会学的研究能够形成比较健全的教育与社会的整合机制，高等教育与社会之间的冲突就会向积极的方面转化。

从中观的层次讲，主要是社会转型带来的各种社会分化引发了一系列新的高等教育社会问题。如区域分化与高等教育发展的失衡问题，阶层分化与弱势群体子女的高等教育问题。急剧的社会转型使原有社会阶层结构产生了前所未有的大分化，进而导致利益的大分化，这必然会在不同利益主体间产生广泛的矛盾和冲突。由此引发了地区之间高等教育差距扩大、高等教育资源配置不合理、高等教育机会不均等等新的高等教育社会问题。

从微观的层次看，主要有社会行为无序与大学行为失范问题，高等教育时空拓展与高校师生关系变化问题，大学校内、校外环境变化与大学教师角色冲突问题，商业的价值原则渗透与大学生的功利行为问题，等等。这些现实的问题，都是令人感到困惑的新的教育问题、社会问题，迫切需要高等教育社会学的探讨与解决。

在这种情况下，高等教育社会学理应顺应时代的要求，调整研究的视角，真正树立起高等教育与社会一体化协调发展的观念，加强对高等教育与社会互动机制的研究，努力探寻高等教育与社会协调发展的规律，促进我国高等教育的健康发展和社会的全面进步。本丛书的出版目的正在于促进这一研究。

本丛书在编写上突出了下列特点：一是研究立场的本土性与研究内容的时代性。从中国近代高等教育的发展过程看，过去高等教育学的研究在一定程度上存在着过于依赖西方教育理论和教育观念的问题，相关研究缺乏本土意识。本丛书强调立足中国国情来解决中国高等教育实践中的问题。在研究内容上，牢牢把握当下中国社会大转型这一时代背景，直面因新旧体制、新旧观念及新旧因素的对立与冲突所产生的社会失序、混乱及震荡给高等教育发展带来的冲击与挑战，紧紧围绕“高等教育与社会和谐发展”这一核心主题，提出了摆脱困境、战胜危机所要解决的一系列重要问题，并通过实实在在的研究，给出了明确回答。本丛书提出的这些问题，都是“高等教育与社会和谐发展的中国问题”，或者说是“中国的高等教育与社会和谐发展问题”。而丛书作者通过研究作出的回答，可视为有助于解决问题的一些“中国答案”。

二是研究视域的广阔性与研究视角的多层性。高等教育与社会发展都是多层次、多类型、多主体的系统，探讨二者的关系应该有广阔的视域和多层的视角。在研究的视域上，本丛书既着力审视整个社会的结构与文化、体制与机制同整个高等教育之间的关系，也努力探明区域分化、地方传统文化同地方高等教育之间的关系，并用力探究具体高校中的职业性别政治、权力关系及角色冲突等问题。在研究的视角上，本丛书立足于高等教育学，比较倚重于社会学，但并不局限于社会学，而是根据研究的具体问题及主要目的，将研究的视角延展至经济学、文化学、人类学、教育学等学科。开阔的学术视野与多样的研究视角，使得丛书内容格外丰富多彩。

三是研究方法的多元性与研究手段的实证性。本丛书遵循了理论研究与实证研究相结合、立足国情与合理借鉴相结合、问题分析与对策探讨相结合等原则，注重多种方法的综合运用。尤为强调运用实证分析的手段，将研究结论建立在翔实的资料基础之上，力图更多地用客观事实说话，用实际材料说话。如制度政策的文本分析、形式多样的问卷调查、扎根实地的田野研究、已有统计数据的二次分析等，在本丛书中都有合理运用，从而为发现高等教育与社会协调发展中存在的问题、揭示成因、寻觅对策提供了必要依据。通过开展实证研究，本丛书改变和克服了老套社会科学研究“从概念到概念”、“从理论到理论”、“从问题到问题”的不良倾向，增强了理论研究的“问题导向”与策略研究的“有的放矢”。

本丛书得以出版，既要感谢华中师范大学出版社新老领导的精心策划与大力支持，也要感谢编辑部主任和各位编辑的认真审读与细致编校，更要感谢顾明远先生与吴康宁先生的充分肯定与郑重推荐。

本丛书的作者主要是高等教育与社会发展研究方向的博士和博士后，丛书多是在他们的博士学位论文的基础上修改而成，虽然研究宗旨与写作要求一致，但每本书的主题思想与写作风格各异。作为丛书主编，我希望本丛书的出版能够为促进我国高等教育与社会协调发展起到一定的作用，也希望高等教育与社会发展的议题能受到学界更多的关注。由于作者的水平以及对高等教育与社会协调发展规律的认识有限，本丛书必有诸多不足之处，诚望诸位学者、读者不吝赐教。

董泽芳

2017 年 6 月 6 日

序

随着改革开放的全面深入推进，我国社会已进入新一轮大发展、大变革和大调整时期。在这种社会全面革新的历史境遇中，创新型人才的培养无疑是实现国家富强、民族振兴和人民幸福的重要基石，也是当前我国高等教育人才培养目的的主流价值取向。创新型人才的培养是新时期我国高校人才培养的职能体现，也是在实践中备受社会关注的热点议题，发人深省的“钱学森之问”更是让这一议题成为社会的总焦点。《国家中长期教育改革和发展规划纲要（2010—2020年）》提出“创新型人才培养具有相当的重要性和紧迫性”，也回应了社会的关注，充分体现了破解这一议题的时代需要和社会责任。无疑，创新型人才的培养是一项社会系统工程，涉及众多复杂的历史原因和社会关系，既受到宏观的国家、社会层面的体制、机制和文化传统等方面的影响，又受到中观的高等学校层面的培养模式和教学方式等因素的羁绊，还受到微观的师生层面的师生关系和教学互动等因素的制约。从一定意义上说，创新型人才的培养不仅是一个具有中国特色的教育问题，而且是世界各国都尤为关注与重视的社会问题。因此，从社会学多学科视角分析我国高校的创新型人才培养具有重要的理论价值与现实意义。

我国高校的创新型人才培养正处于探索、改革和试验性阶段。本研究选择湖北省几所较为典型的高校进行创新型人才培养方面的社会学研究，主要有以下四个原因：一是当前我国各级各类的高校在国家宏观政策的影响下都在进行创新型人才培养方面的实践，如果选择所有的高校或选择几个省区的高校进行研究，需要大量的人力、时间、物力和财力，非本研究在有限时间和现有条件下所能完成的，况且这种样本选择也难以使研究深入开展；二是湖北省地处我国中部地区，经济发展在我国31个省、市、自治区的发展中处于中上游水平，高等学校数量众多，具有全国最多的学生总数，高校的创新型人才培养既不像东部和北部地区易于超前化，也不像西部地区极有可能滞后化，其在全国具有较强的代表性和典型性。三是湖北省高等学校类型较为多样，高校专业发展也较为齐全，层级也较为明显，既有全国一流的综合类大学和理工科类大学，也有全国知名的民族大学、农科类大学以及师范类重点大学，另外还有适合地方办学要求的地方院校。因此，湖北省的高等教育发展具有全国高等教育发展的共性特点，能基本代表全国高等教育发展的总体特征。四是从研究者自身的条件上看，研究者曾在湖北省长时间学习和生活，对当地的高校人才培养了解得较多，况且研究者的老师、同学和朋友大多数在湖北省学习和工作，故具有从事本课题研究的天时、地利和人和的优势。

本研究重点分析了湖北省7所高校［选择2所“985工程”大学，2所“211工程”大学（非985），1所地方重点本科院校（指一本中除了“985工程”和“211工程”之外的高校），2所地方一般本科院校］的创新型人才培养，其经验可以概括为：注重人才培养理念的创新，突出人才培养模式的改革，加强人才培养制度的建设，着力人才培养氛围的营造。但是，其在高校层面和师生层面也存在一些亟待解决的问题。高校层面的主要问题有：人才培养理念的创新中仍然存在一定程度的趋同性，人才培养模式的改革中未能突出培养目标的多元性，人才培养制度的改革中尚未充分突出学生的主体性，人才培养氛围的营造中较忽视师生交往的和谐性。师生层面的主要问题有：教师教学投入不足，教师创新能力不强，学生价值取向偏颇，学生主动学习不够。分析造成上述问题的原因，教育管理体制的障碍是高校难以培养创新型人才的关键原因，培养模式的落后是高校难以培养创新型人才的重要原因，师生互动的不足是高校难以培养创新型人才的直接原因。因此，我国的高校要培养创新型人才，需要借鉴国外高校成功培养创新型人才的经验，结合我国的客观环境进行制度创新。在宏观方面，完善国家教育管理体制机制，健全政府管理制度；健全社会支持制度，加强校社互动交流；注重文化传承创新，体现文化育人作用。在中观方面，重塑现代大学精神，创新人才培养理念；改革人才培养体制，完善大学内部治理；创新人才培养模式，健全教学管理制度。在微观方面，发挥教师的主导作用，创新教师教学方式；落实学生的主体地位，创新学生的学习形式；构建和谐的师生关系，创新师生互动的机制。

他山之石，可以攻玉。本研究还借鉴了美、英、日等发达国家的高校创新型人才培养的成功经验，重点选取美国的哈佛大学、英国的牛津大学和日本的东京大学三所高校进行参照研究。选择这三所学校，主要基于三个方面的考量：其一，三所高校历史悠久，在世界一流大学中位居前列，分别代表各自国家高等教育发展的最高水平，享有崇高的社会声誉；其二，三所高校培养出了众多享誉世界的政治领袖、商业精英和科技人才，为本国或本地区的经济发展和社会进步做出了突出的贡献，其创新型人才培养成效显著；其三，三所高校分别来自不同的国家和经济区域，在高校创新型人才培养方面既有共通之处，也存在不同的特色，特别是作为中国近邻的日本，其在明治维新之后一百多年的时间在高等教育人才培养方面所取得的成就，值得我们总结和借鉴。美国的哈佛大学、英国的牛津大学、日本的东京大学之所以能成功培养创新型人才，在国家、社会层面得益于国家政策的支持、政府法案的推动、多元资金的扶助、紧密的社会配合以及创新的文化理念；在高校层面主要建立了“学术自由”的人才培养理念、“学习自由”的人才培养制度以及“创新自由”的人才培养模式；在师生层面主要有教师的教学自主、学生的学习自由以及和谐的师生关系和融洽的教学氛围。借鉴国外高校成功培养创新型人才的经验，我们需要确立自由发展的教育理念、营造宽松自由的环境氛围、建成较为完备的管理制度、创新多元开放的培养模式以及形成独具特色的教学过程。

从某种意义上说，高校的创新型人才培养是一项社会系统工程，目前在我国仍处于实践探索和经验总结阶段，无论是国家的顶层设计，还是高校的管理调控，抑或是高校人才培养的教学改革，出现各种现实的困难和问题在所难免。必须明确的是，高校创新型人才的培养是我国高等教育发展史上又一次重大的教育变化和革新活动，是我国继实施素质教育之后的又一次教育观念转型，它真实地映射了社会转型期中我国的经济社会发展对高校人才培养的真实需求，也正是钱学森先生提出“为什么我国的高校总是培养不出杰出创新型人才?”这一问题的关键所在，这也正是本研究对我国高校创新型人才培养进行社会学研究的基本出发点。对我国高校创新型人才培养的实施现状进行调查研究，借鉴国内外的经验教训，构建基于高校创新型人才培养的实践体系，是本研究的基本目标之一。但是，尤为值得注意的是，对于我国的高校创新型人才培养这种持久性、发展性和创造性的社会实践活动，本研究虽然概括出了一些值得关注的研究结论，获得了一些有益的研究成果，总结出了一些创新要点，但这些都只是阶段性的成果，仅是“万里长征”的初始阶段，还需要后续的研究解决很多问题。对此，本研究只想对我国高校创新型人才培养的研究起到抛砖引玉的作用，从而引起相关理论界与实践界的共鸣，丰富我国高校创新型人才培养的理论体系和实践体系。

目　　录

第一章　绪　　论

随着改革开放的全面深入推进，我国社会已进入新一轮大发展、大变革和大调整时期，经济体制正由传统计划经济向有中国特色的市场经济转轨，经济形态正由传统农业经济向工业经济和知识经济发展转型，经济增长方式正在经历由粗放型向集约型转变。可以说，今天的中国已经大步迈进科学技术迅猛发展和社会全面转型的时代。在这种社会全面革新的历史境遇中，创新型人才的培养是实现国家富强、民族振兴和人民幸福的重要基石，是当前我国高等教育人才培养的主流价值取向。实际上，创新型人才的培养本应是新时期我国高校人才培养的职能体现，然而在实践中由于高校的人才培养与社会的发展不太适应，创新型人才培养成为一个备受社会关注的热点议题，发人深省的“钱学森之问”更是把这一议题推向了社会的总焦点。《国家中长期教育改革和发展规划纲要（2010—2020年）》提出“创新型人才培养具有相当的重要性和紧迫性”，是对社会关注的充分回应，也体现了破解这一议题的时代需要和社会责任。无疑，创新型人才的培养是一项社会系统工程，涉及众多复杂的历史原因和社会关系，既受到宏观的国家社会层面的体制机制和文化传统等方面的影响，又受到中观的高等学校层面的培养模式和教学方式等因素的羁绊，还受到微观的师生层面的师生关系和教学互动等因素的制约。从一定意义上说，创新型人才的培养不仅是一个具有中国特色的教育问题，而且是世界各国都尤为关注与重视的社会问题。因此，从社会学多学科视角分析我国高校的创新型人才培养具有重要的理论价值与现实意义。

第一节　研究的背景与缘由

一、研究的背景

关于创新型人才的培养，许多人起初的思考主要是基于目前我国本土的高等教育难以培养诺贝尔奖获得者这一标准提出来的。即便近年来莫言和屠呦呦分别获得了诺贝尔文学奖和诺贝尔生理学或医学奖，但莫言只接受过小学五年级的普通学校教育，他的获奖与中国的高等教育并无直接的联系；屠呦呦被戏称为中国当前的“三无”科学家，没有博士学位、没有留洋背景和没有院士头衔。两人的获奖对中国高校的创新型人才培养具有重要的反思意义，即中国的高等教育难以有效地培养创新型人才，或者说目前中国的教育管理制度、人才培养模式、课程体系建设、教育教学方法和人才评价机制等难以培养出创新型人才，这是一种对中国现存教育现状和成效的质疑和批判，由此引发了社会对钱学森先生的“世纪之问”的共鸣，即“为什么我们的学校总是培养不出杰出人才”。实际上，创新型人才的培养表现为我国社会对高等教育目的价值取向的一种强烈诉求，是高等教育系统对人才培养规格的未来展望，它真实地映射了社会转型时期我国高等教育系统内部各因素之间以及高等教育系统与社会亚系统之间的矛盾和冲突，从深层次上反映了我国教育变革的动因。换句话说它真实地揭示了我国人才培养的内在本质，即培养一大批拔尖创新型人才是我国建设创新型国家、增强国家的综合实力和国际竞争力的客观必然要求。然而，当前社会对高等教育的无限需求与高等教育人才培养层次不足的矛盾已成为制约我国经济社会发展的关键瓶颈，即我国缺少拔尖创新型人才。责任在哪里？原因是什么？出路在何方？对此我们应该做出怎样的理性回应？想必这些都应该引起国人的高度关注与重视。当然，用是否获得诺贝尔奖作为评价创新型人才的标准还值得学界进一步的探讨与研究，因为我们不能否认中国航天工程的科学家和杂交水稻的发明者是创新型人才。其实，创新型人才的培养是一个国际问题，当前世界各国的竞争归根到底是人才的竞争，谁拥有一流的人才则必将在激烈的国际竞争中取得主导和优势，对此，美、日等发达国家纷纷把科技创新和创新型人才培养提高到国家发展的新高度，寄希望于教育的创新推动社会的全面发展，力图在日趋激烈的国际竞争中抢占先机。原本大好的国际创新型人才培养形势会对中国的人才培养产生积极的作用和影响，然而现实的境况却让人心神不安：我国教育管理体制难以为创新型人才的培养提供宽松的环境，一些高校的教师和学生“被牵着鼻子走路”，教师不能自主施教，学生也不能自由学习，师生都缺少教学的自由和学习的兴趣；教师在科研与教学之间难以选择，也无法做到结合，不得不“被科研”；对学生的评价方式单一和狭隘，无法做到客观公允和调动学生的积极性；另外，社会总是一味问责于中国的教育管理体制、教师教学方法和评价机制，而不对中国的文化传统、思维倾向和社会现实进行深入的剖解与分析，这不可避免使问题走向另一个极端。如此等等的迷惑与不解，高校又怎能良好地培养创新型人才呢？或许这已经到了全面而深刻地认识中国高校创新型人才培养的时候了。将创新型人才的培养作为一个社会问题并得到公众的正确对待，这对于认识创新型人才培养的现状、厘清创新型人才培养思路和培育创新型人才具有重要的理论价值和现实意义。

总之，在当前我国高校创新型人才培养的过程中，各种问题已经十分突出，并且这些问题的存在已严重影响我国高校创新型人才的培养。因此，对高校创新型人才培养进行社会学研究毋庸置疑显得非常迫切。什么是创新型人才？为什么要培养创新型人才？我国高校为什么难以培养创新型人才？我国高校创新型人才培养的现实困境有哪些？另外，在建立现代大学制度的社会背景下，如何通过制度创新去培养创新型人才？这需要我们进行系统而深入的探究与分析。

二、选题的缘由

选择“高校创新型人才培养的社会学分析”这一主题进行研究，主要缘于以下两个原因：

（一）问题的驱动

1. 宏观上社会各界对创新型人才的认知还不够精确全面

一是社会对创新型人才的内涵认识存在多样化，没有形成统一的观点。实际上对创新型人才进行质的研究和量的评估是对创新型人才概念界定的关键问题，国内外学者们采用不同的研究方法，基于不同的研究视域进行认识，国内比较注重对创新型人才、创造型人才的概念进行界定，而国外一般只探讨了批判性思维、创造性思维、创造型人格等外延较窄的概念。有的学者较为关注创新型人才的人格特质、心理要素和思维特点，有的学者比较在意创新型人才的道德品质和社会贡献，有的学者尤为重视创新型人才是否有新思想的产生、新观念的呈现和新成果的问世。当前学者们对这一问题的思考和认识可谓见仁见智、莫衷一是，研究的特点缺乏系统性、全面性和深刻性。二是社会各界对高校创新型人才的缺乏归因不够全面，有人认为我国的传统文化较为保守，不利于创新型人才的生成；有人认为中国人的思维特点倾向于发明和技术，缺乏系统性、论证性和原理性的创造；有人又把中国创新型人才的缺乏归结为中国的教育管理体制、教育教学方法和评价机制；有人认为我国高校难以培养创新型人才的原因在于高校缺乏大师的存在，没有营造出创新型人才成长的环境和氛围；还有人把是否获得诺贝尔奖作为高校培养创新型人才的评价标准。如此等等的归因分析，使得创新型人才培养呈现出各持一说的窘境，或许每一种归因都对，但每一种说法都存在片面的情况。因此，值此高校实施创新型人才培养的关键时期，从概念内涵、文化传统、思维倾向、社会现实和制度视角对创新型人才培养进行系统的逻辑分析具有重要的理论意义和现实价值。

2. 中观上我国高校的创新型人才培养存在较多现实困境

创新型人才的培养是高校的职责与使命，然而我国高校创新型人才的培养与世界发达国家相比还存在较大差距。一是高校的办学思想还没有完全突破传统思想观念的禁锢，在很大程度上还是以智力发展和知识教学为中心，忽视学生的能力和非智力因素的培养，学生的主体地位得不到体现，存在重专业、轻人文、重共性、轻个性的工具型人才观，唯分数、唯知识、轻能力、轻素质的质量观还没有得到根本性的改变。二是高校的同质化趋向较为严重，存在攀高比大的状况，缺乏特色，缺乏个性，高校缺乏科学的人才观、成才观作指导，喜欢用统一的标准、一样的方法、标准的答案去指导和评价学生，造成学生个性不突出，缺乏创新思维和创造能力。三是高校存在功利化的办学思路，片面强调规模发展和数量增长，忽视内涵发展和质量提高，片面重视经济效益和短期效应，忽视社会效益和长期效应，造成创新型大学建设的效果不明显。四是高校的管理较为保守和封闭，这种违背教育规律、违背人才培养规律的做法显然难以造就创新型、成大事的学生。五是高校教学制度过于强调服从和统一，限制了教师的自主施教和学生的自由学习，学校教学质量评价标准单一，缺乏对创新特质的考核与激励。六是高校的教学方法重灌输轻引导，内容上重理论轻实践，思维上重结论轻推论，师生关系上重管理轻教育，造成学生长期处于被动接受的认同状态，主体精神、创新意识和创造能力得不到有效的开发，这明显不利于创新型人才的培养。显然，我国高校的办学模式、管理思路、教学方法和评价机制都存在较多问题，这直接影响到我国高校创新型人才培养的实现。因此，系统而全面地揭示与分析问题显得尤为重要。

3. 微观上我国高校师生在创新型人才的培养上存在诸多不足

从教育的本质上看，人是高校创新型人才培养的内在制约因素。俗话说，只有一流的教师才能培养出一流的学生。没有教师素养的提高，中国高校创新型人才的培养必将是一句空话。

一是高校领导层面的问题。高校缺少一批真正懂教育的理论家，特别是职业化的教育家，高校领导层多数是些双肩挑的干部，能够真正用在教育教学思考和管理上的精力相当有限，对创新型人才培养的系统性问题思考不多，规划缺乏长期性和可持续性，常常是头痛医头、脚痛医脚，效果不明显，不能从根本上解决创新型人才培养的关键问题。

二是教师层面的主要问题。随着高校的扩招，高校教师数量明显不足，教师工作量太大，自我支配时间有限，提升空间小；教师创新意识不够，创新型教师少，难以胜任创新型人才培养的需要；不少高职称教师不能把精力用在教学上；不少教师功利心态严重，责任意识不强，言传身教不到位；教师人才培养目标模糊或人才培养目标单一，重知识、轻能力，缺乏提高学生素质的具体教学要求，忽视学生个性特征和非智力因素的培养；教师对学生重管制、轻引导和交流，容易使学生形成权威定势、从众定势和服从定势，压抑学生的创新潜能。

三是学生层面的主要问题。受中小学应试教育的长期影响，学生进入大学后显现出先天不足；高考选拔人才大多是考知识的掌握程度，这样既阻碍了有创新潜能的学生的选拔，又养成了学生重知识、轻能力和素养的习惯，这自然给高校创新型人才培养增加了不小的难度；很多学生进入大学后，学习目标不明确，无系统的职业生涯规划，对未来的发展定向模糊，存在应付学习的状况，这给高校创新型人才的培养增加了一定的难度。

（二）研究的旨趣

关于创新型人才培养问题的研究，国内外学者的研究视野主要集中在一般问题的揭示和策略研究上，而对高校创新型人才培养的社会学研究是近几年才开始的，还较为薄弱。主要存在着对高校创新型人才培养研究的重视程度不够，研究视角较为单一，研究方法比较单调，研究的广度和深度有所欠缺，存在缺乏实证性、整合性、系统性等问题。为此，对我国高校创新型人才培养进行社会学研究是高校教育工作者、管理者、研究学者应该承担的社会责任。另外，选择这个研究课题，还与笔者自身的学习、生活和工作经历有关。笔者已在高等教育系统学习、生活和工作了十多年，在学生时代当过学生干部，现在的职业是高校教师，曾经做过教育行政机关工作人员，毕业后长期做学生辅导员工作。作为一名基层的高校教育工作者，本身的职业就是从事人才培养的工作，对理论和实践中存在的问题较为敏感。通过广泛的阅读和思考，已对创新型人才的培养进行了深入而系统的研究与思考，目前已有多篇论文见诸报刊，这激励着自己将研究旨趣集中到创新型人才培养这一问题上，树立起研究好这一问题的信心并担当起责任。

第二节　研究的目的与意义

一、研究的目的

本研究以创新型国家建设背景下我国高校本科生创新型人才培养为研究对象，其研究的目的有：

第一，调查了解我国高校本科生创新型人才培养的现状、特点及效果。

第二，分析我国高校本科生创新型人才培养方面所存在的问题，揭示问题存在的原因，进而提出解决问题的办法。

第三，探讨我国高校本科生创新型人才培养的机制与制度，结合实际构建基于制度创新的高校本科生创新型人才培养理论体系和运行模式。

第四，多视角、多维度、综合地分析我国高校本科生创新型人才培养现状，为我国高校本科生创新型人才培养研究提供理论视角以及实践参考。

二、研究的意义

提高教育质量、培育创新型人才是《国家中长期教育改革和发展规划纲要（2010—2020年）》的核心内容，同时也是当前我国高校的重要职责与使命。然而，在目前的形势下，社会对创新型人才培养的认识存在较大偏差，高校对创新型人才的培养存在诸多问题，师生对创新型人才的培养实践存在较多的不适应。事实上，创新型人才的培养在我国还是新生事物，理论上还不够成熟，实践上仍处于探索阶段，对于理论和实践中所出现的种种问题和社会的期盼，亟须从社会学视角进行应答和反思。尽管有较多学者对我国高校创新型人才的培养进行了不少的研究，但对我国高校创新型人才培养进行系统的问题与对策研究的学者则寥寥无几。本研究在分析国内外高校创新型人才培养研究的基础上，探讨我国高校创新型人才培养存在的现实困境和成因，旨在建立符合我国国情的高校创新型人才培养制度创新实践体系，为我国高校创新型人才培养提供理论支撑和事实依据。本研究以理论探讨为逻辑起点，以实证研究为事实依据，以指导社会实践为价值旨趣，既具有重要的理论意义，又具有重要的实践意义。

（一）理论意义

第一，有利于丰富我国高校创新型人才培养的研究视角。本研究以社会学分析理论为研究基础，使用社会学调查的研究方法，把我国高校创新型人才培养置于社会转型特别是建设创新型国家的大背景下进行研究，研究涉及社会学、教育学、心理学、哲学、历史学、人类学、统计学、管理学等多学科的观点和方法，从社会层面、高校层面和师生层面出发，基于高校创新型人才培养的问题认识，探讨分析我国高校创新型人才的培养，这不仅拓展了高校创新型人才培养的认识视域，而且丰富了高校创新型人才培养的研究视角。

第二，有利于端正我国高校创新型人才培养的价值取向。创新型人才培养作为我国高校的重要职责与使命，目前已得到学术界的高度关注与重视。然而由于众多的社会原因和历史原因，对我国高校的创新型人才培养在社会中出现了很多不同的理解和看法，因此，对创新型人才培养进行价值梳理势在必行。本研究基于我国高校创新型人才培养的诸多问题，通过对我国高校创新型人才培养进行人文社会维度的分析和剖解，从文化传统、思维倾向和社会现实等层面加深社会对创新型人才培养的深入理解，这不仅有利于人们在思想观念中重视我国高校创新型人才培养的“软”环境建设，而且有利于社会确立正确的高校创新型人才培养价值取向。

第三，有利于丰富我国高校创新型人才培养的时代内涵。将高校创新型人才培养纳入社会场域中进行社会学研究，基于创新型国家建设和社会转型的大背景，在研究视角上以问题探究为出发点，在方法上注重定性与定量的相互促进，在学科观点上重视多学科的有机观照，这从一定程度上改变了过去学者们单纯从问题和策略等理论层面研究高校创新型人才培养的研究取向，赋予了创新型人才培养的社会学内涵，体现了高校创新型人才培养研究的科学化特征。在这个强调以人为本、注重科学发展和创新人才培养模式的新时代，运用社会学的学科之眼审视我国高校的创新型人才培养将具有更重要的时代气息。

（二）现实意义

第一，为社会认识提供信息平台。创新型人才培养作为一种新生的教育思想理念，由于人们基于不同的视角，存在着对创新型人才培养的不同认识和看法。这除了教育系统自身的原因外，还存在社会价值取向多元化的影响，特别是受文化传统、思维倾向和社会现实等因素的作用，社会、学校和家庭对创新型人才培养已是非常关心，由此形成了社会对创新型人才培养复杂甚至是相互矛盾的价值取向。本研究有利于社会各界端正对创新型人才培养的认识，确定正确的价值取向，吸收社会各界对高校办学水平、管理模式、人才培养、教育教学和评价机制等进行理性评价。这既有利于促进社会力量监督高校的人才培养改革，也有利于促进社会各界了解高校人才培养的现状，关注高校人才培养的问题，从而有利于社会各界支持高校的创新型人才培养改革。

第二，为教育改革提供决策参考。进入21世纪，为建立人力资源强国，实现创新型国家的建设，我国的高等教育在政府的大力支持下得到了快速的发展。高等教育的规模虽然得到了应有的扩大，高等教育的质量却为社会所诟病，其原因在于我国的高校创新型人才培养跟不上经济社会发展的需求。在这种情况之下，我国须加强对高校人才培养进行宏观管理与引导，高校必须加强对体制、机制进行全方位的改革。本研究通过调查研究揭示高校人才培养存在的问题和弊病，并从系统层面探寻问题存在的深层次原因，试图构建高校创新型人才培养的理论模型的运行模式。这不仅有利于教育行政部门和高校管理层制定教育发展改革的政策，而且有利于高校完善体制、机制的改革，建立基于创新型人才培养的现代大学制度和政策体系。

第三，为教学提供启示。教学是学校的中心工作，高校创新型人才的培养必须依赖于高校教师的教和学生的学。在社会的共同关注下，我国高校的教学改革已取得了一定的成效，高职称教师为本科生上课已成为一种制度得到了落实，学生创新精神和实践能力的培养已得到学校的重视，但由于众多复杂的原因，我国高校师生的教学仍存在诸多的问题，教师只管教不管学的现象仍然存在，师生之间的互动较少，学生被动学习的情况屡见不鲜，学习的主动性和积极性不高，教与学分离依然较为严重。本研究通过对高校师生教与学行为的深入调查，探寻基于师生教与学影响创新型人才培养的深层次原因，力图创设创新型人才培养的教学模式，以期为高校师生的教与学提供有益的启示。

第三节 研究的文献综述

伴随着科学技术对现代经济社会发展作用的进一步凸显，创新型人才培养的研究得到了国内外学者的广泛关注与重视，近年来取得了不少有价值的研究成果。使用“中国学术期刊网络出版总库”和“中国期刊网优秀博硕论文全文数据库”两个重要数据库，以“创新型人才培养”和“创新人才培养”为检索词，按主题进行精确检索并根据文献资料的主题相关性进一步筛选排序，自1998年有学者强烈呼吁“高等教育要主动适应知识经济发展的要求，确立创造性人才的培养目标，建立创新型人才的培养模式”① 以来，有关“创新型人才培养”研究的相关文献共有13 000余篇，其中各类核心期刊3 000余篇，另有博硕论文500余篇。从超星数字图书馆、当当网图书书库、湖北省相关高校图书馆、贵州省相关高校图书馆以及其他省市图书馆共检索到相关图书120余部。另外，在贵州省数字图书馆和华中师范大学等高校图书馆共搜索到相关外文文献100余篇。为推动创新型人才培养研究的深入发展，笔者在此尝试以社会学分析为取向，对创新型人才培养的研究现状进行综述与评价。

一、国外研究现状述评

国外关于创新型人才培养的研究最早散见于历史著述、哲学书籍和其他文献资料中，有关研究成果较为关注人的创造力或想象力的发展或培养，鲜有创新型人才培养或创新人才培养的提法，而是采用creative mind、creative personality、creative man、creative thinking等外延较窄的概念，其研究成果侧重于从心理学视角研究人的创新性素质、创造性思维和创造性人格。相关研究兴起于19世纪60年代，英国心理学家弗朗西斯·高尔顿（Francis Galton）在《遗传与天才》一书中研究人的创造性思维特征被认为是这一研究的起点②。20世纪50年代，美国心理学家吉尔福特（Guilford）发表了《创造性》的著名演讲③，由此掀起了学术界对创新型人才素质结构研究的热潮。综观国外创新型人才培养的相关

① 吴海江，杨晓雍．创新教育：面向21世纪高等教育改革的方向［J］．河北师范大学学报（教育科学版），1998（2）：23-26.

② 廖志豪．基于素质模型的高校创新型科技人才培养研究［D］．上海：华东师范大学，2012：9.

③ GUILFORD J P. Creativity［J］. American psychologist，1950（5）：444-454.

研究进展，其特点主要表现在以下几个方面。

第一，在研究视角上，从运用心理学理论到将心理学理论与相关教育社会学理论相结合。心理学对创新人才培养的研究大致经历了三个过程，“早期研究主要集中在智商和人格两个问题上；随后研究范围逐渐扩大到认知、神经、教育、组织行为等不同角度；近年来，环境因素对创新的影响被大量关注”①。在具体研究方面，吉尔福特把富有创造性人才的人格特点总结为：“具有高度的自觉性和独立性；有旺盛的求知欲；有强烈的好奇心；知识面广，善于观察；工作中讲求理性、准确性和严格性；有丰富想象力、敏锐的直觉，喜欢抽象思维；富有幽默感，表现出卓越的文艺天赋；意志品质出众。”② 从功能理论出发，美国心理学家和教育家泰勒（Taylor）提出：“创造活动不但对科技进步，而且对国家乃至全世界都有着重要的影响，哪个国家能最大限度地发现、发展、鼓励人民的潜在创造性（creativity），哪个国家在世界上就处于十分重要的地位，就可立于不败之地。”③ 从冲突理论出发，英国著名高等教育家阿什比说，“大学教育就其最高境界而论，就是培养学生反抗流行的理论并挑战传统”④。斯诺说，人文文化与科学文化的两极分化对于我们个人，对于我们社会都是损失，同时，还是实际应用上的、智力和创造力的损失⑤。另有研究指出，“只有那些具有高自尊的个体才能获得高水平的创造力”⑥。“自我实现和其他人格变量如态度、动机、价值观、自我

① HENNESSEY B A，AMABILE T M. Creativity [J]. Annual review of psychology，2010（1）：571.

② 房国忠，王晓钧. 基于人格特质的创新型人才素质模型分析 [J]. 东北师大学报（哲学社会科学版），2007（3）：68.

③ TAYLOR C W，HOLLAND J H. Development and application of tests of creativity [J]. Review of educational research，1962（1）：91-102.

④ 阿什比. 科技发达时代的大学教育 [M]. 滕大春，滕大生，译. 北京：人民教育出版社，1983：63.

⑤ 斯诺. 对科学的傲慢与偏见：查·帕·斯诺演讲集 [M]. 陈恒六，刘兵，译. 成都：四川人民出版社，1987：17.

⑥ YAU C. An essential interrelationship：healthy self-esteem and productive creativity [J]. The journal of creative behavior，1991（2）：154-161.

认识和自我控制等，可以预测具有高创造性的智力超常学生的心理健康水平。”① “良好的团队氛围和创新环境，容易让人产生活跃的正向情绪（如快乐和兴奋），而在活跃正向情绪的作用下，创造力更容易被激发出来，创新性成果也更多地产生。”② 进入21世纪，形成教育社会学分析理论与过去的心理学分析理论相结合，共同构成创新型人才培养的理论基础，进一步推动这一主题研究的全面、深入发展。

第二，在研究目标上，从分析创新型人才培养的影响因素到将分析创新型人才培养的影响因素与促进创新型人才培养研究相结合。创新型人才培养的研究属于教育本源性问题的研究，原因在于教育的本质是一种育人的活动。国外学者在对创新型人才培养的研究过程中，首先意识到人才培养作为一种社会活动存在，因而逐渐开展了影响创新型人才培养的各种因素的探讨。基于此，学者们把研究的目标定位于创新型人才培养的心理学影响因素和社会学影响因素。在创新相关研究中，人格与创造力之间的关系最早被关注，到目前为止也被研究得最为透彻。“一些稳定的核心人格特征被证明与创造力和创新行为之间存在密切联系，它们包括兴趣广泛、有好奇心、能独立判断、自信、自主、活力充沛、对其他经验保持开放的态度、能够接纳冲突的观点等，这些人格特质都与创造力有着正相关。”③ 德国现代哲学家恩斯特·卡西尔曾力图证明，“人只有在创造文化中才能成为真正意义上的人，真正的人无非就是人的无限的创造性活动”④。在创造、创新和创业过程中，既有技术层面的东西，也有精神层面的东西，技术层面的属于智力因素，而精神层面的

---

① FEIST G J, BARRON F X. Predicting creativity from early to late adulthood: intellect, potential and personality [J]. Journal of research in personality, 2003 (2): 62-88.

② BAAS M, de DREU C, NIJSTAD B A. A meta-analysis of 25 years of mood-creativity research: hedonic tone, activation, or regulatory focus [J]. Psychological bulletin, 2008 (6): 779-806.

③ BARRON A F, HARRINGTON D M. Creativity, intelligence, and personality [J]. Annual review of psychology, 2003 (1): 439-476.

④ 恩斯特·卡西尔. 人论 [M]. 甘阳，译. 上海：上海译文出版社，1985：5.

则属于非智力因素。“具有某种才能是一回事，启用这种才能是另一回事，而在需要时或在可以有效地使用这种才能时利用这种才能，则又是一回事。”① 多元文化经验有利于提升创造力这一理论假设得到了其他相关研究的支持。一篇以24项研究为基础的综述（Ricciardelli，1992）指出，“多数研究都肯定了创造力与双语之间存在正相关”②。“创造教学的核心目的就在于创造一种‘易起反应的环境’，而这样的环境应是民主和谐的、激励创新的环境。”③ “应用型与学术型人才知识结构的不同决定了两者培养方式的差异，面向社会实践的应用型创新人才，更加注重默会知识的传授，默会知识是高度个体化、难以形式化或沟通、难以与他人共享的知识。”④ “2004年，美国国家创新计划（National Innovation Initiative）推出的中期报告《创新美国》（Innovation American）围绕人才、投资、基础设施三个方面提出了政策建议。”⑤ 在教育社会学研究者看来，人格和智商仅是创新型人才的培养影响因素的两个方面，除此之外，创新型人才的培养还受到家庭、社会、环境、教学、认知等因素的影响。进入21世纪，部分学者综合运用心理学和教育社会学分析模式来研究创新型人才培养的影响因素，一定程度上澄清了创新型人才培养的社会影响状况，促进了创新型人才培养研究的深入发展，并成为学者们共同的研究趋向。

第三，在研究方法上，从单纯的定性研究发展到将定性研究与定量研究相结合的实证研究。研究早期，学者们根据影响创新型人才培养的因素，分别对其展开了广泛的质性研讨。哈佛大学1945年的报告《自

① 吉尔福特．创造性才能［M］．施良方，沈剑平，唐晓杰，译．北京：人民出版社，1991：148．

② RICCIARDELLI L A. Creativity and bilingualism［J］. Journal of creative behaviour，1992（4）：242-254．

③ 戴维斯，里姆．英才教育［M］．杨庭郊，吴明泰，译．北京：新华出版社，1992：308-309．

④ NONAKA I，KONNO N. The concept of “Ba”：building a foundation for knowledge creation［J］. California management review，1998（3）：40-55．

⑤ Council on Competitiveness. Innovate America：thriving in a world of challenge and change［R］. Washington，D. C.：National Innovation Initiative Interim Report，2004．

由社会中的通识教育》中提出："一个富有责任感的公民应具备有效思考能力（包括逻辑推理、关系理解、想象力）、沟通能力、做出判断的能力、对多种价值观的识别选择能力。而这些能力的培养需要通过人文、社会、自然科学三大知识领域整合的学习。"①正如德国哲学家雅斯贝尔斯所言，与中小学生相比，"大学生是未来的学者或研究者，如果要培养出科学人才和独立人格，就要让青年人去冒险，给予他们应有的学习自由，如果人们要为助教和学生订下一系列的学校规则，那就是精神生活、创造和研究的终结之日。在这种状况下成长起来的人，必然在方式上模棱两可，缺乏批判力，不会在每一种境况中寻求真理"②。20 世纪中期以后，随着心理学、统计学和教育学的相互交叉和共同发展，创新型人才的实证研究得到了很大的发展，研究从初期的百分比统计到后来的社会调查和模式构建。"Sivonton（1984）通过分析正规教育水平和创造性成果之间的关系，考察了知识基础对于创新人才成长的作用。他以出生于 1450 年—1850 年间的 300 多位创新人才为研究对象，其中包括达·芬奇、伽利略、莫扎特和贝多芬等，当把这些人作品的杰出程度作为其专门领域知识/教育水平的函数的时候，他发现，两者呈倒 U 形曲线的关系。"③"斯滕博格基于文献和实验研究，提出创新投资理论，即低投入高产出，这种低投入高产出是智力技能（综合、分析和实践—情境技能）、已有知识、思维方式、个性特征、动机和环境六大要素互动的产物。"④"格雷则运用演绎法研究天才群体的起落。根据一定标准，格雷把创造人物分为七等，统计各等人物在各时代出现的次数，形成一个格雷盛衰图。"⑤"科学社会学家朱克曼研究了 1901 年—1972 年

---

① CONANT J B. General education in a free society: report of the Harvard Committee [M]. Cambridge: Harvard University Press, 1945: 51-52.

② 雅斯贝尔斯. 什么是教育 [M]. 邹进，译. 北京：生活·读书·新知三联书店，1991：146.

③ SIVONTON D K. Genius, creativity, and leadership [M]. Cambridge: Harvard University Press, 1984: 87.

④ STEMBERG R, LUBART T. An investment theory of creativity and its development [J]. Human development, 1991, 34 (1): 1-32.

⑤ 郭有遹. 创造心理学 [M]. 北京：教育科学出版社，2002：219.

间美国的92位诺贝尔奖获得者，揭示其成才的规律。她发现，这些做出杰出科学贡献的诺贝尔奖获得者在其成才过程中充分体现了‘优势积累’，‘优势积累’的因素包括：具有良好的先天素质，进入名校学习，师从名师，有出国留学经历，以及在一流研究机构从事科学研究工作等。”①

第四，在研究内容上，从分析创新型人才的心理素质到将分析创新型人才的心理素质与关注创新型人才的综合性考察相结合。20世纪以来，随着科学技术的发展和知识经济的到来，世界各国的研究者都竞相关注人才培养的研究特别是创新型人才培养的研究，早期的研究主要是从心理认知模式的角度来考察与创新（或创造）活动相关的素质或能力。斯滕博格认为，“创造力的本质包括智慧、知识、思考形态、人格、环境情境和动机六个方面”②。进入20世纪中期以后，随着自然科学与社会科学的不断渗透发展，学者们逐渐基于综合性的维度来考察创新型人才的培养，Campbell从进化认识论的角度指出，“创造性成就之所以会有个别差异，原因之一是个体是否能将领域内的选择判断标准内化，或所内化的判断标准与本领域高级专家所使用的判断标准是否一致”③。对于创新人才的基本素质特征，早在1996年，联合国教科文组织国际21世纪教育委员会《教育——财富蕴藏其中》一书中就提出，“教育培养的新世纪创新人才是树立以学会求知、学会做事、学会生存、学会共处为四大支柱，树立以道德素质、知识素质、能力素质等为主要内容，具有以创造能力、学习能力、合作能力、竞争能力及抗挫折能力为基本价值取向的新型人才”④。联合国教科文组织的有关21世纪教育发展的

① 李晓轩，牛珩，冯俊新．科研拔尖人才的成才规律与启示［J］．科学学研究，2004，22（3）：273-278.

② STEMBERG R J，LUBART T．不同凡响的创造力［M］．洪兰，译．北京：中国城市出版社，2000：5-14.

③ CAMPBELL D T．Blind variation and selective retention in creative thought as in other knowledge processes［J］．Psychological review，1960，67：380-400.

④ 房国忠，王晓钧．基于人格特质的创新型人才素质模型分析［J］．东北师大学报（哲学社会科学版），2007（3）：106-109.

报告中也要求培养创新型的人才，在教育目的的阐述上坚持全人或完人的培养目标，认为“教育应当促进每个人的全面发展，即身心、智力、敏感性、审美意识、个人责任感、精神价值等方面的发展”①。Feldhusen（1995）认为，“知识基础、元认知技能和人格因素是创造力构成的三个方面，即创造力的产生不仅应当有一个广泛、流畅的知识基础和对特定领域技能的精通，还应有一套加工新信息和使用原有知识基础的元认知技能，以及一系列的态度、禀性、动机等人格因素”②。一些研究表明，“在人格特征方面，高创造性的科学家具有经历开放、思考灵活，更具有驱动力、雄心和成就动机，更自信等特点，同时他们也专断、自大、内向甚至孤僻，更有自主性和独立性等特征”③。另外，“时间充裕程度是创新环境中的一个重要因素，标志性的创新成果并不是一蹴而就的，而是需要一定的时间积累”④。

第五，在研究结论上，从揭示创新型人才培养存在的问题到将揭示创新型人才培养问题与提出相应思考策略相结合。问题是科学研究的起始点，同时是科学研究的归属点，在创新型人才培养的研究中，与研究内容、研究视角和研究目标相一致，创新型人才培养研究的结论也在问题揭示和策略探讨的研究进程中得到了深入发展。美国学者罗伯特·坦普尔在著名的《中国，发明的国度》一书中曾写道：“如果诺贝尔奖在中国的古代已经设立，各项奖金的得主，就会毫无争议地全都属于中国人。”然而，从 17 世纪中叶之后，中国的科学技术却如同江河日下，跌入窘境。“从公元 6 世纪到 17 世纪初，在世界重大科技成果中，中国所占的比例一直在 54%以上，而到了 19 世纪，巨降为只占 0.4%。”⑤ 中

---

① 教育部．面向 21 世纪教育振兴行动计划学习参考资料［M］．北京：北京师范大学出版社，1999：2.

② FELDHUSEN J F. Creativity：a knowledge base metacoginitive skills，and personality factors［J］. Journal of creative behavior，1995（4）：255-268.

③ 罗伯特·J．斯滕博格．创造力手册［M］．施建农，译．北京：北京理工大学出版社，2005：233-236.

④ RUNCO M A. Creativity［J］. Annual review of psychology，2004（1）：662.

⑤ 李约瑟难题［EB/OL］．［2018-11-05］．https://baike.baidu.com/item/%E6%9D%8E%E7%BA%A6%E7%91%9F%E9%9A%BE%E9%A2%98.

国目前缺少真正具有科学精神的尖端人才，学者不是为学问而做学问，而是急功近利，取得一点点成绩就自我满足了。丘成桐认为这是中国远离诺贝尔奖的主要原因。丘成桐表示："最高尚的境界，就是中国有一群优秀年轻人真正为了人类求知欲望来做学问，探寻大自然的奥秘，能做到这个，很快就会有中国科学家拿到诺贝尔奖。"① Zha 等人在受过很好教育的成人中也发现了美国被试在创造潜力上的测量得分显著地高于中国被试②。与此同时，学者们在探讨创新型人才培养存在的问题时，对创新型人才培养的策略也进行了分析。美国麻省理工学院原院长基利安说："只有通才教育会导致肤浅，只有专业教育则导致狭隘和缺乏远见，只有实现两者之间的结合和整体化，才能培养出具有创造性的人才。"③ "美国大学的教学从来不将死记硬背一些事实作为追求，而是让学生去分析一个观点的正反两个方面，去分辨某一问题不同观点之间的矛盾，去发现问题，同时，努力去表达自己的见解和观点。为此，他们发展了互动式、讨论式的教学模式，由一小群学生去立论，去辩论，在彼此苛求、相互批判中找到新的灵感，而不是盲目接受老师的观点。"④ 罗索夫斯基（Henry Rosovsky）在《美国校园文化：学生·教授·管理》一书中也对通识教育的目标、内容进行了详细的分析。他认为："一个有教养的人，必须具备准确交流的能力，能够进行批判性思考；能够认识和理解人类自身、所处的社会乃至整个宇宙，有判断鉴别的能力；有开阔的视野；懂得并思考过伦理道德问题，能做出正确的选择；在某些知识领域有较高的成就。"为此，罗索夫斯基所制订的哈佛大学"核心课程计划"要求学生必修 6 个方面的核心课程，即文学与艺术、科学、历

① 海内外专家共同把脉：中国为何还没有获得诺贝尔奖？[EB/OL]．（2010-07-27）[2018-11-05]．http://www.chinanews.com/zgqj/2010/07-27/2429013.shtml.

② ZHA P，WALCZYK J J，GRIFFITH-ROSS D A，et al. The impact of culture and individualism-collectivism on the creative potential and achievement of American and Chinese adults [J]. Creativity research journal，2006（18）：355-366.

③ 张成林，宣晓萤．MIT 工程教育思想初探［J］．高等工程教育研究，1998（1）：39.

④ 理查德·莱文．通识教育在中国教育发展中的角色［J］．国家教育行政学院学报，2010（7）：8-10.

史研究、社会分析、外国文化、道德理性，目的在于确保知识的广度与平衡，掌握获取知识的主要方法，使学生获得全面发展①。阿斯廷认为，“创新可以通过两种方式来表现，即获得认可的成果和行为”②。日本临时教育审议会关于教育改革的第一次审议报告指出：“创造性与个性有着密切的联系。只有充分发挥个性，才能培养创造性能力。”③

二、国内相关研究综述

与国外相比，我国高校创新型人才培养研究起步较晚。20世纪90年代，随着我国科教兴国、人才强国和文化复兴战略的全面深入推进和实施，特别是在提出建设创新型国家的大背景下，围绕高校创新型人才培养的研究越来越受到众多学者的广泛关注与重视。梳理我国高校创新型人才培养的研究，总结其进展与成效，反思其存在的问题与不足，具有重要的理论意义与实践价值。

（一）我国高校创新型人才培养研究的主要成效

1. 重视创新型人才内涵与特征的研究

概念既是研究的核心要素，也是研究的逻辑起点。近年来关于创新型人才的概念内涵界定主要有“创新能力说”“创新素质说”和“创新实践说”（“贡献说”）三种观点。“创新能力说”者认为，所谓“创新型人才”关键是具有创新的能力。如有人认为“创新型人才是指具有创新思维和创新能力、能够不拘一格地解决问题的人才，创新型人才有很强的好奇心和求知欲，把从事的研究当作人生的乐趣与追求，有很强的独立性和自信力，个性突出，动手能力强且想象力丰富”④；也有人认为“创

① 亨利·罗索夫斯基·H. 美国校园文化：学生·教授·管理［M］. 谢宗仙，周灵芝，马宝兰，译，济南：山东人民出版社，1996：90-92.

② ASTIN A. Assessment for excellence：the philosophy and practice of assessment and evaluation in higher education［M］. New York：MacMillan Publishing Company，1991：107.

③ 教育发展与政策研究中心. 发达国家教育改革的动向和趋势［M］. 北京：人民教育出版社，1986：165.

④ 乔万敏，邢亮. 开放式教育：创新型人才培养的新视角［J］. 教育研究，2010（10）：86-90；106.

新型人才就是具有创新意识、创新精神、创新思维、创新能力并能够取得创新成果的人才”①，等等。“创新素质说”者认为，所谓创新型人才关键是具有创新的素质结构，包括“具有创新性意识、创造性思维和创新性能力”，而“其核心则是创造性思维（通常简称为创造思维）”②；也有学者认为创新型人才素质可从“智力与非智力两个基本维度加以衡量，其核心要素是创新素质，表现为创新人格、创新行为与创新业绩”③。“创新实践说”者认为，对于“创新型人才”不仅应注重其能力和素质，更应强调其在社会实践中获得的成果，亦即对社会有较大的贡献。创新型人才就是“能够打破常规，在原有知识、技术、技巧等的基础上，经过分析、归纳等思维活动和相应的实践活动，能够有所发现、有所发明、有所突破、有所创造的高素质人才”④；“创新型人才是指极少数能以其博专兼具的知识和经验、超强的创新能力、创造性思维以及创新和自由发展的个性为社会和人类做出持续而巨大贡献的人才”⑤；“创新型人才是指那些以自己的创造性劳动，在某一领域、某一方面为社会发展和人类进步做出了较大贡献的人才”⑥。

对创新型人才特征的研究有利于对创新型人才的识别与培养。因此，不少学者对此进行了探讨。如有学者认为创新型人才的特征是：具有“博、专结合的扎实的知识基础，以创新能力为特征的高度发达的智力

① 钟秉林. 国际视野中的创新型人才培养［J］. 中国高等教育，2007（3/4）：37-40.

② 何克抗. 现代教育技术与创新人才培养（上）［J］. 电化教育研究，2000（6）：3-7.

③ 徐小洲，叶映华. 创新型人才的素质结构与生成转化机制［J］. 高等工程教育研究，2012（1）：70-74；96.

④ 程志伟. 创新型人才培养与高校考试改革［J］. 辽宁教育研究，2005（5）：25-26.

⑤ 梁拴荣，贾宏燕. 创新型人才概念内涵新探［J］. 生产力研究，2011（10）：23-26.

⑥ 王青耀，周瑛. 基于创新型人才培养的创新教育研究［J］. 科技进步与对策，2007（3）：184-186.

和能力，以创新精神为核心的自由发展的个性，积极的人生价值取向和崇高的献身精神，宽广的国际视野和强烈的竞争意识，良好的身体和心理素质”①。也有学者认为创新型人才的特征是“具有可贵的创新品质、坚韧的创新意志、敏锐的创新观察、超前的创新思维、丰富的创新知识、科学的创新实践”②。还有学者认为是“具有很强的创新性学习习惯、敏锐的洞察力、坚忍不拔的意志和独到的思维方式”等③。另外，其他的说法有：“创新人才只具有知识以及理解力和记忆力是远远不够的，还需要具有敏锐的观察力、丰富的想象力和正确的逻辑思维综合与分析、推理和判断能力，要有善于分析主要矛盾、抓住灵感和机遇的能力，要有足够的自信、渴望创新、勇于实践与认识自己、实事求是的创新精神，还要有总结、概括、升华和正确描述科研成果的能力等”④；“创新型人才具有合理的知识结构和创新性的学习能力，具有灵活的不为人左右的思维方式，具有认识的新颖性和高度敏感性，具有良好的心理品质、鲜明的个性特征”⑤。

2. 对创新型人才成长影响因素的考察

由于对影响因素考察的视角不同，得出的结论也多样：其一是“主因素影响论”。此论认为，“虽然影响创新人才成长的因素是多方面的，但中国大学忽视了批判性思维的培养才是最根本的问题”⑥。还有学者强调“考试在培养创新型人才中具有不可替代的作用，它在形成评价机制、实现评价功能、引导评价对象和促进人才成长等各方面为人才的评价和

---

① 钟秉林. 国际视野中的创新型人才培养 [J]. 中国高等教育，2007 (3/4)：37-40.

② 杨茂森. 创新型人才的六大特征 [J]. 中国人才，2006 (13)：8.

③ 付增光. 试论创新型人才的基本特征及其培养 [J]. 陕西师范大学学报（哲学社会科学版），2005 (S1)：165-168.

④ 高福安，林淑华. 创新人才培养方法论 [M]. 北京：中国广播电视出版社，2005：15.

⑤ 张敏. 创新型人才培养环境的实践设计 [J]. 经济与管理研究，2007 (7)：67-70.

⑥ 袁广林. 大学何以培养创新人才：批判性思维的视角 [J]. 高校教育管理，2012 (5)：50-54.

培养提供着制度保障”[①]，认为影响创新型人才成长的主要因素是长期形成的应试教育制度。其二是“双因素影响论”。此论认为，影响创新型人才培养的因素可以从主观与客观或内部与外部等角度加以分析。“主观因素是指个性发展、创新思维、创新激情、创新意志、团队合作，客观因素是指传统思想、制度环境、教育环境、组织环境、网络环境。”[②]“外部因素是指人才主体在时空上赖以存在和发展的外部环境，包括自然环境序列和社会环境序列；内在因素是指人才主体的内在素质，由生理因素和心理因素两大分系统构成，心理因素分系统又由智能因素子系统和非智能因素子系统构成，前者包括知识结构、能力结构；后者包括品德结构、个性结构。”[③] 也有人从外部制度与内部制度来认识，“外部制度包括管理制度和评价制度，内部制度包括教学制度、教师评价制度和学生评价制度”。两方面的“制度是约束我国高校创新人才培养”[④] 的核心因素。其三是“三因素影响论”。此论指出：分析影响创新型人才培养的因素可以从学生、教师和学校三个方面，“来自学生的因素是指生源质量、学生兴趣和大学生教育；教师层面的因素有师资队伍水平、教学方式与方法以及对学生的考核方式等；来自学校层面的有学科水平、课程设置、教材选择、领导重视程度、国际交流平台建设以及校园文化氛围等”[⑤]。也有学者强调从个性、教育和环境三个方面进行探讨，认为“个性是创新人才成长的内在因素、教育是创新人才成长的重要因素、社会环境是创新人才成长的基本因素”[⑥]。还有学者认为“影响创新

① 戴家干. 创新考试制度 服务创新人才培养［J］. 中国高等教育，2009（1）：28-31.

② 王明杰. 创新型人才成长的主客观因素分析［J］. 中国人才，2010（23）：68-69.

③ 田起宏，韩笑，雷涯邻. 创新人才培养理论研究现状及未来研究方向［J］. 山东师范大学学报（人文社会科学版），2010（6）：82-85.

④ 徐波. 约束我国高校创新人才培养的制度因素［J］. 现代教育管理，2009（8）：51-53.

⑤ 徐晓媛，史代敏. 拔尖创新人才培养模式的调研与思考［J］. 国家教育行政学院学报，2011（4）：81-84；57.

⑥ 李长萍. 影响创新人才成长的主要因素［J］. 中国高教研究，2002（10）：32；39.

人才培养的因素有观念因素、个体因素和环境因素”①，等等。其四是“综合因素影响论”。此论认为创新型人才成长是多种因素综合影响的结果。这些因素包括社会、家庭、学校、教师与学生个人等方面，如有学者认为创新人才的培养受制于文化传统、社会环境、教育制度等多重因素，不仅仅是学校的事，更非简单的技术性问题②；也有学者指出“我国高等教育理念体制、实践能力、教师创新能力、校园文化环境、学生兴趣满足等存在的问题，严重制约了高校创新型人才的培养”③。

3．重视对创新型人才培养改革实验的探讨

“创新人才培养模式，培育创新型人才”已成为我国高等教育改革的重要战略指导思想，对此，不少高校进行了卓有成效的改革实验探究。北京大学以建设世界一流大学为目标，于2001年开始实施“元培计划”，在全校范围内开设通识教育选修课，规定学生必须学习数学与自然科学、社会科学、哲学与心理学、历史学、语言文学与艺术五个领域的知识，并要完成一定比例的学分。另外，举办元培实验班，在低年级实行通识教育，在高年级实行宽口径的专业教育；学生入学时不分专业，只按文理两类招生，入学后一年半主要学习通选课和学科大类平台课；学生自主选择课程和专业，可根据自身特点和兴趣在教学计划和导师的指导下自由选课；实施弹性学制，在教学计划和导师的指导下，学生可根据自身情况安排学习进度，选择专业领域修满规定的学分即可毕业；实施导师制，做好学生的管理和生活制度安排，要求不同专业的学生混合居住，为跨学科交流创造条件④。清华大学以建设世界一流大学，建成世界一流的本科教育，培养世界一流的创新人才为目标，经过全面

① 李娅娜，王东升．创新型人才培养模式研究［J］．山东社会科学，2010（4）：174-176．

② 段凯歌，袁祖望，李勇．创新人才培养的制约因素分析［J］．未来与发展，2012（3）：75-78．

③ 任建国，周琳，张明月．创新型人才培养机制研究［J］．中国高校科技，2011（6）：36-37．

④ 陈向明．从北大元培计划看通识教育与专业教育的关系［J］．北京大学教育评论，2006（3）：71-85；190．

研讨和论证，于 2004 年制定了“985”人才培养规划和实施方案。一是人才培养模式改革实现本科由“专业教育”向“通识教育基础上的宽口径专业教育”的转变；二是课程建设以精品课带动和提升课程建设的整体水平；三是加强实践教育计划，继续重点建设校内外实验教学环境，适当扩大已有实验教学平台的规模，创新开放式运行机制；四是实施学生国际化能力培育计划，支持学生参与国际交流与合作，扩大国际视野，提高国际竞争力；五是提高学校育人环境建设计划，增强对学生研究能力、交流表达、团队合作精神、学术修养与学术道德的培养，健全育人机制；六是加强教学支撑环境建设计划，建立起与研究型大学人才培养目标相适应的新型教学管理流程和信息系统，改进教学评价、质量监控办法，完善教学质量保障体系①。华中师范大学通过以培养复合型创新英才为目标的“博雅计划”本科人才培养实践，探索出了一套可行性高的复合型英才培养模式。一是以非师范专业的优秀学生为培养对象，选拔少数具有科研潜力的学生进行培养；二是优化整合教育资源，提供便利、优越的学习条件，打破选课系统中的专业壁垒，使学生有机会学习不同专业的知识；开设博雅大讲堂，为学生提供向优秀学者学习的机会，加强学生间的交流，体现多学科交叉的特点；三是实行精英教育，由导师专门指导学生科研活动，能够帮助学生较快成才；四是采用新的考核方式，强调科研活动和综合素质的提高。在对“博雅计划”学生的考核中，除了要求学习成绩优良外，还增加科研活动所占比重，强调课外实践及综合素质的提升，帮助、督促学生全面发展②。

4. 关注创新型人才培养中的问题分析

一是培养目标定位不明。部分学者从高校人才培养目标的层面探讨创新型人才培养存在的问题。有学者认为“高校缺少甚至缺乏人才培养的目标和目的，人才培养与社会需求严重脱节，教学模式和方法故步自

① 李向荣，李蔚，段远源．研究型大学人才培养体系建设的新探索：清华大学“985 工程”二期本科人才培养项目规划及建设成效［J］．清华大学教育研究，2008（3）：40-43．

② 刘建清，郑伦楚．重点大学复合型创新英才培养模式探讨：华中师范大学本科人才培养“博雅计划”的实践［J］．中国大学教学，2009（12）：36-38．

封，部分专业人才的专业和行业特色不明显，培养模式思路比较狭窄，缺乏整体性、环链性、系统性和有机性，教学安排不合理，最关键的一点是学生的学习目的不甚明确甚至‘全无’，由此带来的学习动力明显不足”①。也有学者认为“高校人才培养的目标定位不符合社会对人才的质量需求，高校专业面过窄，课程体系有待重新构建，培养模式单一，‘以学生为本’体现不足，以‘知识’型为重点的教学方式有待改革”②。除此之外，另有学者指出“目前高等学校形成的分层办学格局，使得每所学校有意无意地将自己与研究型大学、教学科研型大学、教学型院校对应，而这种模式未能有效解决人才培养的多样化问题，高校升级冲动屡禁不止”③。

二是教育理念严重滞后。多数学者认为，我国高校创新型人才培养存在的一个首要问题是教育理念、思想和观念落后。有观点认为高等教育“思想深处还没有完全突破传统思想观念的禁锢，在很大程度上还是以发展智力为中心，忽视非智力素质培养的继承型教育观；还是以知识为中心、以课堂为中心、以教师为本位，忽视学生的主体地位的传授型教学观；还是重专业、轻人文，重共性、轻个性的工具型人才观；还是唯知识、唯分数，轻能力、轻素质的单一型质量观等”④。也有观点认为高校“过分强调共性、整齐划一的人才培养指导思想，强调了按计划执行、盲目服从、偏重概念与结论的学习模式，在专业、课程、学习等方面，教育者过分注重知识的单向传授，强调传授知识的系统性等等”⑤。还有的观点认为“高师院校创新人才培养理念不足，课程结构、内容设

---

① 黄建钢. 培养模式创新与创新人才培养 [J]. 中国高等教育，2010 (9)：41-42.

② 杨肇夏，屈波，刘拓. 高素质创新人才培养方案的设计与实现 [J]. 中国高教研究，2003 (5)：48-49.

③ 马陆亭. 由体系和制度入手完善创新人才培养 [J]. 华中师范大学学报（人文社会科学版），2010 (6)：133-140.

④ 易自力. 谈高校创新人才培养的难题与破解 [J]. 中国高等教育，2010 (21)：12-14.

⑤ 赵怀玉，李全武. 高校创新人才培养的新视野 [J]. 陕西师范大学学报（哲学社会科学版），2007 (S1)：208-210.

置不够科学，创新型师资队伍缺乏，创新人才实践能力的培养缺少平台、方式单一，忽视创新人才评价机制的创新”①。

三是课程设置脱离实际。持此观点的学者认为，我国高校创新型人才培养存在的一个问题是课程设置跟不上时代发展的需要。有学者认为“高校课程设置上仍然存在重专业教育、轻通识教育的现象，两课、英语等国家统一规定的公共必修课占了很大比例，加上专业课程过多，必修通识课程的空间相对不足，通识教育往往成为一种点缀，许多高校的课程体系中缺少学科前沿、交叉学科、创新方法论等课程”②。另有学者认为“高等教育课程相关理论研究严重忽视和缺失，高等教育课程改革实践追求简单的模仿与移植，高等教育课程改革缺乏变革动力及相关体制机制”③。除此之外，高校“知识分割过细，课程内容陈旧，课程过于求同，教师单向灌输，实践环节薄弱，课程结构不当，创新教育的忽视，实践观念的淡薄，使得学生的知识面狭窄，科学与人文分离，动手实践能力差，个性发展受阻，最终是创造性差”④。

四是培养模式单一僵化。多数研究者认为，我国高校创新型人才培养的根本问题是人才培养模式僵化落后。有观点认为“我国大学的人才培养模式依旧延续历史的惯性，一是人才培养过程中教学模式千篇一律，缺乏自身办学特色；二是教学依旧以教师、课堂和知识传授为中心，缺少了学生动手、参与社会实践的课程，导致学用脱节”⑤。也有观点认为“高校招生根据高考成绩录取，学生还是按照学校给定的、选择余地很小的课程学习，教师多数仍采用满堂灌的方式进行课堂教学，考

① 卢清. 中国高师院校创新人才培养研究［J］. 重庆大学学报（社会科学版），2012（6）：166-169.

② 吴志华，廖志豪. 创新型人才培养中存在的问题与建议［J］. 中国高校科技与产业化，2010（5）：9-11.

③ 李庆丰. 夯实高校课程改革　着力创新人才培养［J］. 中国高等教育，2012（7）：29-32.

④ 佟庆伟. 创新型人才的基本特征及其培养途径［J］. 实验技术与管理，2008（5）：16-18；37.

⑤ 李蕾. 创新型人才培养与教学创新研究［J］. 中国高校科技，2012（5）：67-68.

试还是死记硬背教材或任课教师授课内容，还没有真正形成创新型人才的培养模式与体制”①。另外，还有观点认为高校“重封闭单一校园教育、轻社会多方面共同育人，重学校一次性教育、轻社会继续教育，重学历文凭教育、轻在职培训提高”②。

五是评价制度抑制创新。持此种观点的学者认为，教育评价制度也是制约创新型人才培养的重要因素。有学者认为“我国人才培养中对考试与评价关系的理解不到位，概念不清楚，考试制度的设计存在欠缺，标准过于一元化，手段存在片面性，社会环境对考试存在价值认识不清，理解不明的现象，考试承载过重的社会期望，终结性考试不适应人才培养的持续性，不利于对学生能力作出综合评价，不能更好地发挥考试的评价引导作用”③。也有学者认为“以往的评价仅仅停留在对学生智育的评价，而且又限于对学生知识掌握的评价，忽视对学生自主学习、创新学习和实践学习的评价，评价方式单一，主要是通过课堂考试进行，评价游离在学习过程之外，没有将其纳入指导学习、规范学习、推动学习过程之中”④。另外，还有研究者认为“当前高校考试制度管理机制上、考试方法上、考试内容与评分方式上均存在弊端”⑤。

六是体制机制障碍极大。此观点认为，我国高校创新型人才培养存在的主要问题是教育体制、机制存在弊端。有学者认为“我国高校人才培养存在体制和制度性障碍，主要表现为科研机制问题，拨款体制问题，评估制度问题，教师考核制度问题，学生培养制度问题和‘官本

---

① 吴志华，廖志豪．创新型人才培养中存在的问题与建议［J］．中国高校科技与产业化，2010（5）：9-11．

② 卢铁城．为建设创新型国家培养造就拔尖创新人才［J］．中国高教研究，2006（10）：10-13．

③ 戴家干．创新考试制度　服务创新人才培养［J］．中国高等教育，2009（1）：28-31．

④ 刘献君．改革教学质量评价制度 促进创新型人才培养［J］．中国高等教育，2008（9）：18-20．

⑤ 刘建国．创新型人才培养与高校考试改革［J］．现代大学教育，2006（2）：107-110．

位’用人制度问题等”①。也有学者认为“我国创新型人才培养制度存在应试教育扼杀人的创新精神，社会对高学历的过度认可阻碍人的创新意识，传统教学方式抑制人的创新能力，教育教学环境抑制高校创新人才的成长，实践、教学环节阻碍高校创新人才的培养等问题”②。另外，也有学者指出，“现在的情况很是尴尬，像李政道、钱学森这样的大师迟迟没有冒出来，这不能不让人产生疑问：现在为何培养不出拔尖创新人才？我认为，最大的问题应归因于教育体制，其次是教育理念的问题”③。

5．注重有利于创新型人才培养的政策与环境研究

（1）从国家、社会层面探讨创新型人才培养的途径

① 政府加强对高等学校的整体规划设计，探索适合高校发展的管理模式。有学者认为，“政府应加强立法，明确管理权限的职责，确保政府在完善并履行经济调节、市场监督、社会管理、公共服务基本职能的前提下，尽可能避免对大学的过度干预，从而在大学管理上真正扮演有限政府、法治政府和效率政府的角色，为大学创造能依法自主办学的政策和制度环境”④。另有学者认为，应“加强政府对高等学校的整体规划设计，建立政府对高校的契约型目标管理关系，积极探索适合高校发展的管理模式，建立让广大教师醉心于学术工作的机制，改革大学基层学术组织权力结构，通过结构化课程建设提升学生的专业能力”⑤。还有学者认为，“政府需要考虑进一步转变职能，推进评价和拨款制度改革，增强学校的自我发展能力和特色水平；各高等学校需要思考自己的使命，在国家分类设计框架内，通过校内外公开的讨论、协商形成共识，加强自

---

① 杨德广．培养拔尖创新人才应克服体制性和制度性障碍［J］．中国高教研究，2006（12）：12-14．

② 万正立，张胜．高校创新型人才培养制度研究［J］．企业家天地，2009（3）：99-100．

③ 朱清时．求解创新型人才培养的困局［J］．中国高等教育，2009（20）：4-6．

④ 傅进军，赵祖地，吴小英．创新人才培养的教育环境建设研究［M］．北京：科学出版社，2011：69．

⑤ 马陆亭．现代大学制度建设与创新人才培养［J］．中国高等教育，2010（5）：22-24．

身的人才培养模式改革，不断提高质量和特色”①。

② 全社会共同努力营造有利于创新型人才成长的大环境。有观点认为，“要使我国创新事业人才辈出，就必须创造有利于创新人才脱颖而出的激励机制，最大限度地激发创新激情，积极营造活跃、民主的学术环境和氛围，为人才的全面发展创造良好的政策环境、工作环境和生活环境”②。另有观点认为，“建设和谐环境，要坚持尊重差异，包容多样，在差异中求和谐，在多样中求统一，培育一个民主自由、宽容开放、公平诚信、充满活力，创新主体与创新环境之间和谐相处的系统”③。还有观点认为，“在社会层面，意识形态领域要努力强化文化意识的自我觉醒，围绕‘创新型国家’建设目标，大力张扬创新文化的核心价值理念，正确引领社会文化潮流，促进创新文化氛围和创新生态环境的形成”④。

③ 加强舆论引导促进人才观从守陈型向创新型人才观的转变。有学者认为，要“转变传统的应试教育观念，由狭隘的质量观转向基本素质观，由接受教育观转向自主教育观，由划一性教育观转向个性发展教育观，由复制型的人才观转向创新型的人才观，由一次性、阶段性学习观转向终身学习观”⑤。另有学者认为，创新型人才培养“必须具备广义的人才观，重视和善待各种类型和各种层次的人才，鼓励不同岗位、不同职业的人才都成为各自岗位上的佼佼者，应科学制定各类人才的晋级标准和相应待遇，使各类人才都有光明的前程”⑥。也有学者主张，“高等

① 马陆亭．由体系和制度入手完善创新人才培养［J］．华中师范大学学报（人文社会科学版），2010（6）：133-140．

② 郭孝菊．论胡锦涛同志的创新人才培养观［J］．毛泽东思想研究，2007（3）：115-117．

③ 田建国．关于创新型人才培养的思考［J］．高校理论战线，2008（2）：31-34．

④ 易自力．谈高校创新人才培养的难题与破解［J］．中国高等教育，2010（21）：12-14．

⑤ 马元方，傅佑全．大教育观视野下大学人才培养观念的转变与更新［J］．西南民族大学学报（人文社会科学版），2009（9）：274-276．

⑥ 吴硕贤．关于对创新型人才培养的几点思考［J］．科学与社会，2012（2）：36-42．

教育的人才培养观和培养模式应有所改变，变单一的专业技术教育为有点有面的多元素质教育，变传统的竿式人才培养模式为现代的立交互通培养模式，强调人才知识结构的复合型”①。

（2）从高校自身层面探讨创新型人才培养的途径

① 更新教育理念。有学者认为，“在教育理念上，转变以培养智力为中心的教育思想，树立德、智、体、美和非智力因素协调发展的教育观念，转变以做事为中心的教育思想，树立做事和做人相结合的教育理念”②。还有学者认为，“高校实施教育创新，培养创新型人才，要突出以人为本的教育理念，构建多样化的人才培养模式，加强管理体制创新，深化课程体系与教学内容、方法改革，营造有利于创新人才脱颖而出的育人环境”③。也有学者认为，“要充分认识创新在整个社会进步和个体发展中的重要意义与作用，使所有社会成员树立起创新为荣的进步观念，把不断探索、积极创新、推动社会进步作为自己的义务”④。

② 重构人才培养模式。有学者认为，“创新人才培养方案的着眼点要在提高高等教育的质量和内涵上做足文章，在人才培养模式中尊重学生的个性发展，着力于营造民主、活跃、浓厚的学术氛围，给予学生充分的学术权利与多维的学术视野，并强调实践教学与启发式课堂教学相得益彰，从中培育学生扎实的知识基础和创新的思维与思路”⑤。另有学者认为，“产、学、研合作教育，是一种以培养学生的全面素质、综合能力和就业竞争能力为重点，充分利用学校和社会两种不同的教育环境和教育资源以及在人才培养方面的各自优势，把以课堂传授知识为主的

① 高筱梅．论新型高层次人才及其培养［J］．现代大学教育，2004（2）：109-111.

② 朱君强．关于高校创新人才培养的思考［J］．陕西师范大学学报（哲学社会科学版），2007（S1）：214-217.

③ 付增光．试论创新型人才的基本特征及其培养［J］．陕西师范大学学报（哲学社会科学版），2005（S1）：165-168.

④ 李长萍．影响创新人才成长的主要因素［J］．中国高教研究，2002（10）：32；39.

⑤ 黄建钢．培养模式创新与创新人才培养［J］．中国高等教育，2010（9）：41-42.

学校教育与直接获得实际经验、实践能力为主的生产、科研实践有机地结合于学生的培养过程之中的一种教育模式”①。还有学者主张，“高校应积极推进培养模式的改革，以多样化、创新性的培养模式替代传统的单一的培养模式”②。

③ 深化教学内容与方法改革。有观点认为，“改变过去教学内容划分过细，各门课程过分强调各自的系统性、完整性的状况，加强不同学科之间的交叉和融合方式，推进教学内容、教学手段的现代化”③。另有观点认为，“改革教学内容与课程体系，改变过去教学内容划分过细，各门课程过分强调各自的系统性、完整性的状况，加强不同学科之间的交叉和融合方式，推进教学内容、教学手段的现代化”④。还有观点认为，“高校应当调整课程体系，加强人文教育，加强交叉学科的建设，这是高校培养创新性高素质人才的必要条件”⑤。“对一个大学及其教师而言，也有必要用不同的方法训练学生，特别是要大力倡导和推进研究性教学方法，推动创新人才培养”⑥。

④ 创新教育、教学管理制度。有学者认为，“通过开展试点学院改革，要推动高校实现从注重外延发展向注重内涵发展转变；从重科研、轻教学向教学科研紧密结合、把教学放在第一位上转变；从教师聘用的‘铁饭碗’老办法向评聘分开的新办法转变；从单纯注重学生的学业向注重学生的德才并重转变；从行政化管理向教授治学转变；从教育经费

---

① 曹海浪. 论高校创新人才培养［J］. 黑龙江高教研究，2005（11）：138-139.

② 包水梅，李世萍. 我国拔尖创新人才培养的困境及其根源与出路［J］. 现代教育管理，2012（8）：83-89.

③ 陈文宽. 高等教育培养创新人才的思考［J］. 西南民族大学学报（人文社会科学版），2004（10）：382-383.

④ 姚聪莉，任保平. 创新人才培养的逻辑及其大学教育转型［J］. 中国高等教育，2012（7）：9-12.

⑤ 齐燕铭，王长龙，齐俊桥. 教育创新与创新人才培养的研究与实践［J］. 中国人才，2012（8）：143-144.

⑥ 郭广生，李庆丰. 培养创新人才呼唤教学方法大变革［J］. 中国高等教育，2011（18）：7-10.

的使用重硬件向重软件转变”①。还有学者认为，“要转变政府职能和定位，政府应将工作的重点放在制定我国高等教育的发展战略、完善政策体系、注重和改善宏观规划和监督评估上；要在坚持和完善党委领导基础上的民主集中制，推进高校内部议事和决策机制的民主化、科学化；建立有利于培养创新人才的教育评价机制，从制度上保障学生的学习主体地位，保障学生的学习自主性”②。另有学者认为，“高校培养创新人才，需要改革高等教育管理体制，为创新人才培养提供制度保障，健全高校管理制度，为培养创新人才提供物质支持，更新教育理念，促进教学方式的改革和创新，加强校园化建设，加快创新人才培养”③。

⑤ 重视高素质的教师队伍建设。有学者认为，“把培养教师的开放视野和创新精神作为重点，从战略的高度，用发展的眼光，以开放的观念，为教师尤其是青年骨干教师多提供参加国际学术会议的机会，多提供去国内外一流大学进修学习的机会，多请国外著名教育家、大学校长讲学，让教师更多地了解并获取先进的教育理念、教学方法、培养创新型人才的经验”④。另有学者认为，“必须着力提高教师队伍的学历学位、学术水平、文化素养，造就一支政治素质过硬、勇于创新实践、学术科研能力强的高水平教师队伍”⑤。还有学者认为，“培养年轻的教师首先是让他们忠诚党和人民的教育事业，为培养人才奉献出毕生精力，要在工作岗位上不断提高教师的生活待遇。建好一支稳定的教师队伍，必须努力提高教师的业务水平，要安排好在职教师的培训，包括学位的提高

---

① 杜玉波. 全面推进素质教育　培养高素质创新人才［J］. 中国高教研究，2012（1）：1-4.

② 路甬祥. 造就创新人才是建设创新型国家的关键［J］. 中国科学院院刊，2006（3）：177-182.

③ 马运超. 高校创新人才缺乏的原因及对策探究［J］. 山西财经大学学报，2012（S4）：112-113.

④ 乔万敏，邢亮. 开放式教育：创新型人才培养的新视角［J］. 教育研究，2010（10）：86-90；106.

⑤ 马防修. 素质教育与创新人才的培养［J］. 河南社会科学，2004（5）：127-128.

以及专业的进修等，并创造学术研究与交流的机会”①。

⑥ 营造有利于创新人才脱颖而出的育人环境。有观点认为，“高等学校要提高人才培养质量，必须立足校内培养，整合优质教育资源，充分利用国内国外两种资源和两个市场，开拓和利用多方向、多角度的合作培养渠道，为拔尖创新人才的成长创造良好的环境”②。另有学者认为，“还应该建立一个公平合理的、尊重人才的分配制度，尊重人才就是要认识到各类人才的重要性，不要简单地制定一些政策，导致一部分人积极，而另一部分人消极，只有人与人之间的机会均等了，各类人才之间的利益分配合理了，社会环境才能慢慢地有利于创新人才的成长”③。还有学者认为，“培养创新型人才，前提就是要解放思想，只有进一步转变教育思想，更加注重大中小学的衔接，才能营造有利于创新型人才脱颖而出的社会环境，才能建设创新型国家”④。

（3）从学生个体层面探讨创新型人才培养的途径

① 教育学生树立远大的理想。有观点认为，“加强马克思主义基本理论的学习，让学生认识社会发展的基本规律；注重中国近现代史的学习，让学生明白没有共产党就没有新中国的真谛；强化邓小平理论、‘三个代表’重要思想和科学发展观的学习，让学生掌握中国特色社会主义理论；推进大学生思想道德修养和形势政策的学习，让学生明确当代大学生的定位和担当民族复兴的历史使命”⑤。另有观点认为，“共产主义作为一种思想体系早就存在于我们的现实生活里，只有共产主义理想武装起来的人，才是具有最大创造力的人。进行共产主义理想教

---

① 汪培栋．高等教育必须培养创新人才［J］．现代大学教育，2001（4）：11-13.

② 丁烈云．顺应新型工业化道路　主动培养拔尖创新人才［J］．中国高等教育，2012（1）：31-32；55.

③ 母国光．营造创新人才成长的环境［J］．求是，2003（11）：47-48.

④ 朱志敏．营造创新人才脱颖而出的良好氛围：“两会”代表委员谈科学人才观［J］．中国人才，2012（7）：31-32.

⑤ 周帆．以学生为主体　创新人才培养模式［J］．中国高等教育，2011（8）：32-33.

育，一定要与爱国主义教育，与坚持党的四项基本原则的教育结合起来”①。还有观点认为，“青少年多读伟人传记类书籍，容易激起奋发向上的激情，能自觉地以伟人为榜样，增强责任感与使命感，担当起历史重任”②。

② 激发学生浓厚的学习兴趣。有学者认为，“以项目为载体，通过引导学生选择相对复杂、面向实际的课题，并进行论证、立项、研究、结题的过程，让学生在独立运用已有知识和技能的同时，强调学习项目背后的科学思想，形成解决问题的方法和技术，提高自主学习和独立工作的能力”③。另有学者认为，“教学不是留给学生一个句号，而是一个问号，教学的目的不是终结知识而是开启知识的大门，让学生不满足已经学到的知识，而是发现还有许多问题要研究，这样会激发学生的探究欲，培育出创新精神去征服那些未知领域”④。还有学者认为，“制订一系列激励措施鼓励科研实验室向学生开放，使学生在直接参与科研实践的过程中与导师共同探索创新；设立学生创新基金，提供科学研究工作机会，使学生在本科学习阶段就能够进入课题组进行研究学习”⑤。

③ 培养学生正确的学习态度。有观点认为，“现代教育应该把着眼点放在培养学生会学习，善于学习的能力上，促使他们不断积累知识、更新知识，主动创造知识，用创新思想指导自己的行动，养成终身学习、创造性学习的好学风”⑥。另有观点认为，“应培养学生坚定正确的

---

① 丁敬群．理想教育与创新人才的培养［J］．江西社会科学，2000（5）：150-151.

② 李祖超，国旗．拔尖创新人才核心价值观现状调研与分析［J］．学校党建与思想教育，2010（22）：24-26.

③ 黄立宏，龚理专，李勇军．拔尖创新人才培养的探索［J］．中国大学教学，2009（6）：24-26.

④ 王强．高校创新人才培养现状及对策研究［J］．西南民族大学学报（人文社会科学版），2005（11）：381-383.

⑤ 韩响玲，等．构建开放共享平台 培养拔尖创新人才［J］．中国大学教学，2012（5）：11-13.

⑥ 韩立娟，姜德辉．谈知识经济条件下高校创新人才的培养［J］．教育探索，2007（7）：15-16.

政治观，科学的世界观和人生观，牢固的群众观和劳动观，良好的道德观；要求学生成为基础扎实、专业面宽、能吃苦、具有创新精神和实践能力的应用型、复合型人才”①。还有观点认为，“要注重培养学生通过探究得出科学成果的方法，去学习如何得出思考结果的活动，更要培养学生敢于向权威挑战的科学精神”②。

④ 教会学生自主学习的方法。有学者认为，“以学生为主体、创新人才培养模式，就是要充分发挥学生自主自律作用，变管理学生为学生自主管理，变要求学生学习为学生主动学习”③。另有学者认为，“从创设真实的问题情境出发，激发学生学习的兴趣和深入探究未知领域的激情，引导学生自主感受和体验知识的发生过程。通过师生共同研讨、双向交流的形式，鼓励学生对问题的质疑批判和发表独立见解，从而培养大学生的创新思维和创新能力”④。还有学者认为，“注重学生主动获取和应用知识信息的能力、独立思考的能力和创造能力，把发展学生的独立思维能力置于教学活动的中心，增强学习的主动性和自主性、创造性，培养创新精神和创造能力”⑤。

⑤ 鼓励学生积极参加实践活动。有学者认为，“在本科教学工作中，我们将支持开展大学生创新性实验计划，这个计划强调创造条件、鼓励创新，让学生早进课题、早进实验室、早进团队，在导师的指导下自主选题、自主设计实验，在参与科研的过程中培养学生发现、分析和解决问题的兴趣和能力”⑥。还有学者认为，“加强学生创新实践能力培养，

---

① 曾贤贵．知识经济与创新人才的培养［J］．西南民族学院学报（哲学社会科学版），1999（S8）：155-158．

② 赵怀玉，李全武．高校创新人才培养的新视野［J］．陕西师范大学学报（哲学社会科学版），2007（S1）：208-210．

③ 周帆．以学生为主体　创新人才培养模式［J］．中国高等教育，2011（8）：32-33．

④ 黄立宏，龚理专，李勇军．拔尖创新人才培养的探索［J］．中国大学教学，2009（6）：24-26．

⑤ 蒋家平．知识经济与创新人才［J］．教育与现代化，2000（2）：52-55．

⑥ 张韦韦．教育部副部长杜玉波：培养创新人才是我国高等教育的根本使命［J］．教育与职业，2012（3）：24-27．

积极创造条件鼓励学生参加科研活动，加大大学生实践训练项目立项的力度，积极开展第二课堂活动，引导、支持学生开展各类科技文化、学科竞赛活动”①。另有学者认为，“要尽可能多地为学生提供实践的机会和场所，使其在实践中增强创新意识，提高创新能力，此外，注重学生第二课堂，丰富学生业余文化生活，努力改善办学条件，建设良好的校园文化环境，对于培养创新人才也具有十分重要的作用”②。

（二）我国高校创新型人才培养研究存在的主要问题

创新型人才培养的研究在我国虽早已有之，然而系统的研究则是改革开放之后特别是进入 21 世纪之后的事情，由于研究者所处的学缘环境和个人价值取向不同，再加上主观意愿的差异，我国高校创新型人才培养的研究存在诸多的问题。通过查阅并分析已有研究文献，目前该领域的研究存在的问题主要表现在以下几个方面。

1. 在研究取向上，重价值研究，轻理论构建

从相关我国高校创新型人才培养的研究文献分析中发现，较多学者较为注重创新型人才培养重要性、必要性以及价值意义的探讨。有学者认为“培养应用型创新人才是我国社会发展的迫切需要，是我国高等教育紧迫而长期的重要任务，更是地方高校抓住时机，培养应用型创新人才的出发点和归宿”③。“以知识经济为基础的下个世纪经济，必将形成对人才，尤其是创新人才的巨大需求，人才的竞争会异常的激烈，那时，谁拥有大量的高素质人才资源，谁就拥有持续创新能力，谁就具有发展知识经济的巨大潜力；相反，谁缺少科技储备和创新能力，谁就失去知识经济带来的机遇。”④ 另外，有学者围绕教学过程分析其对创新型

① 管志强，李献涛．应用教学型高校如何优化创新人才培养体系［J］．中国成人教育，2012（16）：35-37.

② 曾贤贵．知识经济与创新人才的培养［J］．西南民族学院学报（哲学社会科学版），1999（10）：155-158.

③ 张学洪．大学生课外科技活动与创新人才培养［J］．高校教育管理，2012（6）：80-83.

④ 段福德．知识经济呼唤创新人才［J］．中国特色社会主义研究，1998（4）：55-57.

人才培养的价值，“研究型教学是一种‘创新性教学’，实现了教学功能由知识传递、继承、记忆向知识体验、发现、运用的转变，从而发展创新思维和创新品质”①。仅有少数学者从素质教育和通识教育的角度分析了高校创新型人才培养，“创新教育则是高层次的素质教育，是全面素质教育的具体化和深入化，创新能力是一个人综合素质的最好体现，或者说创新能力是一个人综合素质的核心”②；“通识教育强调一个有教养的人要具有归纳、推理能力，独立思考、批判思考的能力，价值判断能力，语言与沟通能力等等，而这些正是创新思维能力的具体表现”③。从目前的价值分析和理论研究角度上看，进行价值分析的学者一方面从社会视域来探讨创新型人才培养的重要性、必要性和紧迫性，另一方面基于课程、教学、实践与环境等层面进行创新型人才培养的价值分析，而这两个方面的论述由于缺少资料分析和研究方法创新的支撑，存在同一化的研究趋向显然不可避免。另外，少数理论研究者较为关注理论分析，但由于基本没有实践依据，因此无法促进理论的进一步发展和深化，实际上理论建构变得异常困难，经验应用研究者一般非专业出身，由于理论基础薄弱，仅仅停留在经验的描述和实践的总结，无法进行抽象概括和提炼，使得理论研究无法深入地发展，从而造成我国高校创新型人才培养理论建构的薄弱。

2. 在研究对象上，重策略研究，轻改革实验

通过对相关研究文献的分析，我国高校创新型人才培养的研究较多是从直观或感性的角度探讨高校创新型人才培养的策略。有学者认为“新时代条件下大学创新型人才培养要进一步加强对大学生的创新意识教育，要更加强对大学生创新能力的培养，要积极创造条件，让学生获得更多参与创新实践的机会，要积极营造宽松的创新氛围，创新是一种

---

① 方丽梅. 实施研究型教学，推进创新人才培养［J］. 实验技术与管理，2012（8）：140-141；144.

② 许亚明. 素质教育与创新人才培养研究［J］. 福建论坛（经济社会版），2001（11）：66-67.

③ 庞海芍. 通识教育与创新人才培养［J］. 现代大学教育，2007（1）：97-101；112.

观念”①。有人认为“高校创新人才培养要拓宽专业和加强跨专业联合培养，修订专业教学计划和改革课程体系，突出创新能力的培养和学生个性发展，改进教学方式和教学评价制度，建立科学的评价过程”②。有人围绕高校课程改革进行了分析，认为“高校创新型人才培养应做好课改顶层设计，整体推进教育教学改革，转变学术研究观念，深入开展课改实践探索，深化评价制度改革，促发教师主体觉醒和自觉”③。事实上，目前的大多数研究成果急于澄清高校创新型人才培养“怎么办”的问题，而对于我国高校创新型人才培养策略探讨背后的源流即“为什么”等内在问题较少涉及，从而导致我国在创新型人才培养改革实验研究方面的薄弱，只有少部分学者确实较为关注我国高校创新型人才培养的改革与实验。有学者认为“清华大学以人才培养为根本，以提高质量为主线，确立了‘高素质、高层次、多样化、创造性’的人才培养目标，将本科教育定位于通识教育基础上的宽口径专业教育，长期坚持学科专业、课程、基地、学风四项教学基础建设，持续不断地推进教育教学改革，致力构建研究型大学教育教学体系”④。另外，有学者认为“华中师范大学通过以培养复合型创新英才为目标的‘博雅计划’本科人才培养实践，通过培养机制的创新与培养条件的改善，使本科优秀人才的专业基础知识、学科视野、创新能力等综合素质得到较快的提升，探索出了一套可行性高的复合型英才培养模式”⑤。从已有研究的总体上看，我国

① 周家伦. 创新型人才培养与大学生综合素质教育 [J]. 中国高等教育，2006 (5)：38-40.

② 张道海，查奇芬，陈玉娟. 高校创新人才培养模式的构建 [J]. 江苏大学学报（高教研究版），2003 (2)：49-51.

③ 李庆丰. 夯实高校课程改革 着力创新人才培养 [J]. 中国高等教育，2012 (7)：29-32.

④ 李向荣，李蔚，段远源. 研究型大学人才培养体系建设的新探索：清华大学“985 工程”二期本科人才培养项目规划及建设成效 [J]. 清华大学教育研究，2008 (3)：40-43.

⑤ 刘建清，郑伦楚. 重点大学复合型创新英才培养模式探讨：华中师范大学本科人才培养“博雅计划”的实践 [J]. 中国大学教学，2009 (12)：36-38.

高校创新型人才培养的研究呈现策略研究探讨多、源流分析少，表象研究多、改革实验探究少的状况。

3. 在研究方法上，重思辨研究，轻实证分析

从有关创新型人才培养研究成果的文献分析中可以发现，我国高校创新型人才培养的思辨研究成果较为常见，而具有一定深度的定性定量实证研究成果则不多。对创新型人才培养的内涵进行分析的学者从直观和感性的角度出发，认为“创新型人才是指具有创新精神的人才，也就是那些具有创新人格、创新思维、创新的学习素质和社会能力，以自己的创造性思维和创造性劳动为社会做出正向价值贡献的人才”①；对高校创新型人才培养的影响因素进行研究的学者基于社会事实描述的角度，指出“我国创新型人才培养的首要影响因素应是好奇心、是兴趣、是对科学的信仰和追求，其次是学生的天分，第三才是培养方法”②；更多学者基于理想和想象，指出我国高校创新型人才的培养“要坚持以人为本的理念，营造和谐学术环境，发展学生个性，促进知识、能力、人格三位一体的协调发展”③，而关于这些方面的实证研究则较为少见。由于多数学者的研究成果仅是对创新型人才培养的事实描述和直观经验，这给研究的深入发展带来了一定的困难。当然，仍然有少数学者较为关注创新型人才培养的定性定量实证研究，“科学家培养拔尖创新人才的年龄结构呈‘M’型双峰分布，峰值年龄分别约为46岁和66岁；科学家培养拔尖创新人才的平均年龄呈年轻化发展趋势；不同学科及性别因素对科学家培养拔尖创新人才的年龄结构具有显著影响”④。“基于39所‘985工程’大学《2010年度本科教学质量报告》中‘拔尖创新人才培

① 房国忠，王晓钧．基于人格特质的创新型人才素质模型分析［J］．东北师大学报（哲学社会科学版），2007（3）：106-109．

② 袁东．关于创新人才培养与大学教育的几点思考［J］．广西师范大学学报（哲学社会科学版），2010（3）：114-117．

③ 田建国．关于创新型人才培养的思考［J］．高校理论战线，2008（2）：31-34．

④ 易勇，戚巍．科学家培养拔尖创新人才的年龄结构分析：以1999—2010年全国优秀博士学位论文指导教师为例［J］．中国高教研究，2012（7）：51-55．

养’部分的文本分析。”① 实际上，创新型人才培养既是一个国际性的理论问题，同时又是一个具有较强实践性、操作性的问题。因此，创新型人才培养的研究既需要定性思辨的分析与思考，又要根据需要回到现实的世界中进行定性与定量的实证研究。然而，从已有文献分析资料分析看，目前我国创新型人才培养的研究方法较为单一，运用定性思辨研究我国高校创新型人才培养的学者较多，走田野定量实证研究的则较少，将定性定量结合的则更少，这不能不说是当前创新型人才培养研究的一大缺失。

4. 在研究视域上，重单一视角，轻系统分析

通过对现有的关于创新型人才培养研究成果的考究，不难发现，较多学者尝试从不同的学科和视角来研究创新型人才培养问题。有的从教育学的视角来进行探究，认为“全面发展是指培养受教育者在德、智、体等方面都得到发展，个性发展是指个体在需求、生活习惯、性格、能力、兴趣、价值观念等方面形成稳定的心理特征，全面发展是个性发展的基础与前提，个性发展是在全面发展基础上的选择性发展，创新人才是在全面发展基础上的个性发展的结晶”②。有人从教育社会学视角来进行考察，运用“社会学冲突范式理论分析了当前我国创新型人才培养提出的社会根源，从文化传统、思维倾向和社会现实视域对创新型人才培养进行社会学分析，最后提出了创新型人才培养应立足于继承创新传统、综合创新思维、构建创新教育、推进教育改革和实施素质教育，从而全面厘清创新型人才培养的原因、现状、目的与价值”③。有人从教育心理学的角度来进行研究，指出创新型人才“不完全表现在智力或创造性思维上，创造性人格可能发挥更重要的作用，因此，在一定意义上

① 黄敏，陈炎辉. 我国研究型大学拔尖创新人才培养模式研究：基于“985 工程”大学《2010 年度本科教学质量报告》的文本分析［J］. 国家教育行政学院学报，2012（12）：51-56.

② 文新华. 论人的全面发展与个性发展：兼论创新人才的培养［J］. 华东师范大学学报（教育科学版），2004（1）：7-13.

③ 袁川，董泽芳. 冲突理论视域下创新型人才培养的社会学分析［J］. 研究生教育研究，2012（4）：31-34.

说，创新型人才就是创造性思维加创造性人格"①。除了从教育学、心理学和社会学这些视角研究外，个别学者在研究过程中还尝试着采用其他学科的观照，有学者从经济学视角来探究知识经济与人才培养的关系②，有学者基于军事学的角度分析了我军联合作战指挥人才培养③。纵观我国学界对创新型人才培养的研究，不难发现大多数研究成果都是基于教育学视角出发的，进一步总结分析会发现，当前的创新型人才培养研究存在着单一视角研究的缺陷，即从单一方面、单一维度研究创新型人才培养的居多，而从多个学科、多个维度系统探讨创新型人才培养的研究成果则极少。

三、研究问题的提出

从研究背景和文献综述可知，高校创新型人才培养研究的有些问题确实需要进一步从理论上进行全面的阐释厘清和深入的探究分析，这样才能够为高校的管理和改革提供理论依据，为高校创新型人才的培养提供有效的对策建议，从而更有效地指导高校创新型人才的培养。具体来说，本课题要研究的问题主要有：

1. 为什么说高校创新型人才培养是一个社会问题

要准确把握这一问题研究的范围，必须从以下几个方面进行分析。首先必须明确什么是创新型人才。概念的有效界定是进行问题研究的基本前提，也是本课题研究的逻辑起点。显而易见，"创新型人才"是本课题研究的核心概念，厘清其真正内涵是本课题进行研究的前提和出发点。如果在认识上"异化"了"创新型人才"的含义，在理论上不仅不能够代表创新型人才培养的科学规范化水平，反而会在实践中明显对高校创新型人才的培养产生误导。因此，厘清创新型人才的内涵显得相当必要。其次，必须知道创新型人才培养已有研究都具有什么样的特点和

---

① 林崇德. 创新人才与教育创新研究［M］. 北京：经济科学出版社，2009：27.

② 贺益民，苏健. 知识经济与人才培养［J］. 桂林市教育学院学报，1999（3）：24-27.

③ 赵周贤，徐志栋. 基于SWOT分析的我军联合作战指挥人才培养［J］. 军队政工理论研究，2010（1）：60-64.

规律。过去的理论研究不仅反映了具体历史条件下研究的深度和广度，而且在一定条件下也映射了当时的社会实践水平。因此，对国内外研究现状进行分析是创新型人才培养研究的一个重要内容。最后，必须知道创新型人才培养研究具有什么样的理论基础。理论是行为的先导，是我们进行创新型人才培养研究的逻辑起源，论题研究的合理性和科学性主要通过理论基础来进行论证。为此，对创新型人才培养进行理论分析显得尤为重要。

2. 我国高校创新型人才培养受到哪些因素的影响

创新型人才培养是一项重要的社会实践性活动，概念界定、文献综述和理论分析在一定程度上已进行了较为全面的阐述。所谓具体问题具体分析，对于我国高校创新型人才培养而言，基于众多复杂的历史原因和社会原因，为什么我国高校创新型人才培养成效不够显著？创新型人才都具有什么样的素质特征和结构？创新型人才培养受到哪些因素的影响和制约？制约创新型人才培养的因素之间存在什么样的关系？厘清这些问题，对于分析我国高校创新型人才培养存在的问题来说非常重要。

3. 我国高校创新型人才培养存在哪些现实困境

问题是需要解答或解释的题目，课题研究起始于问题。就我国高校创新型人才培养而言，发现问题和解决问题才是根本和关键。本研究以本科生为研究对象，主要探寻我国本科创新型人才培养存在哪些问题和现实困境，具有什么样的特殊性，这些问题之间具有什么的关系，如何进行客观的解释，明晰这些问题，对于构建我国高校创新型人才培养的对策和建议具有重要的意义和价值。

4. 如何构建基于制度创新的我国高校创新型人才培养理论模型和运转模式

本研究基于创新型人才培养研究的理论基础和我国高校创新型人才培养的现状调查，最终目的是构建创新型人才培养理论模型和运转模式。值得一提的是，我国高校创新型人才培养是一项社会系统工程，涉及众多复杂的历史因素和社会因素，故主要从三个层面进行构建：一是从宏观的国家社会层面的体制机制、文化传统、思维倾向和社会现实进行分析；二是从中观的高校层面的办学思路、管理模式、教学制度和评价机制进行阐释；三是从微观的师生层面的思想理念、教师教学、课程建构和学生学习进行审视。

第四节　研究的思路与方法

一、研究思路

研究思路按照“一个主题、两个视角、三个层面、四个问题、五种方法”的思路展开分析。(1) 在整个研究进程中紧紧围绕我国高校创新型人才培养这一主题，这是本研究的逻辑起点。(2) 我国高校创新型人才培养既是一个教育学问题，同时也是一个社会学问题，从教育学视角分析我国高校创新型人才培养的实施现状与方法举措，从社会学多维视角分析我国高校创新型人才培养的现实问题和制约因素，紧紧围绕“社会发展—人才培养”这条主线，全面研究我国高校的创新型人才培养。(3) 高校创新型人才培养是一个多层次、多维度、多因素制约的关系体系，在这一关系体系中，从宏观层面研究我国创新型人才培养的社会源流、价值取向、思维倾向和社会现实等，从中观层面分析我国高校创新型人才培养的体制机制、管理模式、办学思路等，从微观师生教学层面考察我国高校创新型人才培养的教师教学方式方法、学生学习的方式途径等。(4) 围绕四个问题展开研究：一是“为什么说我国高校创新型人才培养是一个社会问题”；二是“我国高校创新型人才培养受到哪些因素的影响”；三是“我国高校创新型人才培养存在哪些问题”；四是如何构建我国高校创新型人才培养的理论模型和运转模式，从而深入地研究我国高校创新型人才培养的现状、问题和对策。(5) 为全面而深刻地分析我国高校的创新型人才培养，需要用五种方法进行研究：用文献法分析收集到的大量文献资料；用调查法收集大量的数据资料，探寻我国高校创新型人才培养问题的存在；用统计法分析我国高校创新型人才培养的影响因素和相互关系；用案例分析法解读我国高校创新型人才培养的典型经验；用系统分析法建构我国高校创新型人才培养的理论模型和运转模式。

二、研究方法

（一）文献研究法

收集、查阅大量与专题相关的国内外文献，包括与创新型人才培养有关的著作、论文，收集国内外有关高校创新型人才培养的数据资料和社会评价。对已有文献进行分析整理，从这些文献中获取大量有效信息，在此基础上，为本研究框架的设计提供整体思路和理论准备。文献的收集途径有：一是通过手工检索，从图书馆、资料室收集查阅与研究有关的图书资料；二是通过电子检索，借助中国期刊全文数据库、中国优秀博硕士论文数据库等网上电子资源收集文献；三是从互联网上收集有关高校创新型人才培养的报道及公众舆论意见；四是从超星数字图书馆、当当网图书书库、湖北省相关高校图书馆、贵州省相关高校图书馆以及其他省市图书馆检索相关图书；五是在贵州数字图书馆和华中师范大学等高校图书馆收集相关外文文献。

（二）调查研究法

为了掌握我国高校创新型人才培养的真实数据和相关资料，研究采用调查研究方法和数据统计方法，简称调查研究法。一是自编问卷，选取有代表性的数所高校，进行问卷调查，通过统计分析，弄清我国高校创新型人才培养的现状，并对存在的问题进行探讨。二是访谈法，对于部分不易调查到的数据资料和需要访谈的内容，研究选取国内具有一定影响力的专家学者、高校领导、社会团体、用人单位和高校师生进行个别访谈，为进行深度分析提供翔实可靠的辅助资料和支撑数据。三是体验法。作为在大学工作的教育学专业的高校教师，具有多年的学生辅导员工作经历，本身与学生接触的机会较多，对高校的教育教学与学生管理具有较系统而深入的认识，且现在的工作与高校人才培养有较为密切的关系，这为本课题的研究提供了较为有利的条件。

（三）统计分析法

在问卷调查的基础上，运用 EXCELL 和 SPSS 统计软件对所收集到的数据资料进行相关统计分析，根据一定的内在逻辑揭示数据反映出的问题，从而探讨制约我国高校创新型人才培养的深层次原因。

（四）案例分析法

选取国内外较有代表性的部分高校进行案例分析，运用教育社会学理论进行深层次的解读，总结它们的实际操作经验，将理论与实践结合起来，为我国高校创新型人才培养创建理论模型。

（五）系统分析法

创新型人才培养是一项社会系统工程，需要从时代背景、地区特点、价值观念、教育理念、经济社会发展等维度进行评估分析和价值解读，需要基于不同的学科视角才能推动研究的深度发展，因此，系统分析法显得尤为必要。

三、技术路线

基于以上的研究方法、研究假设和研究思路，研究紧紧围绕“我国高校本科生创新型人才培养”这一主题，沿着“研究缘起—理论探讨—调查研究—问题分析—经验借鉴—对策建议”这一研究思路展开。一是介绍研究背景与研究意义，通过文献分析，了解前人研究成果，为展开本研究做好铺垫；二是进行了理论探讨，对研究中涉及的核心概念及相关概念进行澄清，从多维度对创新型人才培养进行探讨，运用社会学理论对创新型人才培养进行分析，梳理本研究的理论依据；三是设计问卷和访谈提纲对我国高校创新型人才培养进行调查研究，探寻其中存在的问题并分析导致问题发生的原因；四是分析美、日等发达国家和地区高水平大学创新型人才培养的经验；五是在理论梳理和实证研究的基础上，基于制度创新视角构建我国高校创新型人才培养理论模型和运转模式。具体技术路线如图 1-1 所示。

四、力求创新

我国高校本科生创新型人才培养的研究以理论研究居多，且多是单一的教育学视角，以心理学、社会学、人类学或文化学为视角的研究则不多，而紧密联系我国时代背景，定性定量研究相结合，以多学科综合视角、多维空间为观察视域的系统研究则更为少见，本研究试图弥补这一不足。

本研究力求以下几方面的创新：

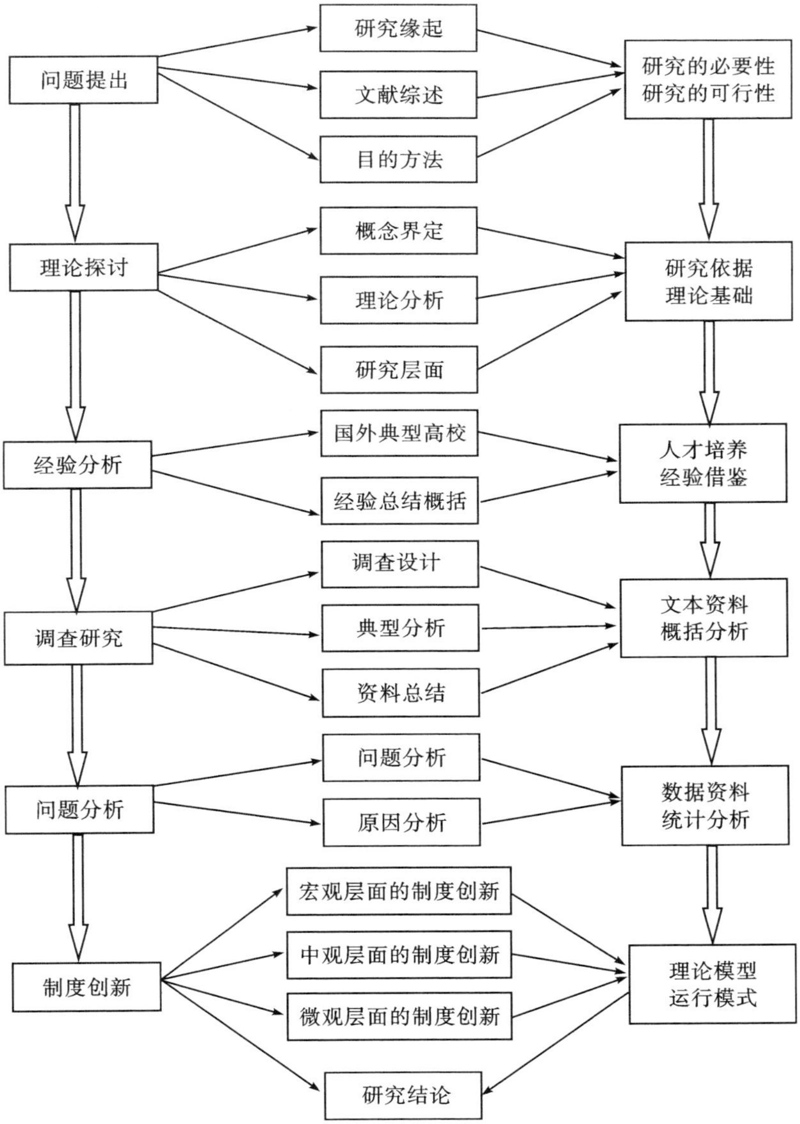

图 1-1　我国高校创新型人才培养社会学分析的技术路线

一是本研究紧密联系我国社会转型和创新型国家建设的时代背景，以多学科综合性为视角，采用定性和定量相结合的实证研究方法，以我国高校本科生创新型人才培养为研究对象，研究具有较强的时代感和现实性。

二是运用社会学、管理学、教育学等多学科的原理与文献梳理、国际比较、实证分析等方法，注重对问题进行全方位、大视野、多角度的透视，在研究视角和方法上有所拓展。

三是从多维空间全方位地探讨我国高校的创新型人才培养。本研究力图克服以往研究的单一纬度局限，从宏观、中观和微观三个层面实现贯通，对社会层面、高等学校和师生教、学同时关注，使得研究更加系统，增加了研究的广度和深度。

四是高校创新型人才的培养具有民主性与开放性、适度性与协调性、自致性与竞争性、效能性与发展性等特点，研究提出高校创新型人才培养本质在于承认差异、尊重意愿、区别对待、分类施教，在研究结论上有所创新。

第二章 研究的理论基础

理论是对客观事物的形而上总结和概括，是社会实践活动的先导，是开展科学研究的前提和基础。科学研究必须借助于对研究主题相关的概念进行深入的分析，全面阐释与课题研究主题相关的社会语境和理论体系，构建基于研究主题的理论依据、研究视角和分析框架。本章基于高校创新型人才培养研究的实际需要，以界定我国高校创新型人才培养的核心概念为研究基础，以阐释我国高校创新型人才培养的社会学依据为出发点，从多层面、大视野的角度对影响我国高校创新型人才培养的因素进行系统的社会学分析。

第一节 核心概念界定

从客观事物理论分析的角度上看，概念是思维的最基本组成单元。本研究通过对“高校、人才培养、创新型人才培养、社会学分析”等概念的内涵进行分析，结合我国高校创新型人才培养的实际情况，从而全面、系统和深刻地探讨我国高校创新型人才培养的深刻内涵。

一、高校

“高校”是“高等学校”的简称，一般相对于中等学校、初等学校而言，特指直接从事培养人才活动的且有某种结构的高等组织或机构①，

---

① 张楚廷. 高等教育学导论［M］. 北京：人民教育出版社，2010：9.

多数情况下与“大学”词意相似，但与大学也存在一定的区别。根据1986年国务院发布的《普通高等学校设置暂行条例》，大学必须以培养本科以及本科以上人才为主，在文学、法学、经济学、教育学、理学、工学、农学、医学八个学科门类中以三个以上的不同学科为主干学科，且具有较强的教学、科研力量以及较高的教学、科研水平，全日制在校生规模应达到五千以上。1998年《中华人民共和国高等教育法》第六十八条规定，“本法所称高等学校是指大学、独立设置的学院和高等专科学校，其中包括高等职业学校和成人高等学校”。实质上，我国高校是一个多层次多类型多形式的系统，主要指以培养高级专门人才为主要职责的组织或机构。从教育对象和学习形式上划分，高校可分为普通高等学校和成人高等学校；从教育层次上划分，高校可分为专科高校和本科高校；从学校办学性质上划分，高校又分为民办高校、公办高校和独立学院等。

本书对我国高校创新型人才培养进行社会学研究，其研究的总体是我国各级各类的普通本科高校，普通本科高校又可分为公办高校、民办高校和独立学院。公办本科高校一般分为一本、二本，一本的有“985工程”高校、“211工程”高校和其他重点一本高校，二本的有省属重点高校和地方一般本科高校，由于民办高校和独立学院与政府举办的高校在学校性质、学生层次、学生就业以及招生考试等方面具有较多的特殊性，因此，本研究不把民办高校和独立学院列为研究对象，而只是以政府举办的普通本科高校的创新型人才培养为研究对象。从整体上看，我国是一个高等教育大国，截至2013年10月，我国内地有普通高等院校2 242所，其中本科院校1 145所①，各省市高等学校分布详情如表2-1所示②。

---

① 教育部．各级各类学校校数、教职工、专任教师情况［EB/OL］．［2018-11-07］．http://www.moe.edu.cn/publicfiles/business/htmlfiles/moe/s7567/201309/156899.html.

② 据华禹教育网《全国内地各省、市普通高校名单》统计。http://www.huaue.com/gx01.htm；访问时间：2018年11月7日。

表 2-1 我国内地各省、市高等学校分布情况*（单位：所）

序号	省（市）	本科院校	专科高校	民办院校	独立学院	政府举办本科院校
1	北京市	59	26	10	5	58
2	天津市	19	25	1	10	18
3	河北省	40	61	17	17	35
4	山西省	21	49	7	8	20
5	内蒙古自治区	13	34	8	2	13
6	辽宁省	50	52	20	9	40
7	吉林省	30	21	10	7	25
8	黑龙江省	35	43	16	2	26
9	上海市	33	31	17	2	29
10	江苏省	48	82	24	25	45
11	浙江省	34	45	13	22	30
12	安徽省	33	73	19	11	29
13	福建省	23	54	26	9	20
14	江西省	27	51	14	13	23
15	山东省	52	74	25	12	44
16	河南省	42	77	27	8	35
17	湖北省	41	56	16	26	35
18	湖南省	31	72	16	15	29
19	广东省	41	80	33	17	37
20	广西壮族自治区	23	38	12	9	21
21	海南省	6	11	7	0	4
22	重庆市	18	39	16	6	17
23	四川省	36	55	20	12	34
24	贵州省	18	26	3	8	18
25	云南省	22	38	13	7	21
26	西藏自治区	3	3	0	0	3
27	陕西省	42	38	18	12	34

续表

序号	省（市）	本科院校	专科高校	民办院校	独立学院	政府举办本科院校
28	甘肃省	16	21	1	5	16
29	青海省	3	5	0	1	3
30	宁夏回族自治区	6	8	2	2	4
31	新疆维吾尔自治区	13	22	3	5	13

* 数据不包括香港、澳门和台湾地区。

综观我国内地 31 个省、市、自治区的高等学校分布，主要集中在以北京为中心的北部、以上海为中心的东部、以广东为中心的南部、以四川为中心的西南部、以陕西为中心的西北部和以湖北为中心的中部地区。我国高等学校的发展实际上呈现出东强西弱的局面，仅以北京市为例，其本科院校就达到 59 所，而青海、海南、西藏和宁夏等各省区的还没有达到北京市的个位数，这体现出我国高等教育发展上的极度不平衡。另一方面，从高等学校发展的水平上看，我国共有“985 工程”高校 39 所，“211 工程”高校 112 所，同样如此，仅北京市的“211 工程”高校就达到了 25 所，“985 工程”高校有 8 所，而云南、青海等 14 个省区的“211 工程”高校各仅有 1 所；另外，云南、贵州等 14 个省区尚无“985 工程”高校①。详情如表 2-2。

表 2-2　我国内地各省、市政府举办各种层次高等学校分布情况*（单位：所）

序号	省（市）	政府举办本科院校	“985 工程”	“211 工程”	一般本科
1	北京市	58	8	25	25
2	天津市	18	2	3	13
3	河北省	35	0	1	34
4	山西省	20	0	1	19
5	内蒙古自治区	13	0	1	12
6	辽宁省	40	2	4	32

① 教育部. “211 工程”学校名单［EB/OL］.［2018-11-07］. http://www.moe.edu.cn/publicfiles/business/htmlfiles/moe/moe_315/201002/82762.html.

续表

序号	省（市）	政府举办本科院校	“985 工程”	“211 工程”	一般本科
7	吉林省	25	1	3	21
8	黑龙江省	26	1	4	21
9	上海市	29	4	9	16
10	江苏省	45	2	11	32
11	浙江省	30	1	1	28
12	安徽省	29	0	3	26
13	福建省	20	1	2	17
14	江西省	23	0	1	22
15	山东省	44	2	3	39
16	河南省	35	0	1	34
17	湖北省	35	2	7	26
18	湖南省	29	3	4	22
19	广东省	37	2	4	31
20	广西壮族自治区	21	0	1	20
21	海南省	4	0	1	3
22	重庆市	17	1	2	14
23	四川省	34	2	5	27
24	贵州省	18	0	1	17
25	云南省	21	0	1	20
26	西藏自治区	3	0	1	2
27	陕西省	34	3	7	24
28	甘肃省	16	1	1	14
29	青海省	3	0	1	2
30	宁夏回族自治区	4	0	1	3
31	新疆维吾尔自治区	13	0	2	11

* 数据不包括香港、澳门和台湾地区。

二、人才培养

从构词法上讲，“人才”和“培养”是“人才培养”这个词的核心构成单位，其本身的含义对“人才培养”的科学界定具有重要影响。因此，要准确界定“人才培养”这个概念，就必须明确“人才”和“培养”的真正内涵。

（一）何谓“人才”

人才（talents）是一个内涵极为丰富的概念，一般意义是指智力超凡、在某方面具有才能或本事的人。但在社会认知层面，人们又形成了对“人才”的不同认识，主要存在两个方面的理解。一是侧重于讲德才兼举，“《辞海》指出人才指有才识学问、德才兼并、才学、才能和品德高尚的人”；“《现代汉语辞海》把人才解释为德才兼优和有特长的人”。二是把能力和贡献作为评判人才的根本标准，“人才是指在一定社会条件下，具有一定专门知识和较高的技术及能力，并以创造性的劳动为社会发展和人类进步做出较大贡献的人，具有创造性、进步性、社会性和时代性这四大特征”①；“人才是指具有一定的专业知识或专门技能，进行创造性劳动并对社会做出贡献的人，是人力资源中能力和素质较高的劳动者”②。实际上，以上两个角度的认识都具有一定的合理性，但都存在着一定的片面性，试想如果一个人有德有才而没有对社会的责任和贡献，那能算是人才吗？窃以为最多只能算是潜在的人才或者隐性的人才；反之，如果一个人具有对社会的贡献和责任，而做的工作是低水平的和微不足道的，这又能算是人才吗？这可能还需要学界对人才的外延进行进一步的研究与探讨。显然，要对人才的真正内涵进行科学的界定，必须要以对当前社会的认识和需要作为前提。因此，所谓人才是指在社会实践活动过程中，具有一定的文化知识水平，具有相应的科学技术或创新能力，能够以自己的创造性劳动作用于自然和社会并取得创造性成果，在某一领域、行业或某个方面为社会发展和人类进步做出较大贡献的一类人。

---

① 徐天发．知识经济时代创新人才的培养［J］．武汉大学学报（人文科学版），2004（4）：509-512.

② 国家中长期人才发展规划纲要（2010—2020年）［EB/OL］．（2010-06-06）［2018-11-07］．http://www.gov.cn/jrzg/2010-06/06/content_1621777.htm.

（二）何谓“培养”

“培养”一词通常有两层含义，一是指采用一定的条件促进生物体的成长、发生和繁殖，如乔吉《两世姻缘》第三折中有：“俺主人培养出牡丹芽。”杨沫在《青春之歌》第一部第二章中说：“书籍培养了她丰富的想象力和对于美好未来的憧憬。”二是指按照一定的目的长期地教育、训练和造就，使之成长，如《宋史·苏轼传》中有：“轼之才，远大器也，他日自当为天下用，要在朝廷培养之。”曾国藩在《新宁刘君墓碑铭》中说：“吾以人情为田，以培养士类为种，耕不计年，获不计世，庸讵知留贻子孙者，不更大乎？”陶行知在《新学制与师范教育》一书中指出：“总之，教育界要什么人才就培养什么人才。”现今人们对“培养”的理解主要取第二层含义，“培养是指教育者使受教育者掌握系统的科学文化知识和技能，形成其思想品质，健全体魄的过程，其内涵与教育基本相同，如培养全面发展的人，也可以说通过教育使学生成为全面发展的人”①。

（三）何谓“人才培养”

“人才培养”是一个人们耳熟能详的社会用语，但学术界较少对之进行探讨和界定。目前仅有个别学者对此概念进行了一定程度的探讨，主要存在两种倾向，其一是强调“人才培养”等同于“教育”，认为“人才培养就是教育、造就有才识学问、德才兼备的人的过程，造就人才是一个连续持久的过程，在这个过程中，教育不仅要适应人才成长的变化需要，也要根据知识发展的阶段进行调整，因此，这是一个呈阶段性变化的过程”②。其二是有学者认为“培养人才是高等教育的主要任务，人才培养必须要解决七个大问题，即教育理念的提出、人才培养目标的确定、人才培养对象的选择、人才培养主体的开发、人才培养途径的利用、人才培养过程的优化以及人才培养的制度保障”③。本书结合研究的

---

① 顾明远．教育大辞典（增订合编本）［M］．上海：上海教育出版社，1998：780.

② 孙鑫．本科阶段拔尖创新人才培养研究：以“基础学科拔尖学生培养试验计划”为例［D］．南昌：江西师范大学，2012：3.

③ 董泽芳．高校人才培养模式的概念界定与要素解析［J］．大学教育科学，2012（3）：30-36.

需要，认为“人才培养”应该是一项系统的育人工程，是一种有计划、有目的和有组织的育人和造就人才的活动，这项活动受“人才培养”宏观层面的、中观层面的和微观层面的影响因素的制约。宏观层面的影响因素有国家体制和文化传统，国家体制包括政治体制、经济体制等。政治体制此处特指一个国家管理教育的行政体系和制度，教育管理机构的设置和管理职权的划分以及彼此之间的隶属关系等；经济体制特指与教育活动相关的资源配置方式，表现为是计划调节手段还是市场调节手段。中观层面的影响因素有大学精神和培养模式，大学精神是大学在长期的发展过程中所形成的具有自身特色的文明成果，一般包括大学的创造精神、批判精神和社会关怀精神，在实践中具体表现为大学思想、大学定位与大学行为等；“培养模式是（亦即培养过程）按照什么样子去实现人才培养的目标，是一种对于培养过程的设计与建构，强调的是认识与实践活动的过程形态，如教师主体在课程教学、学术活动与实践活动中究竟采取何种形式，按照怎样的程序和进行怎样的配置等问题”①，因此，作为一种过程体系的培养模式，形式上需要进一步去完善课程设置和教学方式，本质上需要进一步优化人才培养模式和人才培养制度来体现。微观层面的影响因素有师生关系和教学互动，师生关系是教师与学生在教学过程中所形成的关系，融洽的师生关系有利于创造和谐的教学氛围，有利于教学目标的实现以及创新型人才的培养；教学互动是由教师的教与学生的学所形成的一种互动式关系，严格一点来说，教学互动应该是一种教学模式，这种教学模式特别注重教学过程中教师与学生的交流与对话，本质上是教师主导与学生主体的体现，是教育民主发展到一定阶段的重要标志。

三、创新型人才培养

从“创新型人才培养”这一概念的组词结构上看，显然“创新”“创新型人才”和“人才培养”处于这个词的核心位置，其内涵和外延对“创新型人才培养”的界定有很大影响，为此，有必要明晰“创新”“创

① 董泽芳．高校人才培养模式的概念界定与要素解析［J］．大学教育科学，2012（3）：30-36．

新型人才”以及“人才培养”及其相关概念的内涵。

（一）何为“创新”

创新（innovation）是“创新型人才培养”的核心词汇，这是一个现代社会耳熟能详的社会话语，是当今时代各领域最为时尚的主题用词。从起源上说，“创新”来源于拉丁语（innovare），本意是更新、改变或创造新东西。创新作为一个理论研究的前源性概念，学界公认最早由美籍奥地利经济学家约瑟夫·熊彼特于 1912 年在其《经济发展理论》一书中提出，他认为“创新就是建立一种新的生产关系函数，是企业家把生产要素和生产条件进行重新组合从而引入生产体系，其中任何生产要素的变化都会影响生产函数的变化，进而推动经济的发展。他进一步认为生产要素的组合主要包括五个方面，一是采用新产品的新特性，二是采用一种新的生产方法，三是开辟一个新市场，四是创造一种新原料，五是造成一种新垄断”①。对于创新的概念，目前学术界正处于探讨阶段，还没有达成一致理解，但也呈现出一些共同的特征：①创新是一个动词，指进行一种社会性活动，是人类社会特有的现象，是主观见之于客观的活动，具有明确的目的性。②创新有结果发生，并且一定要创造出新东西，如有新观念的产生、新产品的生成、新技术的创造、新思想的提出、新工艺的创制以及旧事物的改造等。③创新的内容具有无限多样性，可以是显性的创新如科学创新、技术创新、事物创新、市场创新、金融创新和产业创新等，也可以是隐性的创新如管理创新、体制创新、文化创新、理念创新等。④作为一种社会活动的创新，还表现在其应具有意义和价值，体现出明显的价值趋向性。基于上述认识，本书认为，创新就是相对于守旧而言的，创新无处不在、无时不有，处处有可创之地，人人是可创之人，只要有新产品的出现、新工艺的创制、新理念的提出都可以叫创新，或者有新的变动、新的组合和新的改进也可以叫创新。因此，创新是进行新改革、创生新成果并产生新实用价值的社会实践活动。

① 约瑟夫·熊彼特．经济发展理论［M］．何畏，译．北京：商务印书馆，1990：151．

（二）何为“创新型人才”

关于“什么是创新型人才”，这涉及创新型人才的概念界定问题，实际上，创新型人才是与常规型人才相对的一个概念。常规型人才主要以常规思维为典型特征，习惯于按照原有的思路、常用的模式和通用的方法去解决问题，不敢违背常规和模式，落后与保守是其最为明显的特点。而创新型人才以创新思维为主要特点，习惯于跳出常规思维和冲破固有模式，喜欢出奇显异，不按常规出牌，他们在工作过程中善于求新、求奇、求异和求变，常常以是否产生新设想、提出新理论、创造新技术和创制新工艺等作为其思想和行为价值取向。另外，创新型人才还讲求实用、效率、成效和社会贡献等。由于创新型人才的特点和优势，进入 21 世纪之后，创新型人才培养研究引起了社会各界的广泛关注与重视，目前已成为一个热门的研究领域。为深入地研究这一领域，掌握其研究动态与趋势，笔者在中国期刊学术网络出版总库和中国期刊网优秀博硕论文全文数据库进行检索，并分别以“创新人才”“创新型人才”“创造人才”“创造型人才”“创业人才”和“创业型人才”为主题进行精确检索，以 1998 年为转折点，所检索到的论文呈现迅速发展的趋势，并且以“创新人才”和“创新型人才”为主题的论文占 90%左右，再加上“创新型人才”较“创新人才”而言，创新型人才是对人才和创新人才内涵的进一步拓展，创新型人才更加强调人才的潜在性和发展性，具有人才的“类”特征，所以本研究使用“创新型人才”这种语词，实际上本研究认为二者之间仍可以相互通用，并无明显的区别。详情如表 2-3、表 2-4 所示。

表 2-3　中国期刊学术网络出版总库相关文献检索情况（单位：篇）

时间范围（年）	创新人才	创新型人才	创造人才	创造型人才	创业人才	创业型人才	合计
1979—1997	38	7	80	588	18	19	750
1998	68	27	6	112	3	7	233
1999—2013	30 599	10 960	373	1 836	1 536	1 094	46 398
总计	24 688	9 064	279	1 427	1 480	843	37 781
其中核心期刊	5 911	1 896	94	409	356	251	8 917

表 2-4　中国期刊网优秀博硕论文全文数据库相关文献检索情况（单位：篇）

时间范围（年）	创新人才	创新型人才	创造人才	创造型人才	创业人才	创业型人才	合计
1980—1998	无	无	无	无	无	无	无
1999—2013	1 742	403	31	42	107	67	2 392
硕士	1 632	388	29	42	92	60	2 243
博士	110	15	2	0	15	7	149

从文献综述和文献检索分析可知，学者们在对创新型人才进行概念界定时，呈现以下四种趋向：

第一，能力说。所谓创新型人才，是指具有创新创造能力，能取得创新性成果的人。这样的人，智力因素与非智力因素都得到了较好的发展，知识渊博，感觉敏锐，善于洞察事物发展的趋势和突破点，对事物的发展状况具有较好的预判断能力。另外，具有较强的理论与实践相结合的能力，将思维和思想变为现实的能力独特，思想和行为具有较好的一致性。

第二，素质说。所谓创新型人才，是指具有创新心理素质，能取得创新性成果的人。这样的人，思维较为新奇，发散性思维、直觉性思维和形象性思维得到较好发展，善于结合实际进行丰富的联想和想象，记忆力惊人，能在较短的时间揭露事物的本质和规律，从而产生较为新颖的、独特的和具有一定价值的创新成果。

第三，特征说。所谓创新型人才，是指具有创新社会属性，能取得创新性成果的人。这样的人，社会责任感较强，个性较为自由，兴趣爱好多样，实践能力较强，对事物充满好奇心，喜欢探索究竟，乐观自信，富有冒险精神，团队合作意识强，人生态度坚定，不怕困难，不为逆境所屈服，具有坚忍不拔的精神。

第四，贡献说。所谓创新型人才，是指能取得创新性成果，并对社会做出贡献的人。这样的人，能结合自己的主客观条件，充分发挥好自己的个性优势，尽情地使用好自己的知识能力，能把思维和思想转化为具体的行动，积极促成新思想、新理论、新观点和新工艺的产生，对时代的发展做出自己应有的贡献。

能力说、素质说、特征说和贡献说均在不同层面对创新型人才进行了不同的阐释，具有一定的合理性，但理解却又不够充分，实际上，要对创新型人才进行科学的定义，可以对以上各种说法进行如下反思。第一，如果一个人有创新能力和创新精神，而没有对社会的责任和贡献，这算不算是创新型人才？第二，同理，如果一个人具有创新型人才的特征和素质，而没有进行创新的能力，这算创新型人才吗？第三，反之，如果一个人对社会有贡献但仅进行简单的重复劳动，这是不是创新型人才？因此，对创新型人才进行科学界定应把这四个方面结合起来，而不能强调其中的一个方面而忽视其中的几个方面或者强调其中的几个方面而忽视其中的一个方面，并且对创新型人才进行质的研究和量的评估是对创新型人才的概念进行科学界定的关键问题。因此，本书认为，所谓创新型人才是指能充分综合利用社会的各种主客观条件，具有自觉的创新意识、积极的创新精神、果敢的创新能力、独特的创新思维、健全的创新人格和坚强的创新意志，能够在实践中积极主动地取得创新成果，具有促进新事物的产生、新物品的创造、新理论的提出和新工艺的创制等，并为人类社会和时代发展做出贡献的人才，进一步说，创新型人才不仅在社会发展过程中能积极主动地利用好社会的各种主客观条件，而且要做到有条件时充分利用条件，没有条件时能创造条件进行工作和创新①。实际上，创新型人才是对人才的深化认识，是当前的特定历史时期社会对人才的新要求和新期望，即把创新作为人才的本质属性。

根据以上对创新型人才的深入理解，我们认为创新型人才还具有以下共同的特征：

（1）建构知识的能力

创新绝对不是凭空想象，而是建立在一定的专业知识基础之上，并具有对知识和技能进行建构和重组的能力。作为知识经济时代和信息社会的创新型人才，其创新的成效和创新的实效必须以一定的专业基础知识作为前提。这种知识实际上是全面的和系统的，除了掌握高深的专业

① 袁川，董泽芳．冲突理论视域下创新型人才培养的社会学分析［J］．研究生教育研究，2012（4）：31-34．

知识和技能以外，还要具有宽厚的文化积淀和文化修养，因为“没有一门科学或两门科学或一个科学领域，甚至所有的世俗科学可以构成整个真理”①。而且“把一门科学排除在大学课程之外，都会造成人才培养的缺陷”②。除此之外，创新型人才的知识体系还应是动态的和发展着的，学生要以课程学习作为知识建构的基础，通过多参与学术交流活动来拓展学习视野，完善知识体系，在知识建构中不仅要把握学科知识的发展方向，而且要洞悉学科的发展动态和趋势，始终走在学科知识发展的前沿。

（2）发现问题的能力

作为一名具有创新能力的创新型人才，仅具有知识建构的能力是不够的，因为知识只是进行创新的前提和基础，创新型人才的关键是必须具有创新的心理品质，即发现问题的能力。发现问题的能力是进行创新活动的心理特点，这种心理特点主要指具有高度发达的创新智力和能力，既有对创新的敏锐预测和判断能力，也有对事物和问题的独立思考和探究能力，还有较强的自主学习、获取新知识的能力，以及能通过观察、思考和探究把理论形态的创新向新技术、新工艺、新设计和新物质转化的能力。另外，创新型人才一般还体现为具有以创新精神和创新意识为中心的批判精神和质疑精神，敢于挑战权威，有胆量和有能力提出与众不同的想法，好奇心强，求知欲旺盛，善于打破常规和敢为天下先，面对困难坚信自己可以战胜和克服，情绪稳定，抗压能力强，具有自信乐观的心境等。

（3）解决问题的能力

发现问题的能力是创新型人才的重要心理特征，而解决问题的能力则是培养创新型人才的重要价值体现。因此，高校要培养创新型人才，就必须注重学生解决问题的能力的培养与提高。从解决问题的流程上说，发现问题是基础，分析问题是关键，而解决问题则是目的。在培养

---

① NEWMAN J H. The idea of a university: defined and illustrated [M]. Chicago: Loyola University Press, 1987: 90.

② 钟秉林. 中国大学改革与创新人才教育 [M]. 北京：北京师范大学出版社，2008：26.

创新型人才的过程中，虽说解决问题的能力是创新型人才培养的价值取向，但是，分析问题的能力特别是方法的训练则具有不可取代的地位。因为，只有注重方法的训练，把培养学生的聚合思维能力和发散思维能力结合起来，即对问题进行逻辑推理、数学运算、空间比对以及分类辨识等，这样，学生在分析问题的过程中才能抓住问题的关键，才能够对事物做出全面而系统的把握，在解决问题的过程中才能提出多种解决问题的方案。

（4）提升转化的能力

提升转化的能力是创新型人才的核心心理特质，是指高校在创新型人才培养的过程中，通过引导学生在知识学习过程中根据时代需要不断进行知识建构，注重培养学生的批判思维、发散思维和聚合思维，实现学生从新构想向新语言、新想法向新行为、新观念向新成果等的转变。从本质上说，提升转化的能力培养需要一定的社会素养，必须具有对社会、人生和自我的认识以及在行为过程中的社会精神品质，要熟悉当今的国际视野，能结合国内外的发展趋势对自己的专业领域有深刻的见解，能够以国际的高度、地区的视角和个人的实际来分析问题和解决问题，对真理锲而不舍，勇于探究，把创新作为人生价值观的重要组成部分，能够把国家富强、社会进步与个人发展结合起来，社会责任心强，生活较为简单，坚守平淡，较为自信、自尊、自立和自强，注重体育锻炼和卫生保健。

（三）何为“创新型人才培养”

“创新型人才培养”也叫培养创新型人才，是指随着我国改革开放的全面深入推进，在我国的社会已经进入新一轮的大发展、大变革和大调整时期的社会背景下，为了实现中华民族的伟大复兴，创建创新型国家，我国的社会对高等教育的人才培养提出了更高的需求，寄希望于在借鉴国外高校成功培养创新型人才经验的基础上，探索一条适合中国国情的创新型人才培养实践路径。实际上，由于我国的高校创新型人才培养仍处于探索阶段，目前还没有切实可行的方式、方法可以借鉴，各高校无非是通过考察学习国外高校的创新型人才培养模式，在一定的人才培养理念的指导下，在一定的时空范围内进行创新型人才培养试验，主要通过改革体制机制、传承传统文化，重塑大学精神、创新培养模式，创建新型师生关系、建立特色化的教学互动等，从而实现创新型人才的培养。

四、社会学分析

“社会学分析”是基于相应的社会学视野，借助于相关的社会学理论和社会学方法对特定的社会性问题进行全面的分析框架建构和内在理性阐释，探讨社会性问题与相关社会因素之间的逻辑机理与运行关系，从而系统、深入地澄清社会性问题存在的源流、现状与发展趋势的过程。美国著名社会学家C. 赖特·米尔斯在其名著《社会学的想象力》中把“社会学分析”称为“社会学的想象力”，他指出：“需要一种心智的品质可以帮助他们利用信息增进理性，从而使他们能够看清事情的清晰全貌，正是这种品质可以称为社会学的想象力。”① 在C. 赖特·米尔斯眼中，经典社会学家在对社会问题进行分析时总是在问三种类型的问题：“一是社会作为整体，结构是什么，组成部分是什么，彼此之间又是如何联系的；二是在人类历史发展进程中，该社会处于什么位置，有什么发展动力，其基本特征是什么，与其他社会有什么区别；三是在这一社会的现在阶段，占主流的是什么类型的人及人性，什么类型的人以及人性又将逐渐占主流。”② 实际上，“米尔斯是从结构的视角、历史的视角和个人的视角三个层面来分析社会性问题的，其所尝试的构建社会学的想象力也包括了这三种类型问题的特质”③。当然，社会学家们对社会性问题的分析视角远不止于此，有学者把社会现象放到社会大背景中进行分析与研究，探讨社会现象的经济制约、环境影响、政治干扰、教育作用和法制干扰等，从而深入地揭示这些社会现象产生的原因及发展趋势。其实，当前社会学界对社会性问题的分析还没有形成统一的分析模

---

① C. 赖特·米尔斯. 社会学的想象力［M］. 陈强，张永强，译. 北京：生活·读书·新知三联书店，2005：3.

② C. 赖特·米尔斯. 社会学的想象力［M］. 陈强，张永强，译. 北京：生活·读书·新知三联书店，2005：5.

③ 谭有模. 简述米尔斯的社会学想象力及其影响［J］. 前沿，2010（14）：155-157.

式和分析体系，这一方面可能与社会性问题的复杂性有关，另一方面可能受到社会学理论流派差异的影响，最后可能还与研究者分析问题的喜好、研究方法的不同和分析问题的视角有密切的关系。但是，尽管如此，社会学的学科特点还是决定了社会学分析具有一些共性。其一是应具有社会学的学科视野。“视野是指人的眼睛所能注视到的空间范围，社会学的学科视野主要指社会学的学科之眼所能注视到的空间范围。”①由于研究者们的知识结构、生活阅历、利益需求、价值取向存在差异，在社会学的学科之眼上难以形成共识，研究者们也就难以形成共同的学科视野。但是，社会学的学科特点决定了社会学具有特定的研究对象和研究方法，在发展历程中形成了固定的研究体系和核心范畴，诸如社会公平、社会分层、社会流动、社会结构、社会变迁、社会冲突和社会建构等。其二是应具有社会学的学科理论。社会学是依据一定的社会学理论对社会问题和社会现象进分析与研究的一门学科，显然，学科理论是社会学这门学科得以存在的前提和基础，同时是社会学这门学科走向成熟的基本标志。目前，社会学已经形成了独特的三大理论流派，分别为结构功能主义理论流派、矛盾冲突理论流派和社会解释理论流派。其三是应具有独特的社会学研究方法。社会学研究方法是社会学学科体系的重要组成部分，同时是社会学这门学科得以持续发展的有力武器。就研究方法而言，实证主义的研究方法是社会学研究方法的主流，反实证主义的研究对社会学的学科研究也提供了一定的启示，尽管二者之间存在对立和矛盾，但实际上，“实证方法和非实证方法都应在社会认识过程和知识结构中占有一席之地”②。其四是应构建有效的社会学分析框架。社会学分析是一项社会系统工程，需要站在社会学理论的高度，探讨社会现象和社会问题的制约因素，并对每个制约因素进行深入解析与重构，进而了解其过去、把握其现状并预测其发展趋势，这显然是社会学分析的目的所在。

“高校创新型人才培养”不仅是一个具有中国特色的理论问题和实践

① 吴康宁．社会学视野中的教育［J］．教育研究与实验，2006（4）：1-5．

② 风笑天．近五年社会学方法研究述评［J］．社会学研究，1995（1）：2-12．

问题，也是世界各国都比较关注和重视的社会现象和社会问题，显然，对之进行深入的社会学分析显得异常必要。关于高校创新型人才的培养，目前较多的学者仅是基于我国还没有一个“校产”（高校）的诺贝尔奖获得者特别是自然科学的诺贝尔奖获得者这一标准提出来的，由此对我国的体制机制、人才选拔、评价模式、教师教学、学生学习等进行了深入的批评和责难，但遗憾的是对中国的文化传统和思维模式较少进行深入的反思与研究，归因的视角存在缺陷，导致对现状分析与问题解决较狭隘和片面。因此，从社会学学科之眼分析我国的高校创新型人才培养具有重要的理论意义与实践意义。所谓“高校创新型人才培养的社会学分析”，是指运用社会学的学科视野和研究方法去分析和评价高校所进行的创新型人才培养的“社会事实”“社会现象”和“社会问题”，从而构建出高校创新型人才培养的分析思路、分析模式和分析框架，为高校创新型人才的培养提供实践理论模型和思维启迪。本研究的基本出发点是：我国高校在创新型人才的培养过程中都在做什么，产生什么成效，具有什么特点，存在的问题有哪些，如何去解决这些问题。当然，高校创新型人才的培养是一项社会系统工程，各种问题的出现不是个别的和孤立的，而是类现象和复杂性的问题，只有将它放到社会大背景下，从宏观层面分析国家体制和文化传统的影响，从中观层面探讨大学精神与培养模式的作用，从微观层面研究师生关系和教学互动。除此之外，还应将宏观背景、中观现状和微观情景密切结合起来，既要关注个别高校的特殊亮点，又要重视各个高校的普遍成效，既要关照个别高校的存在困难，又要注意各个高校的共性问题，充分认识各高校人才培养的宏观背景、中观现状和微观情景的社会关联性，运用社会学的术语、概念、范畴与方法进行描述与分析，深入地揭示我国高校创新型人才培养的现实困境，并试图构建一种创新型人才培养的制度体系和运行模式。

第二节 高校创新型人才培养的社会学理论分析

本书基于功能主义理论、矛盾冲突理论和符号互动理论三种理论学派的基本观点，对我国高校的创新型人才培养进行深入的社会学解读，从而使研究既有较全面的价值分析，又有较具体的可行性论证。

一、从功能论视角认识创新型人才培养的多重价值

（一）社会功能论的基本观点

社会功能论起源于19世纪的社会学家们，奥古斯特·孔德（Auguste Comte）、赫伯特·斯宾塞（Herbert Spencer）、埃米尔·涂尔干（Emile Derkheim）是其典型的代表人物，他们认为社会与生物体一样是由不同的生物器官所组成，只有当每个生物器官之间具有协调一致、团结合作的关系时，社会才能得到发展，并且每个生物器官都对社会的生存与发展发挥着正面的作用。功能主义理论发展到20世纪中期以后也叫结构功能主义（structural functionalism）理论，其代表人物是塔尔科特·帕森斯（Talcott Parsons）、罗伯特·默顿（Robert K. Merton）和伯顿·克拉克（Burton R. Clark）等人，这个时期的社会学理论家对早期的社会学理论家的思想和作品进行了较为系统的理解和综合，回答了早期社会学理论家留下的一个问题，即社会系统处于均衡状态的问题。仔细分析功能理论，其基本论点有：

第一，社会是由诸多不同质的部分组成的一个相对稳定和持久的结构。社会结构包括社会组织、社会制度、社会规范、各种行为模式和社会角色分配等，功能论者特别强调组织机构社会功能的发挥，进而促进社会的均衡、稳定和协调发展。在教育社会学研究中，社会结构分为具体结构和分析结构两种。社会具体结构分析的教育社会意义在于，它为研究作为具体结构中的学校和其他制度（如家庭、工厂）提供了一种途径，社会分析结构纵的方面是社会的科层结构，横的方面是社会制度分析，制度是社会学研究的中心，它是社会的主要构成部分①。

第二，社会结构的各个组成部分彼此之间的整合具有统一整体的性质。社会各个部分之间相互依存、彼此协调和共同发展，功能论者特别强调社会体系中各主要组成单位之间的正常关系和体系的稳定性、整合

① 卫道治，沈煜峰. 人·关系·文化：教育社会学略观［M］. 长沙：湖南教育出版社，1988：159-162.

性和最大效果的条件。对此，帕森斯提出了结构—功能分析的四个原则，即对其体系和自然环境的适应、体系目标的达到、统合性、稳定性和连贯性的保持①；另外，社会结构的基本制度是政治制度、经济制度、表意整合制度（教育）和亲属制度，社会结构的稳定就是这四种制度的合理组织②。

第三，社会应保持持久的稳定性而不赞成过分对社会进行激烈的变革。功能主义者的基本观点是强调社会稳定的重要性，要求在稳定中求进步、求发展，注重社会组织、社会制度和社会行为规范等的稳定性和连续性。“交换模型”（简称为 AGIL 模型）将社会系统分成四个不同的方面进行描述，其中每一个方面都不完全符合现存的某一种制度，但每一个方面都与稳定性相连，也与变化性相关③。这四个方面用图 2-1 表示如下，其中每个子系统的需求可以由相邻的边界提供，相邻子系统的需求由它来提供，它们之间的关系是相互依赖的④。

适应（A：adaptation） 经济资源	达到目标（G：goal attainment） 政治目标
维持模式（L：latence） 价值观	整合（I：integration） 规范

图 2-1　交换模型（AGIL 模型）

第四，社会成员之间具有共同的态度和价值观是保持社会和谐的前提。功能主义者认为，社会要保持稳定发展，前提条件是社会成员必须具有共同的认识、共同的信念、共同的态度和统一的价值观，教育的目的在于使社会成员对不断变化的思想、态度方面保持和谐一致。“为防

① G. 邓肯·米切尔. 新社会学词典［M］. 蔡振扬，谈谷铮，雪原，译. 上海：上海译文出版社，1987：146-149.

② 卫道治，沈煜峰. 人·关系·文化：教育社会学略观［M］. 长沙：湖南教育出版社，1988：162-163.

③ 钱民辉. 教育社会学概论［M］. 北京：北京大学出版社，2010：61.

④ 杰里夫·亚历山大. 社会学二十讲：二战以来的理论发展［M］. 贾春增，董天民，译. 北京：华夏出版社，2000：67-68.

止冲突，成员必须具有共同的语言，并在基本价值观上形成某种一致的意见，必须有某种机制以确保青年一代获得某种语言，树立共同的价值观。除此之外，必须有某种方法以保证社会各个组成部分的协调以及对新发展潮流和外部威胁作出反应。"①

（二）从功能论视角认识创新型人才培养的社会价值

社会功能论强调社会的结构和功能，突出社会结构各组成部分之间的整合、均衡、稳定与和谐发展，注重社会各组成部分之间对于整体事物生存所发挥的功能，这对于科学分析我国高校创新型人才培养具有重要的社会价值。

1．创新型人才培养是建设创新型国家的重要支撑

创新型国家建设是一项系统工程，需要文化因素支持、制度因素支持和人的因素支持，其中，文化因素也好，制度因素也罢，都必须依赖于人的因素才能起到作用，"人的因素是综合国力的重要表现，是国家经济和社会发展的基础和保障"②。实际上，人的因素特别是高校创新型人才的培养在我国创新型国家建设进程中具有举足轻重的重要作用，从这个意义上说，高校创新型人才培养作为创新型国家建设的一个关键组成部分，其开展的人才培养的质量和价值状况，是推动我国创新型国家建设的内在动力。反之，创新型国家建设的状况也会为创新型人才培养提供社会文化环境支持。

2．创新型人才培养是优化社会结构的必然举措

社会学视域中的社会结构主要指社会中人群共同体的构成，在社会中这种社会结构主要包括阶级结构、阶层结构和职业结构三个层次③。社会结构既相对稳定，又不断发展变化，社会成员正是接受一定的教育从一种职业流向另一种职业，从一个阶层流向另一个阶层，从而实现社

① 戴维·布莱克莱吉，巴里·亨特．当代教育社会学流派：对教育的社会学解释［M］．王波，陈方明，胡萍，译．北京：春秋出版社，1989：70．

② 钟秉林．中国大学改革与创新人才教育［M］．北京：北京师范大学出版社，2008：15．

③ 董泽芳．教育社会学［M］．武汉：华中师范大学出版社，2009：75．

会结构的优化和不断发展。当前我国的社会正处于全面深化改革的攻坚阶段，精英阶层人才特别是创新型人才的缺乏已成为制约我国经济社会发展的关键瓶颈，这从一定程度上说明我国的社会结构仍不够协调和不够和谐。因此，培养创新型人才已成为优化我国社会结构的必然举措。

3. 创新型人才培养是高等教育改革的核心目标

高等教育的三大功能是人才培养、科学研究和社会服务，其中核心功能是人才培养。由于当前我国的社会正处于大发展、大变革和大调整时期，迫切需要创新型人才来适应社会的政治变迁、经济变迁、科技变迁以及文化变迁，而遗憾的是我国的高等教育难以适应社会变迁的需要，最明显的是我国的高等教育难以培养出适应经济社会发展的创新型人才。因此，创新型人才的培养已成为我国高等教育进行改革的核心目标。

二、从冲突论视角分析创新型人才培养的各种矛盾

（一）社会冲突论的基本观点

冲突理论（conflict theory）在社会学中早就存在，最早发端于马克思，但对之进行系统阐明的则是德国的两个社会学家马克斯·韦伯（Max Weber）和格奥尔格·齐美尔。冲突理论认为社会变化是普遍存在的，冲突和分歧是社会的一种自然的和不可避免的正常现象。20 世纪 60 年代以后，一些教育社会学家开始运用社会学理论来分析教育制度和学校组织的问题，并在发展中逐渐形成了新韦伯主义（Neo-Weberism）和新马克思主义（Neo-Marxism）两个冲突理论学派①。美国学者柯林斯（Collins）是新韦伯主义学派的代表人物，继承和发展了韦伯的冲突论观点，认为“学校教育的主要作用在于传授社会支配集团的身份文化，学校教育发展的动力来自不同身份集团之间的冲突”②。美国学者鲍尔斯（Bowles）和金提斯（Gintis）是新马克思主义理论观点的代表人物，认为“教育是社会的一个组成部分，本身的存在和发展受到社会经济制度的影响和制约，它不可能成为促进社会平等和社会正义的

① 董泽芳. 教育社会学［M］. 武汉：华中师范大学出版社，2009：8.

② 鲁洁. 教育社会学［M］. 北京：人民教育出版社，1990：619-620.

改革力量”①。除此之外，冲突理论学派还包括以阿普尔（A. Apple）为代表的“抵制理论”和以布迪厄（P. Bourdieu）为代表的“文化再生产理论”。仔细分析这些冲突理论思想，其基本论点有：

第一，对立与冲突是社会结构中普遍存在的现象。不同群体之间由于分析问题的角度不同、价值取向的差异或者目标不一致，从而导致彼此之间的冲突和斗争，特别是支配者与从属者之间由于利益分配的不均，每个群体都想取得优势与支配地位，对立与冲突将不可避免。“哪里有社会现实生活，哪里就有对立和冲突。”②“学校教育制度是沿着一些与经济生活结构不一致的、似乎稀奇古怪的或不适合时代要求的路线组织起来。”③“根据我们的经验，只有在选择的意义下，斗争实际上才一定会发生，更进一步来说，只有在生物选择的情况下，斗争才是原则上无法排队的。”④

第二，稳定与变迁可以在社会发展中交替地出现。“社会是稳定而持久的系统，但的确又在经历冲突和持续不断地变迁。”⑤“冲突群体的内部团结达到一定程度时，社会群体视冲突超越自身利益和个人目标的程度，提高了暴力冲突的可能性。”⑥对立、斗争与冲突和结果促使社会不断产生变迁，变迁也是一种普遍存在的社会现象，社会在平静与稳定中可能酝酿着矛盾和冲突，在矛盾和冲突之中也可能会产生暂时的平静和稳定，稳定和变迁总是在社会中交替地出现。

第三，强制与控制是维持秩序稳定的有效性方式。“在布迪厄看来，所有的文化都有文化专断与强制的特点，教育制度也有它的文化专断，

---

① 钱民辉．教育社会学概论［M］．北京：北京大学出版社，2010：66．

② DAHRENDO R. Out of utopia：toward a reorientation of sociological analysis［J］. American journal of sociology，1958（2）：115-127．

③ 张人杰．国外教育社会学基本文选［M］．上海：华东师范大学出版社，1989：337．

④ 韦伯．社会学的基本概念［M］．顾忠华，译．桂林：广西师范大学出版社，2005：52．

⑤ 罗伯逊．社会变迁与现代化［J］．黄育馥，译．国外社会科学，1987（11）：33-42．

⑥ 乔纳森．特纳．社会学理论的结构：上［M］．邱泽奇，译．北京：华夏出版社，2001：168．

这是支配阶级文化专断的变种。”① “达伦道夫认为所有类型的社会组织都是通过权威关系而强制协调的，强制和控制适用于各种生产型企业，而且适用于各种类型的强制性协调社团，如它自己所说：权威与强制是社会组织的基本特征，也是社会自身物特征。”② “冲突经常有助于寻求同其他群体的联盟。”③ 由于社会不同身份集团之间经常处于冲突和不平衡状态之中，冲突必然产生争斗和利益冲突，优势集团总是采取强制或控制措施，利用自己的身份和地位迫使劣势团体与之合作，从而实现社会秩序的相对稳定，当然这种强制和控制方式既可以是武力，也可以是宣传和教育。

第四，制度和规范是调节社会冲突的可行性手段。冲突理念认为，矛盾和斗争在社会中普遍存在，但人类在矛盾和斗争面前并非无能为力。实际上，诸多社会学家非常看好契约、制度和规范对社会冲突的协调性作用。“制度对个人和各类单位施加了外在压力，使交换过程服从规定和禁令，因而制度就提出了一套相对稳定和普遍的规范，来调整不同社会单位之间的各种间接和复杂的关系模型。”④ “个体化确切地说意味着制度化、制度塑造以及在政治上结构化生涯和生活境况的能力，这些制度塑造生涯的方式意味着，教育体系（比如教育计划）、职业生活（整个生涯中以每日为基础的工作时期）和社会保护体系中的规则直接与人们的生涯相互结合，并起着潜在的副作用。”⑤

（二）从冲突论视角分析创新型人才培养的种种矛盾

冲突理论学派关注社会的不一致、对立、矛盾和冲突，突出社会文

---

① 钱民辉．教育社会学概论［M］．北京：北京大学出版社，2010：66．

② 约翰逊．社会学理论［M］．南开大学社会学系，译．北京：国际文化公司，1988：598．

③ 科塞．社会冲突的功能［M］．孙利平，译．北京：华夏出版社，1989：139-149．

④ 乔纳森·特纳．社会学理论的结构：上［M］．邱泽奇，译．北京：华夏出版社，2001：290．

⑤ 乌尔里希·贝克．风险社会［M］．何博闻，译．南京：译林出版社，2004：162．

化、意识的不断变迁与稳定发展，强调对社会各组成部分的权威控制与强制执行，注重发挥制度与规范的社会协调功能。显然，从冲突理论视角可以更好地分析我国高校的创新型人才培养。

1. 在人才培养目标取向上的矛盾

在人才培养目标价值取向上，“以人为本”与“和谐发展”是现代高等教育理想的价值取向，也是我国近年来高等教育改革的目标追求①，从当前我国高等教育人才培养目标价值取向的角度上说，以人为本已成为一种思想潮流得到了社会各界的广泛关注与重视，和谐发展已成为一种教育观念日益深入人心。但是，在看到高等教育改革成绩的同时，应当注意我国的人才培养目标价值取向还存在一定的冲突和矛盾，在高等教育人才培养体系中重物轻人、重工具轻理性、重眼前轻长远的情况还将存在；人才培养目标的结构偏颇、质量失衡、目的模糊、功能失调、体制制约、机制缺失、效益偏低等不和谐现象仍十分严重。因此，人才培养目标在取向上需要进行合理的选择。

2. 在人才培养体制建设上的矛盾

体制机制改革一直是我国高等教育改革的重点，围绕创新型人才培养的体制建设已得到了社会各界的广泛关注与重视，并在一定范围内取得了一些可喜的成绩。但由于我国受政治体制、经济体制、学术体制、人才体制等因素的制约太深，这一改革仍处于入门阶段，改革的道路很长很长，人才培养中政府管理制度、社会协作制度和大学管理制度仍存在严重的缺乏，人才培养体制中集权与放权、公平与质量、强制与开放、规范与多元等矛盾共生体在一定的范围内依然存在，并在一定的时间和空间范围内将继续制约我国的高校创新型人才培养。因此，彻底解决人才培养体制建设上的矛盾任重道远。

3. 在人才培养模式构建上的矛盾

构建人才培养模式、培养创新型人才已成为我国高等教育人才培养改革的重要内容，人才培养模式主要由人才培养理念、专业设置模式、

① 董泽芳，黄建雄. 60年我国高等教育价值取向变迁的回顾与思考 [J]. 华中师范大学学报（人文社会科学版），2011（1）：132-139.

课程设置方式、教学制度体系、教学组织形式、教学管理模式、隐性课程形式以及教学评价方式八要素构成[①]，目前我国的人才培养模式建设已取得了一定的进展，但与创新型人才培养的要求还有一定的差距，甚至有时还会出现一些不和谐，有时还表现出诸多矛盾，如人才培养理念模糊、专业设置跟不上时代发展的要求、课程建设较为落后、教学制度不够合理规范、教学组织形式单一、教学管理模式较为僵化、隐性课程建设不足、教学评价方式不够灵活等。因此，在人才培养模式的构建上需要进行持续的探索和不断的努力。

三、从互动论视角探寻创新型人才培养的建设路径

（一）社会互动论的基本观点[②]

互动论的思想源流来自 18 世纪苏格兰道德哲学家亚当·斯密、休谟等人的理论中，他们提出，若欲建立人类的科学，则必须重视人类相互联系的基本事实，并应把注意力集中于人际间的沟通、同情、模仿及风俗上。互动论迅速发展则是在第二次世界大战以后。其代表人物主要有米德、齐美尔、库利、布卢默、埃弗雷特、休斯、戈夫曼等。详细分析解释理论，其基本思想有：

第一，互动论探讨的是人际互动的方式与过程，认为人们通过互动过程，以象征符号来表达思想、感情、价值观。而符号的意义随情景的变化及个人对情景的定义而有不同的解释，无论此种解释是否正确，都会产生与这种解释相对的结果。为了说明这一复杂的互动关系，互动论者提出了“符号”“意义”“符号互动”“自我互动”“自我象征”“情景定义”与“社会互动”等核心概念。

第二，符号本意是指传达信息的基本单元，但互动论所谓的“符号”主要是指“有意义的姿势（gesture）”，如语言、手势、表情等在人际交往中都是有特定意义的，“意义”是符号的最核心内容。“符号互动”是指人们彼此理解“姿势”，并在理解所获得意义的基础上采取行动。“自

① 董泽芳．高校人才培养模式的概念界定与要素解析［J］．大学教育科学，2012（3）：30-36．

② 董泽芳．社会学视域中的大学文化［J］．现代大学教育，2013（1）：6-7．

我互动”就是个体与自身对话，不断地反省自我、重新定义自我的过程。“自我象征”是指一种沟通过程，在这个过程中，个体赋予其所关注的某一事物某种意义，并以此为基础决定自己采取何种行动。“情境定义”意为个人对所处的社会环境的解释，它不仅规定个人的具体行为，且影响个人人格的发展。“社会互动”贯穿于多种社会活动中，是个体心智和自我发展的表征。个体对所处环境或客体形成一个反馈性的解释，得出一个主观性的情境定义，它支配人的行为和发展。

（二）从互动论视角探寻创新型人才培养的建设路径①

互动论对人际互动的方式与过程进行深入的剖析，运用符号互动来分析学校的课堂生活。显然，互动论的思想对探寻创新型人才培养有着多方面的启迪作用。

1. 构建良好的互动符号系统是促进创新型人才培养的思想基础

创新型人才的培养是一项社会系统工程，需要国家的重视、社会的关注和大学的担当。持互动论观点的学者认为，“大学是一个表达一定社会意义的各种符号所组成的符号系统，大学符号系统包括认知符号系统、语言符号系统与行为符号系统”②。因此，大学要培养创新型人才，就要突出国家、社会和大学的互动符号，从国家层面要突出政治体制、经济体制等；从社会层面要突出社会氛围和文化传统；从大学层面要突出大学精神、培养模式、师生关系与教学互动等。因此，大学只有构建好良好的互动符号系统，才能为创新型人才培养提供思想基础。

2. 建设自由开放的制度系统是促进创新型人才培养的条件保障

自由开放是培养人的创新精神的重要条件，离开了自由开放，人的个性与创新将无从谈起，创新型人才培养将变得更加不可能。在相当长的一段时间，由于受众多历史因素与社会因素的影响与制约，我国高校人才培养较为关注人的社会化，重视教育的社会化功能特别是政治功能，而较为忽视人的个性自主与自由发展，学校不重视对外交流，把自己密封在象牙塔之内，学校管理强调控制、教学强调灌输、以考试作为评价学

① 董泽芳. 社会学视域中的大学文化［J］. 现代大学教育，2013（1）：7-8.

② 董泽芳. 社会学视域中的大学文化［J］. 现代大学教育，2013（1）：1-9；112.

生的唯一标准，这显然不利于创新型人才的培养。当前，创新型人才的培养已成为我国高等教育的重要职责与使命，我国高校的创新型人才培养必须营造一种有利于创新型人才成长的自由的、开放的制度系统，满足学生的个性自由与自主发展，加强师生之间的平等交流和教学互动，增强学生的探索精神与主体意识，在时间和空间范围为学生创造有利于自主学习的条件，拓宽学生个性发展的空间，真正培养出具有创新精神和创新能力的人才。

3．建立平等和谐的互动机制是促进创新型人才培养的关键要素

平等和谐的互动机制是促进创新型人才培养的关键要素，社会的平等对话是实现良好社会氛围营造的重要保障。平等作为公平、诚信、自由以及民主等价值观念的重要构成元素，已成为当前整个社会的核心价值理念，并成为人们共同的目标追求，在创新型人才培养中有着重要的内在价值。一是指大学人的人格平等，大学管理者、教师、学生在大学体系中虽承担不同的责任，但在人格上是平等的，在所有的对话中不能把对方看成可以控制和可以改变的对象，彼此之间是相互合作的关系。二是指大学人以追求真理作为自己存在的价值目标，在互动中实事求是、坦诚相待。英国教育家怀特海说："大学存在的理由是，它使青年和老年人融为一体，对学术进行充满想象力的探索，从而在知识和追求生命的热情之间架起桥梁。"① 三是大学人彼此宽容鼓励，管理者、教师和学生对大学文化建设中许多问题都有不同的认识，而对话就是一个相互倾听、达成共识的过程。良性互动的对话没有压制，而是以宽容之心来对待他人，鼓励他人发表不同的意见。四是大学人在互动中应适度妥协，现代大学不仅成员众多，而且组织机构复杂，局部的舍弃与适度的让步是明智的选择。

第三节　高校创新型人才培养的影响因素社会学分析

高校创新型人才的培养在我国是一项社会系统工程，其影响因素是

① 怀特海．教育的目的［M］．徐汝舟，译．北京：生活·读书·新知三联书店，2002：137.

多层面的，主要有宏观、中观和微观三个层面。宏观层面的影响因素主要是国家体制与文化传统；中观层面的影响因素主要是大学精神与培养模式；微观层面的影响因素主要是师生关系与教学互动。

一、宏观层面的影响因素：国家体制与文化传统

从宏观层面说，我国高校的创新型人才培养是国家、民族和社会共同的责任，高校要更好地促进创新型人才的培养，必须要进一步完善国家体制机制和发扬优秀文化传统。

（一）国家体制

国家体制（state system）亦称国家制度，是指掌握政权的统治阶级或政治团体为了实现其统治和利益而采取的国家治理策略和方式，国家体制是一种人类的社群组织，在特定的领土之上（成功地）垄断了实质力量的合法运用。这里所论及的国家体制是指国家教育体系和制度的总称，特指与人才培养相关的国家体系和制度，在实践中具体表现为国家教育行政管理机构的设置、行政管理权责的划分以及与之相关的政治体制、经济体制等关系和制度的总和。

1. 政治体制

政治体制是国家行政管理的政治制度，对一个国家治理社会起着最基础的作用，制约并影响着社会各行各业的运行发展，其中也包括对教育活动特别是对人才培养活动的影响。显然，人才培养是高校的一项基本职能。政治体制所发挥的作用，一方面是根据体制要求设置各级各类教育行政机构，代表国家行使教育领导决策权力，这种领导权一般有中央集权制和地方分权制两种，“在教育管理实行中央集权制的国家里，中央、地方和学校之间建立有垂直线型的教育管理机构，这种集权领导功能体现得较为明显，在分权管理的国家里，教育的领导功能更多的是通过地方政府或地方教育机构来体现的”①；另一方面为集中发挥两种教育行政体制的优势并避免其中的不足，我国高等教育领导体制介于两者之间，充分发挥两者的优势并避免其中的不足，大学实行党委领导下的校长负

① 吴志宏. 教育行政学［M］. 北京：人民教育出版社，1999：7.

责制，通过规章制度的形式来确定校长和党委、中央和地方、行政权力和学术权力之间的权责关系。《中华人民共和国高等教育法》明确规定："国务院统一领导和管理全国高等教育事业，省、自治区、直辖市人民政府统筹协调本行政区域内的高等教育事业，管理主要为地方培养人才和国务院授权管理的高等学校。"

2．经济体制

经济体制是指一个国家或地区制定或执行经济决策时的各种体系和制度的总和，通常由国体所决定，它规定了国民经济各部门之间以及国民经济各部门与国外经济体系之间的关系。经济是社会的基础，经济活动决定和制约着其他各种社会活动，当然其中也包括高校人才的培养。我国是一个后发展中国家，受各种主客观条件的影响和制约，我国的高校人才培养还存在着诸多的经济制约性障碍，高等教育在发展过程中存在不均衡和不协调态势，东西部存在较大差距，发展不平衡；高校资源配置普遍存在明显的"非竞争性获得"，来自政府的资金越来越多，直接导致大学行政权力的加大；另外，还存在高校实验设备总体上较为落后，学生社会实践配备资金不足，学校办学资金来源较为单一等问题。因此，大学人才培养体系的改革需要国家通过制定并出台相应的教育方针、经济政策和规章制度，缩小东西部差距；"需要改革大学资源配置方式，提高竞争性获得的比重，实现资源配置与人才培养挂钩，建立公开、公平、公正的资源竞争评估与支持机制"①；需要在教育行政管理的过程中通过经费分配、领导配置、管理监督、服务指导、师资建设和技术支持等手段全面地行使自己的职责，从而更好地促进高校创新型人才培养。

（二）文化传统

1．文化传统的内涵

文化传统是指贯穿于民族和国家各个历史阶段的各类文化的核心精神，是一个民族在长期的生产实践和社会生活中所创造的一切知识、规范、礼仪和习俗等的总称，此处讲的文化传统主要指中华文化传统中的优秀部分，一般包括价值观念、思维模式、知识体系和语言符号等。中

① 戚业国．大学创新人才培养体系改革的深层次思考［J］．中国高等教育，2010（17）：16-19.

华文化传统博大精深，厚重朴实，是中华儿女存在之本和发展之根，在发展进程中凝聚了无数中华儿女质朴而又深厚的感情，是中华民族赖以存在和发展的精神支柱，是中华民族之所以为中华民族的重要原因，也正是有了文化传统的传承和发展，才构成了整个中华民族在发展进程中的独特方式和存在价值。文化传统是一个民族的精神瑰宝，是民族文化持续发展进步的基础，在历史发展进程中，以潜移默化和润物无声的方式对社会各领域进行渗透和同化，并进而影响整个社会的存在方式和结构体系，形成独具特色的文化观念和价值体系。文化的真正目的在于以文化人，“用文化去凝聚人心，汇集力量，使优秀文化内化为人们的价值观念，外化为人们的自觉行动”①。

2. 文化传统的核心

“儒学文化是中国文化传统的主导和核心，在长期的发展进程中形成了以追求中庸之道、内外和谐、稳定平衡和社会一统为其典型特征，并由此养成了中华民族稳健笃实的民族文化心理；中华文化传统是德性文化，以育德为教育之第一要务，强调仁政、明德、亲民、至善和孝道，这与西方文化形成鲜明的区别；中国文化传统在教育方面强调求稳与趋同，与西方重个性和兴趣的文化形态存在迥然的差异；中国文化传统既有别于古希腊文化中的思辨色彩，也不同于印度文化中的追求解脱与涅槃之道，而是具有功利实用的典型特色，即从事的一切活动要看是否对现实有用，由此形成了历史经验外加人际关系的实用理性氛围。显然，中国文化传统的优秀层面毋庸置疑，然而思维上重工具性与实用性，忽视论证性和发展性，并由此造成杰出创新型人才培养缺乏也是一个不争的事实。因此，辩证、批判地认识中华文化传统，分析其在文化传承与创新中的核心因素与价值趋向，进而发挥其在创新型人才培养中的力量与功效，从而做到弘优抑劣，不失时机地推动杰出创新型人才的培养。”②这应成为我国文化传统在传承与创新方面的价值所在。

---

① 徐佩瑛，王晓鸣. 中华文化传承创新的路径建构 [J]. 中央社会主义学院学报，2013 (3)：73-77.

② 袁川. 大学文化传承创新与创新型人才培养 [J]. 国家教育行政学院学报，2012 (12)：63-67.

3．文化传统的作用

虽说中华文化传统中有许多不利于创新型人才培养的现实因素，事实上，中华文化传统血液中从不缺少创新的精神与基因，“在中华上下五千年的历史发展进程中，其独立自主的理想人格、勇挑历史责任的大丈夫精神境界、不断进取的人生理念、对文化传统的批判怀疑精神与和而不同的理性态度铸成了中华民族博大精深的创新历史积淀，同时构成了中华民族创新创造的宝贵品质，形成了中国创新型人才培养的丰富资源和文化成果，有如中国历史上关于创新型人才的人格特征、思维方式和怀疑精神等方面都有丰富而独到的阐释。儒家首倡自主精神与独立人格，把‘富贵不能淫，贫贱不能移，威武不能屈’作为大丈夫的理想人格来进行追求，这也直接影响到今天中国人才培养的人格特征和价值取向；儒学思想虽自汉代‘定于一尊’，然则中国两千多年的思想界从不缺少对儒学的质疑、批判与重构，并由此形成了中国异彩纷呈而又丰富多元的文化传统与发展格局；‘和而不同、博采众长’的思维方式造就了中华文化宽容博大、包罗万象、自由开放的文化魅力与品格。时至今天，中华文化传统数千年的创新特质仍是我国创新型人才培养的丰富资源。正如张岱年先生指出的：‘历史证明，中华民族是一个具有创新精神的民族，是一个坚强不屈、不断发展的民族。’也如林崇德先生所指出的：‘中国的传统文化是一个自强不息、不断创新的文化。’”①

二、中观层面的影响因素：大学精神与培养模式

从中观方面说，我国高校创新型人才培养的直接承担者是高等学校。因此，高校的大学精神与培养模式均对我国高校创新型人才的培养产生重要的推动作用和影响。因此，高校要更好地促进创新型人才的培养，必须要在大学精神与培养模式两个方面进行深入的解析与重构。

（一）大学精神

1．大学精神的内涵

大学精神是大学在自身存在和发展过程中形成的具有独特个性的精

① 袁川，董泽芳．冲突理论视域下创新型人才培养社会学分析［J］．研究生教育研究，2012（3）：29-34．

神形式和文明成果，其主要内容有创新精神、批判精神和社会关怀精神，在实践过程中主要表现为高校在人才培养活动中所持有的思想、看法以及观念体系，其中包括教师的教学理念和学生的学习理念。教师的教学理念决定学生的学习理念，二者共同构成大学精神的思想体系，在教学活动中对教师的教和学生的学产生重要的推动作用和影响。科学合理的大学精神一般都是从地区和学校实际出发，在深思熟虑后经过深入总结学校发展历史和未来社会需求的基础上确立的。实际上，大学一般在成为办学实体后就要开始思考自己的大学精神，大学一经有了自己的个性化的大学精神，就有了自己长期追求的与众不同的育人特色，从而也就有了自己赖以存在和发展的独特生命力。大学精神是一个外延比较宽泛的并能体现大学办学思路和行为方式的诸多概念共性的概念体系，对大学“培养什么人才、如何培养人才”具有重要的启示意义，“培养什么人才”是一种对未来人才培养规格的设想和规定，是在现实和需求的基础上对人才培养的理想和想象；而对“如何培养人才”的理性认识，主要指教育主体对大学育人及其现象的价值选择，更多倾向于实现大学人才培养目标的各项内部运行规则和行为的总称。显然，大学承担着育人的基本重任，培养人是大学的基本职责，大学精神和实现这种精神所进行的实践活动是一所大学持续不断发展的动力源泉。“培养什么人才和如何培养人才”是每一所大学的教育者和管理者必须明确的问题，对这两个问题的不同回答，就构成了各个大学不同的人才培养理念以及行为方式，也就形成了各自不同的办学特色。

2．大学精神的作用

大学精神是一个内容丰富的理论系统，其主要内容有创新精神、批判精神和社会关怀精神，在实践中是一个与育人活动相关的概念体系，一般包括大学思想、大学定位和大学行为三个方面。大学思想和大学定位是“培养什么人才”的具体反映，主要回答的是用什么观念体系来指导人才的培养，一般情况下与创新型人才培养相关的思想有素质教育、个性化教育、通识教育、通才教育等；大学定位实际上主要指人才培养的目标和层次是什么，是创新型人才还是应用型人才，是理论型人才还是技能型人才，是杰出型人才还是一般普通型人才等；大学行为的实现主要通过教师的教和学生的学来达成，以及与教师的教和学生的学相关的一切教学活动的行为体系，大学精神的实现就是要在教与学的关系上确立学生的主体地位，以学生为中心组织教学活动，真正实现“教为学而存在，教是为了学”①，从而实现大学精神的创新，为高校创新型人才的培养提供思想指导，这才是创新大学精神的真正目的。大学精神不仅是一种观念体系，而且最重要的是直接影响着大学的育人方式和育人行为，影响着大学服务功能的发挥和社会知名度。“培养什么人和如何培养人”是大学首要职责所在，是大学灵魂、大学本质和大学文化的深刻体现，这种大学精神能对大学的育人行为起到指导和定向作用。更为重要的是，大学独具特色的精神是确立大学办学特色的灵魂，是形成大学特色文化的根本。因此，高校要培养创新型人才，就必须形成独具特色的创新型人才培养精神体系及其行为方式，以及与之相应的育人思想、育人观念、育人内容和育人方法等理念体系，要形成以校风、学风和教风为主要表现形式的行为文化。显而易见，培养创新型人才是一项社会系统工程，涉及众多的力量主体和制约因素，也关涉不同类型高校创新型人才培养的规格，但是，必须明确的是，大学精神则是众多因素中最根本性的指导思想，这种精神一旦为师生所认同和接受，就会形成无形的巨大力量，激励广大师生的思想和行为，从而形成高校创新型人才培养的社会文化氛围。

（二）培养模式

“培养模式是指‘按照什么样子’去实现人才培养目标，是一种对于培养过程的设计与建构，强调的是认识与实践活动的过程形态”②，一般主要指人才培养制度和人才培养模式，具体体现为课程设置和教学方式等。

1．课程设置

课程设置是指高校为实现高级专门人才培养的目标而设置的所有教

① 陈希．改革创新：构建研究型大学的人才培养体系［J］．中国高教研究，2013（11）：3-6；20．

② 董泽芳．高校人才培养模式的概念界定与要素解析［J］．大学教育科学，2012（3）：30-36．

学内容及相应的组织形式的总和，高校的课程是一个发展中的概念，随着科学的发展和社会的进步，“课程内容将不断增加，知识的层次将不断提升，课程柱中的知识密度将越来越大”①，但无论如何发展变化，高校的课程一般可分为直接经验和间接经验，二者的共同作用是高校人才培养的保证和支撑，是实现学校人才培养目标的必要依据。“要充分发挥课程系统对学校育人活动的引领和规范作用，就必须要抓好三个相互联系、相互制约的文本，即课程方案、课程标准和课程教材”②，加强高校的课程体系建设。高校课程体系建设是一项复杂的系统工程，在实践中随着社会和人的认识发展而变动不居，根据高校人才培养的经验，我国高校的课程体系建设一般分为以下五类。一是通识课程，通识课程是面向全体学生并要求全体学生都要掌握的共同知识，目的是养成学生基本的科学精神和人文素养，让学生获得全面发展，在社会中能正确地处理好个人与社会、个人与自然、个人与国家、个人与他人以及个人与集体的关系，从而使自己成为一个有知识、有文化和有修养的自由人。二是专业课程，专业课程的主要目的是培养学生掌握扎实的专业基础知识，养成专业能力，生成专业技巧，形成专业方向，提高学生适应工作岗位的能力。三是活动课程，“活动课程是以学生的兴趣、爱好、特长、经验和能力为基础，通过引导学生自己组织的有目的的活动系列而编制的课程”③；活动课程有利于发挥学生的个人潜能、个性品质和创造素养，对于调动学生的自主性和积极性具有重要作用。四是隐性课程，“隐性课程是指不为人所察觉并对人的成长起着重要影响的课程，如师生关系、校园文化等”④，隐性课程以无形的方式存在于高校的文化形式之中，是学校一项重要的教育资源。五是创新课程，创新课程是指基于通识课程、专业课程、活动课程和隐性课程的基础之上，学生能够实现各种知识的融合，正确地处理好主课程与辅课程、课程内与课程外的关

① 张红霞，高抒．科研成果的转化为大学教学内容的一种新模式［J］．江苏高教，2002（1）：6-10．

② 王道俊，郭文安．教育学［M］．北京：人民教育出版社，2009：130．

③ 王道俊，郭文安．教育学［M］．北京：人民教育出版社，2009：139．

④ 潘懋元，王伟廉．高等教育学［M］．福州：福建教育出版社，1995：128．

系，在学习中提高知识迁移的能力，为学生的创新意识的激发、创新素养的培养、创新能力的发展、创新人格的形成奠定良好的基础。

2．教学方式

教学方式是教师为完成教学任务而采用的方式体系，包括教师教的方式和学生学的方式，其在创新型人才培养过程中具有重要的作用。创新型人才的培养需要学生创造性地学习，需要对学生的学习理念、学习方式、学习动力和学习行为进行根本性的变革。在教学管理方面，要坚持以学生为本，改革人才培养制度，创新人才培养模式，通过实施导师制、学分制、分流制和主辅修制等，把学科交叉、个性化教学、外出游学和多样化招生等结合起来，从而促进学生的创造性发展；在教学过程中，教师应充分发挥好自身的主导作用，以主体性教育和创新性教育作为指导思想，关注学生主体意识的养成和创新素养的培养，在教学过程中强调学生的自主学习、自主管理和自主发展，实施全程全员全域育人，培养学生的创新思维，关注学生的学习态度，变"要我学"为"我要学"，以知识和技能作为学习的基础，注重学生素质和能力的养成；在学习方式方面，改变传统的教师教、学生学这种接受性的学习方式，注重学生创新精神和实践能力的培养，重视学生在学习过程中主体地位的实现，通过学生自主性学习、探究性学习、合作性学习和创新性学习，把学习作为培养学生主动性、积极性和创造性的一种实践活动；在学习动力方面，要根据学生的性格特征，尊重学生的兴趣、爱好和人格特点，养成学生稳定的情绪和坚定的意志，提高教师的知识素养和教学水平，营造优良的学校环境和学习氛围；在学习行为方面，引导学生广泛参与教师的课堂教学和科学研究，上课不迟到、不早退，尊重教师的劳动成果，利用课余时间多读书、读好书，多参与社会实践和社会活动，培养自己的业余爱好和生活情趣，养成诚实、守时、正直、好奇、创新等优良品质，全面提高学生的社会素养。

三、微观层面的影响因素：师生关系与教学互动

从微观层面说，我国高校创新型人才的培养主要涉及师生关系与教学互动。因此，高校创新型人才的培养在微观层面应注重这两个方面的考察。

（一）师生关系

教师与学生是构成教学过程的两个基本要素，要分析高校创新型人才培养中的师生关系，就必须首先考察高校教师与高校学生的内涵及特点。

1．高校教师

高校教师是教师群体中文化层次较高的人员，是高校职能的实施者，是以高级专门人才的培养为职责的专业人员。高校教师以教学工作为中心，以科研工作为助推器，通过自己的创造性劳动推动着社会文明的不断进步，通过“产学研的有效结合”保持着与社会的密切联系。高校教师以传道、授业、解惑为己任，崇尚人文精神，注重科学发展，关心社会生态，关注民族民生，是人类文化创新传承的重要支柱力量。高校教师的职业特点是在长期的教学、科研和社会服务实践中形成和发展起来的，其自身的特点取决于教育目的和教育对象的特殊性。与中小学教师的劳动特点一样，高校教师的劳动特点也具有复杂性、示范性、创新性和专业性等，但尤其值得注意的是，高校教师的职业最主要、最根本的特点是劳动的创造性。高校教师的职业不外乎有进行课程教学、科学研究、社会服务和文化传承创新四大任务，看似简单平凡、天天如此、循环往复、一成不变，实则不然，高校教师的劳动其实蕴藏着巨大的创新创造性。高校教师以培养高级专门人才为己任，不仅要传授给学生科学文化知识，而且要教会学生解决问题的思想方法，况且高校教师的工作对象是一群思维较为活跃、独立性较强的社会群体，这就决定了高校教师工作过程中离不开研究，即通过研究，引导学生发现知识、创新知识，通过教会学生解决问题，引导学生拓展思维、掌握方法。显然，高校教师的职业特点要求其不仅要会教书，而且要会研究，“会教书的教师是好教师，会研究的教师是好教师，既会教书又会研究的教师是更好的教师”①。无疑，研究能力已成为评判高校好教师的根本标准，对教师的职业发展具有重要的推动作用，高校教师理应把研究能力的培养作为自己职业发展的中心任务。

① 张楚廷．高等教育学导论［M］．北京：人民教育出版社，2010：270.

2. 高校学生

高校学生是生活在大学校园，并以学习作为主要任务的特殊群体。高校学生是高等教育的工作实施对象，必须以学习作为主要职责，必须以发展的程度作为评价的标准，这些都是由教育的本质所决定的，因为教育的本质是一种培养人的活动。因此，研究高校学生，必须要研究高校学生学习的特点。从教学过程的因素上看，教师仍居主导地位，学生是学习的主体，高校要培养高级专门人才就必须发挥学生的主体作用，变管理学生为学生自主管理，变要求学生学习为学生主动学习，要让学生的学习成为一项自由、自主的活动。另外，高校教学具有明确的目的性，决定了高校学生的学习也是一项有计划、有目的、有组织并且有能动性的认知活动，从学习的内容上说具有广泛性，要让学生在课堂教学中获得专业知识技能，在社会实践过程中提高能力素养，在人际交往中增强为人处事之道。从学习的形式上看具有多样性，除了依靠课堂学习系统的科学文化知识以外，还可以通过开展社会调查、科学实验、社会宣传、社会服务等教育实践和实验活动，培育自身的创新精神和实践能力。实际上，高校学生学习的根本目的是要保存知识、积累知识和应用知识，本质上就是要探寻真理、创立新知和服务社会，使学习过程与创新保持密切的联系。因此，高校学生的学习是一项创造性的认知活动，既要注重课堂上的理论知识学习和课堂外的社会实践学习，也强调在学习过程中主动性的学习和反思性的学习，高校学生学习的自由、自主能动体现着高等教育的本质，是培养创新型人才的核心要件，理应引起教育界的普遍关注与重视。

3. 师生关系

“师生关系是教师和学生在班级活动中形成的基本关系，师生关系的性质和模式影响着班级的一切活动，和谐的师生关系有利于教学活动的顺利开展和培养目标的实现。”① 因此，和谐的师生关系对创新型人才的培养有着十分重要的影响，和谐的师生关系表现为人与人之间关系的融洽、交往的和谐与交流的顺畅，并对学校的办学理念和校园文化建设产生

① 董泽芳. 教育社会学［M］. 武汉：华中师范大学出版社，2009：241.

重要的推动作用和影响。师生关系实质上是学校一种潜在的文化和课程，在长期的实践过程中会形成独特的行为文化，从而影响学校的校风、教风和学风，一旦为师生所接受和认同，便会形成无形的力量，为高校的文化建设特别是人才培养做出重要的贡献。因此，创设积极而和谐的师生关系是高校文化建设的一个重要组成部分，高校应以形成和谐而融洽的师生关系为目标，拓展大学人之间的人际沟通与合作交流空间，实现师师、生生、师生之间的良好互动，目的在于让“学生在这个过程中发展乐于合作的团队精神，学会交流和分享研究信息、创意和成果”①。除此之外，高校和谐的师生关系既包括大学人之间的相互理解、相互包容、彼此信任和相互尊重，也包括大学人之间的相互帮助和相互支持。还有，和谐的师生关系不排斥独立的个性、彼此的矛盾和有序的竞争，相反，这也是和谐的师生关系形成的重要体现和表现形式，人只有在这样的环境中，个性才能得到张扬，兴趣才能得到培养，创新的精神才能得到激发。

（二）教学互动

1. 教学互动的内涵

教学互动一般主要指互动式的教学模式，即把教学活动看成一种师生之间的沟通、交往的过程，在这个过程中，通过优化互动式的教学方式，从而形成和谐的师生互动和生生互动，强化人与环境的交互影响，从而产生美妙的教学共振，达到提高教学效果和教学质量的一种教学组织模式。教学互动是由教师的教与学生的学共同组成的一种特殊的社会认识活动，“学校生活或课堂生活实际上是教师与学生以符号为群媒介所进行的社会互动过程”②，因此，教学互动是教育活动的重要组成部分，教师和学生是这一活动目的的互动主体，“教师的主我与客我以及学生的主我和客我都在进行着互动，在为自己准备即将到来的戏剧表演”③。在互动过程

---

① 陈伟鸿，沈宇青．研究性学习之于高校人才培养的价值体现［J］．教育发展研究，2004（4）：24-25.

② 鲁洁．教育社会学［M］．北京：人民教育出版社，1990：627-628.

③ 李如密，刘伦．课堂教学互动及其优化策略：符号互动论的视角［J］．教育科学研究，2012（10）：51-55.

中，教师处于教学活动的主导地位，应善于创设成功的教育情境，帮助学生建立起学习的自信心和效能感，在角色上不再是权威和中心，而是学生知识学习的引导者和配合者，是学生学习的伙伴。在学习过程中，学生不再被动地接受知识，而是根据自己的兴趣爱好，在教师的引导下直接与客观世界对话，从而成为获得知识和经验的学习主体。师生共同探索未知和发现问题，在信息交换和行为交换中获得心理和行为的改变，构建知识和生命的意义。

2．教学互动的作用

教学互动必须强化教师的主导作用，充分发挥学生的主体性地位，教师在教学中要根据一定的育人目标，采用相应的教学手段，对教学内容进行有效的组织，有计划、有目的、有组织地引导学生参加教学活动，从而更好地激发学生积极主动地学习科学文化知识和基本技能。教学互动应以培养学生的创新意识、创新思维、创新能力和创新人格为目的。创新意识实质上是对问题的敏锐意识和探索精神，表现为调动学生内在的创新创造欲望以及对创新活动的高度热情，具有高度的责任心和自信心，具有持之以恒、独立思考和敢想敢干的精神品质；创新思维是创新活动的核心元件，高校教师在教学过程中要培养学生的创新思维，需要借助于各种现有的优秀教材，善于改变教材中的预设环境和条件，引导学生积极思考各种可能的或不可能的结果，要敢于打破常规，主动构想，克服各种既定的、机械的和僵化的思维习惯；创新能力是指能把各种新颖的想法付诸实施，在实践活动中逐渐形成具有一定价值的新思想、新发明、新技能和新工艺的能力，高校教师要培养学生的创新能力，应利用各种教学、实习、见习和社会实践的有利机会，引导学生创造性地学习科学文化知识，并在学习中进行实践，在实践中积极主动地进行创新；创新人格是指在创新活动中所表现出来的理想、信念、意志、情感和道德等心理行为特征的总和，高校教师要通过教学活动塑造学生的创新人格，就要改变不平等、不和谐、不融洽的传统师生关系，教师要与学生平等对话，尊重学生的爱好、个性、思想和行为方式，要有意识地锻炼学生的意志品质，培养学生的抗挫折能力，具有心胸开阔、百折不挠和实干苦干的精神品质。

第三章　国外部分高校创新型人才培养成功的社会学分析

综观当今世界，从高校创新型人才培养的成就上看，美、英、日等发达国家均走在世界的前列。自1901年首次颁发诺贝尔奖以来，截至2012年共有863人获奖，美国获得诺贝尔奖的人数最多，达到了326人，占总获奖人数的37.8%；英国排在第二位，共有108人获奖，占总获奖人数的12.5%；在亚洲，日本排第一位，共有18人获奖①。实质上，现代高等教育及其承载机构——高等学校源起于中世纪的欧洲，距今已有900多年的发展历史，经历了从欧洲的法、英、德扩展到美洲的美国以及亚洲的中、日，再到全世界相互交融、相互影响的这样一个特殊的发展格局。审视整个世界的高等教育发展史，实质上是一部高级专门人才培养的历史，即在社会发展进程中，有哪个高校在政治精英、商业巨子和学术英才等人才的培养方面取得优势，则必将对人类的发展进程产生决定性的推动作用和影响，从而实现其享誉世界的最终目的。然而，中国作为一个高等教育大国，拥有全世界最多的学生，虽说近年来在科技创新发明方面已取得了不小成就，但与美、英、日等发达国家相比仍存在不小差距，到目前为止还没有一个“校产”（高校培养）的诺贝尔奖获得者就是最好的说明，这不得不引起我国高校管理者、教学工作者和教育研究者的深刻反思。

---

① 中日经济交流网．世界各国诺贝尔奖获奖人数统计排名［EB/OL］．（2013-09-30）［2018-11-09］．http://caijing.chinadaily.com.cn/xfly/2013-09-30/content_10236797.html.

鉴于此，本研究以借鉴美、英、日等发达国家的高校创新型人才培养的成功经验为目的，重点选取了美国的哈佛大学、英国的牛津大学和日本的东京大学三所高校进行研究。选择这三所高校主要基于三个方面考量：其一，三所高校历史悠久，在世界一流大学中位居前列，分别代表各自国家高等教育发展的最高水平，享有崇高的社会声誉；其二，三所高校培养出了众多享誉世界的政治领袖、商业精英和科研人才，为本国或本地区的经济发展和社会进步做出了突出的贡献，其创新型人才培养成效显著；其三，三所高校分别来自不同的国家和经济区域，在高校创新型人才培养方面既有共通之处，也存在不同的特色，特别是作为中国近邻的日本，其在明治维新之后的100多年时间内，在高等教育人才培养方面取得卓越成就，值得国人研究和借鉴。

第一节　国外创新型人才培养成功的高校案例

一、美国的哈佛大学

哈佛大学（Harvard University）创建于1636年，建校之初因设校于纽敦（Newetowne）而得名纽敦学院（Newetowne College），1638年因纽敦更名为剑桥而得名剑桥学院（Cambridge College），1639年为纪念学院的创办者约翰·哈佛的慷慨捐赠而易名为哈佛学院（Harvard College），1780年正式定名为哈佛大学，主校区（Harvard Yard）位于美国马萨诸塞州（旧称麻省）东部沿海的剑桥镇。哈佛大学是美国历史最悠久，学科最齐全，社会享誉度最高的综合性、研究型私立高等院校，其发展历史比美国作为一个独立国家还要早一个半世纪，在美国有“先有哈佛，后有美国”之说。哈佛大学在其300多年的发展进程中，先后培养出了8位美国总统①、众多的国会议员和政府部长；在各大公司的总裁中，有大约1/10是哈佛校友②；在学术界，哈佛大学共培养出了

① 姜玲．哈佛大学的讨论课制度对我国高校的启示［J］．教育研究与实验，2013（S1）：34-37.

② 刘宝存．哈佛大学办学理念探析［J］．外国教育研究，2003（1）：48-53.

48名诺贝尔奖获得者①和近40名普利策学术与新闻奖获得者②，另外，还培养出了众多知名的学术创始人、世界级的学术带头人、文学家和思想家。显然，哈佛大学已成为美国政治精英的摇篮、商业帝国的建设者以及学术英才的生成所，是理所当然的创新型人才培养机构。

二、英国的牛津大学

牛津大学（Oxford University）始建于1167年，校址位于英国的牛津市，距今有着800多年的辉煌历史，它是英国最著名的高等学府，也是世界上历史最为悠久、影响最为广泛的研究型大学之一，它以其学术上的领先地位雄踞于世界名牌大学前列，对英国及世界政治、经济、文化和科技发展产生过重要而深远的影响。从某种意义上说，牛津大学的发展历史反映着英国国家史的发展脉络，也是英国高等教育发展史的重要组成部分。牛津大学在800多年的发展历程中，取得了卓著的成绩，并具有显赫的历史地位，据统计，在牛津大学培养出的毕业生中，有50位获得了诺贝尔奖，有5位成为英国国王，有29位当选为英国首相，有90多位皇家学会会员和100多位英国科学院院士③，另外还有众多国际知名的专家学者和政府部门的首脑人物。长期以来，牛津大学可谓群英荟萃、大师云集，人才培养和科学研究成效卓著，已然成为英国乃至世界高校创新型人才培养的楷模。

三、日本的东京大学

东京大学（The University of Tokyo）是日本乃至亚洲最著名的大学之一，始建于1877年4月12日，距今已有130多年的办学历史，在日本的大学体系中，它是创办时间最早、办学规模最大、学科较为齐全、世界顶尖一流的国立大学。在长期的办学过程中，东京大学培养了大批

① 陈福季．也谈哈佛大学2008年前获诺贝尔奖者的人数［J］．书屋，2013（5）：80．

② 李其荣．美国哈佛大学的魅力与特色：我所了解的哈佛大学［J］．中南民族大学学报（人文社会科学版），2009（6）：176-180．

③ 张嵘．牛津大学人才培养模式及其启示［J］．大家，2011（17）：192-193．

政治、经济、文化和科技领域的精英人才。“明治政府时期，共培养了10 000多名毕业生，其中有1/4在政府重要部门任职；从1921年到1945年，日本的首相中有1/3出自东大，二战后，除少数几位外，其余首相均毕业于东京大学，在参、众两院国会议员中，东大的毕业生更是占到了1/3”①；“在日本18名诺贝尔奖获得者中，有7人是东京大学的本科生，在东京大学获得了学士学位，有4人获得了东京大学的博士学位，基本占了日本诺贝尔奖得主的一半”②；另外，东京大学还培养了许多大公司的董事长、总经理和部长等社会精英，世界上许多杰出人物也毕业于东京大学。据美国《新闻周刊》的世界100强大学排名，东京大学排名第16位；2013年英国《泰晤士报高等教育副刊》公布的亚洲大学排名，东京大学雄居亚洲大学百强榜首。显然，今天的东京大学已成为亚洲乃至全世界办学水平较高的一流研究型大学。

第二节　国外高校创新型人才培养成功的原因分析

一、宏观层面的原因分析

在宏观层面，美国的哈佛大学、英国的牛津大学和日本的东京大学之所以能在人才培养方面取得重大成就，源于有效的政策支撑、全面的社会扶助和创新的文化理念。

（一）有效的政策支撑

这里的政策支撑主要指国家政策的促进以及政府法案的推动。

1. 国家政策的支撑

国家政策是指国家或政党为了实现一定的政治、经济和文化等目标任务而制定的行动指导原则和准则，具有普遍性、指导性和灵活性等特征，国家政策对于高校创新型人才的培养起着宣传效应、方向指引和价值规范的作用。美国联邦政府于20世纪50年代后逐步承担起制定教育

① 胡乐东. 东京大学：在保持传统中变革［J］. 上海教育，2013（14）：60-63.

② 东京大学：日本的“诺奖摇篮”［N］. 上海侨报，2013-08-01.

政策的重任[①]，80 年代后期，随着美国教育质量的下滑，联邦政府随即发布了一个鼓动性的教育报告《国家处在危险之中，教育改革势在必行》，这份报告宣称美国学校教育已出现严重的危机，建议提高对中学毕业生的毕业要求、延长学习时间和改善教学等，从而促进学校精英人才的培养。奥巴马政府执政以来，“教师和教育管理者的培养成为教育政策关注的一个重要内容，于是制定了《教育改革蓝图》”[②]，奥巴马政府教育政策的一个显著特点是希望通过教师和教育管理者素质的提高来推动美国高等教育质量的提升，从而为社会培养专门人才。英国政府长期以来“不希望自己陷入由法律所规定的大学自己负责的事务中去”[③]，而 1963 年颁布的《罗宾斯报告》是一个重要的转折点，报告提出了著名的“罗宾斯原则”，要求英国的高等教育要向所有有能力的、成绩合格的并愿意接受高等教育的青年开放，报告直接促使了英国的高等教育步入大众化阶段。为了提高教育质量，鼓励高校创新，英国政府于新世纪制定了一系列的政策文本，对高等教育进行宏观规划和指导，2008 年发布了《创新国家》白皮书，论述了创新对于国家经济发展的重要作用，指出要采取措施激发大学的办学活力，推进各层次的人才培养。日本政府于 21 世纪前后开始在更多官方文件中关注“创新人才”这一词汇[④]，在 1997 年的《展望 21 世纪的我国教育》报告中，提出“个性化的独创型人才”不可或缺；于 2001 年 3 月制定了《日本第二次科学技术基本计划》，争取未来用 50 年的时间培养 30 名诺贝尔奖获得者；于 2004 年出台了《关于科学技术相关人才培养与使用的意见》，强调科技

① 肖丽萍. 二战后美国教育政策的演变及启示 [J]. 教育研究，1997 (11)：74-77.

② U. S. DEPARTMENT of EDUCATION. A blueprint for reform：the reauthorization of the elementary and secondary education act (EASE Blueprint for Reform) [EB/OL]. [2012-04-07]. http://www. 2. ed. gov/policy/elsec/leg/blueprint/publication_pg5. html# part5.

③ MOHN R. Evolution in higher education [J]. Higher education management, 1991 (3)：306-311.

④ 高益民. 创新人才培养与新世纪日本研究生教育改革 [J]. 比较教育研究，2009 (11)：46-52.

创新型人才的培养必须从基础教育抓起，在教学上要组织学生到科技馆、博物馆和天文馆参观学习，定期邀请各学科科学家和工程师到学校来举办各种科学文化知识讲座，学校要组织各种科研活动，通过言传身教，增强学生对自然科学的兴趣和爱好，从而对各种具有科学研究潜质的学生进行针对性的重点培养。

2. 政府法案的推动

政府法案是指由国家制定并由强制力保证实施的具有普遍效力的行为规范体系，具有普适性、规范性和稳定性等特征，政府法案对于高校创新型人才的培养起着强制执行、严格调控和稳定实施的作用。1862 年的《莫里尔法案》是美国联邦政府历史上的第一个教育法案，规定“各州至少设立一所由联邦政府捐赠、支持并维护的学院，以便在生活的各种追求及专业活动中提高农业阶层的文雅程度及实用教育水平”①。由此开启了美国高等教育服务社会、培养社会适用人才的职能。1958 年，为提高教育质量和促进科技发展，美国国会又通过了具有里程碑意义的《国防教育法》，《国防教育法》把教育提高到国防的高度，以拯救国家的名义，通过立法加强对教育进行扶持，从而实现对教育进行经费支持、教师培养援助以及教学课程改革等，为美国的国防事业和经济社会发展提供技术和智慧支持。英国政府于 20 世纪末对高等教育管理由“政府仲裁者模型”向“国家监控模式”转变②，1988 年，英国政府通过了《教育改革法》，法案特别强调要将市场机制引入高等教育领域，有效地促进高等教育为经济社会发展服务和与工商企业建立密切的联系，实施招生考试形式多样化，扩大高等教育招生比例。1992 年，英国政府又颁布《继续教育和高等教育法》，决定成立英国高等教育基金委员会，使之成为大学与政府之间的中间机构，不属于政府机构性质，政府只对大学进行宏观调控和指导，这标志着英国的高等学校仍然保持着较强的自主性，守护着相对独立而自由的学术超然品质。日本政府于二战后效仿

① EDDY E D. Colleges for our land and time, the land-grant idea in America education [M]. New York: Harper & Brother, 1957: 31.

② 张建新，陈学飞. 英国高等教育改革法述评 [J]. 清华大学教育研究，2004 (2): 69-74; 83.

美国教育制度，于1947年3月制定了《教育基本法》，规定“教育的目的是要尊重学术自由，尊重人的价值和尊严，使青少年形成健全的人格和品质，使每个青少年的能力和潜能都得到最大限度的开发和发展，同时也要重视青少年对国家和社会的责任和义务，以培养能为和平国家及社会做出贡献、身心两方面都能够得以健康发展的国民”。为实现“科技立国”战略，日本政府于1995年颁布了《科学技术基本法》，法案规定“从整体上有计划地推进与振兴科学技术相关的各项方针政策，以在谋求日本经济社会发展和国民生活水平提高的同时，对世界科技进步和人类社会发展做出贡献”。根据《科学技术基本法》，日本政府制定了从1996年到2010年的三个科学技术基本计划，并于2001年提出了以教育改革、综合人才开发为主体的科学技术人才战略，旨在为日本经济社会的发展培养大量的科技创新型人才。

（二）全面的社会扶助

这里的社会扶助主要指多元的资金扶持以及紧密的社会配合。

1. 多元的资金扶持

大学作为主要的社会公益型机构，多元的资金扶持是维持其人才培养职能的必要前提。哈佛大学最大的经费投入是“捐赠投资收入”，其比例每年基本上都保持在35%左右，其中2004年为31%，2008年为40%。实际上，哈佛大学在长达370多年的发展过程中，毕业校友、公司企业、社会财团、民间组织的捐赠资助在哈佛大学的资金筹措中占据着重要位置。1925年，哈佛大学基金会在几个事业有成的哈佛校友的支持下创立，为改革时期的哈佛大学提供经济支持。1974年，哈佛管理公司成立，负责哈佛社会捐赠基金、非现金资产的投资运作和管理，主要目的在于保持和增值哈佛大学的财政资产①。哈佛管理公司在哈佛经费筹措中起着重要的作用，其成功运营为哈佛大学的持续、稳定发展做出了杰出的贡献。牛津大学作为英国的公立大学，其经费投入与哈佛大学正好相反，外部捐赠收入在其收入的比例中所占份额较低，据统计，2009年学校总收入为8.63亿英镑，其中项目资金、政府拨款、其他收

① 张芳. 高等教育经费筹措的国际比较［J］. 经济研究参考，2004（60）：21-31.

入和学费收入分别占39.5%，22.6%，19.3%和14.3%，而2009年牛津大学接受的捐赠基金仅为2 200万英镑，捐赠基金投资收入用于运行的资金是0.25亿英镑，占学校总收入的2.9%①。这说明牛津大学的项目资金具有很强的针对性和竞争性，学校尽可能地把更多的资本项目和预算向学术研究方面倾斜，牛津大学也可以充分利用其雄厚的科研实力和科研水平，切实优化学校资金的筹措方式，提高筹措能力，为学校的发展提供源源不断的资金支持。东京大学是享誉日本乃至亚洲的国立大学，其资金来源结构分为政府运营费交付金拨款、附属医院收入、合同研究收入、学费、捐赠收入、其他收入等，其中，政府运营费交付金拨款是东京大学最大的收入来源，“在大学法人化改革之前，这一款项占学校总预算的比例一般在80%以上”②，法人化改革之后，学校充分利用市场机制的调节作用，使学校的自筹经费和竞争性资金逐步增加，采取措施促使学校合同研究收入和捐赠收入不断攀升，增加学校的财权，实现学校的教育投入与效率的关系更加合理，为学校的长远战略规划、特色化持续发展提供了充足的经费支持，也为建成“世界最高水准”的大学注入了新的元素和活力。

2. 紧密的社会配合

社会配合是哈佛大学、牛津大学和东京大学在发展过程中的有效保障，哈佛大学通过校企合作实现与社会的密切互动，牛津大学通过城校交融实现与社会的相互配合，东京大学通过产学研一体化实现与社会的广泛合作。

（1）校企合作：哈佛大学与社会的密切互动

哈佛大学的校企合作起源于19世纪中后期《莫里尔法》颁布之后，赠地学院的蓬勃开展开创了校企合作的新理念，服务逐渐成为高等学校继教学、科研之后的又一个重要职能。艾略特就任校长后，对哈佛进行了一系列的改革，创新学校的校企合作机制，促使学校的自然科学和新

① 刘刚，张海兰．英美高校投资来源及对完善我国高校投资体制的启示：基于英美两国几所大学的投资来源的分析［J］．中国高教研究，2011（9）：59-63.

② 罗建平，马陆亭．东京大学教育经费与发展战略的联动［J］．高等工程教育研究，2010（6）：130-135.

兴学科快速发展，保证自由探究和学术研讨的精神渗透哈佛大学的日常生活之中，使得哈佛大学成为美国学术生活的精神领袖。自此，哈佛大学从一所传统的文理学院发展成为一所具有现代气息的研究型大学，学校不仅注重自身教学质量的提高和科研实力的增强，而且学校异常强调自身的社会服务水平和社会影响力。社会企业为了应对日益激烈的社会竞争，不得不借助于哈佛大学的科研优势和教育资源，在生产过程中提高自己产品的科技水平和技术含量。为此，哈佛大学积极开展校企合作，加强与国内外公司、企业的交流与合作；积极融入全球，注重参与外国政府和外国公司企业的国际交流与合作。哈佛大学这种与企业组织的交流合作模式能确保维持较高的社会影响力和学术领先地位，实现了哈佛大学与社会之间的密切互动，促使哈佛大学在人才培养方面的“全球意识”和“世界公民”理念在国际化进程中得到了较好的诠释。

（2）城校交融：牛津大学与社会的相互配合

牛津在12世纪时已是英国一个远近闻名的学术交流中心，由城校交融所带来的社会配合是它与生俱来的重要特色。中世纪的牛津大学在欧洲有“总学”（studium generale）的美誉，本意为吸引不同地区的人们到牛津来进行讲学和听课，这从客观上要求牛津大学要与不同地区的人进行合作，实质上这为牛津大学的社会性配合提供了思想准备；从组织形式上看，牛津大学是一个城校交融的结构体系，学校没有校门，现今也找不到牛津大学的校门，大学位于牛津城，而牛津城也在校园内，城市与校园之间你中有我、我中有你，既出现了城中有大学，大学中有城市的奇特景观，也为牛津大学的社会配合提供了极为有利的社会环境，如牛津大学的学校建筑与许多交际场所（小酒吧、咖啡所）紧密相连，学校的医学院把教学、研究、实验以及临床实践结合在一起，“众多的学生社团、学会和俱乐部可以使学生间的关系更加密切”①；在科学研究方面，牛津大学依赖城校交融，异常关注学术成果的社会转化，并以此服务社会经济的发展，如牛津大学1997年成立的ISIS创新公司，专门负

① 陈时见，何梅．牛津大学人才培养的现代走向［J］．大学（研究与评价），2006（12）：58-61.

责把牛津大学的科研成果介绍给工商企业，这对推动牛津大学科学研究的社会贡献起着重要的作用。可见，牛津大学正是依赖于城校交融的独特优势，实现着与社会之间的良好配合，从而推动着自身创造性发展。

（3）产学研一体化：东京大学与社会的广泛合作

东京大学在成立之初就存在“追求纯正之学术”与“实业应用之学艺”的争论。20世纪90年代之后，在新自由主义政策的引导之下，日本的产业界要求政府出台有关技术教育和扩充大学产学研一体化的合作政策，到1998年5月，日本政府颁布了《关于促进大学技术研究成果向民间事业者转移的法律》，其根本目的是促进大学科学研究与社会生产结合起来，促进大学科学研究的活性化。2001年6月，日本文部省又发布了《为了以大学为起点的经济活性化的构造改革计划》，确定要创新大学、创新企业的助成制度。2003年的《东京大学宪章》规定，“东京大学以基于学术的自由、追求真理的探究和知识的创造，维持、发展世界高水平的教育、研究为目标，深深地自觉研究对于社会的影响，努力应对社会的压力，确保与社会的广泛合作，贡献于人类的发展”。实质上，这是东京大学产学研一体化的重要举措，实现了东京大学社会服务、科学研究与人才培养的有机统一。2004年，伴随着日本国立大学独立行政法人化改革的开展，东京大学提出了产学合作的基本方针，明确了把产学合作作为学校知识生产的基础，指出“产学合作不是盲目接受社会要求，而是积极参与社会合作，以创造基于大学优秀研究成果的新的价值构造为目标”①，这对于东京大学产学合作的深入开展，促进东京大学研究成果的社会还原，实现东京大学社会配合的价值驱动具有重要的能动作用。

（三）创新的文化理念

创新的文化理念是美国的哈佛大学、英国的牛津大学和日本的东京大学在长期的发展过程中所形成的核心价值观念和基本原则，是支撑三所大学发展进程的精神支柱，并对创新型人才培养产生重要的推动作用

① 张建新，陈学飞．英国高等教育改革法述评［J］．清华大学教育研究，2004（2）：69-74；83.

和影响。“选课制”是哈佛大学文化理念的重要组成部分，选课制度的实施主要是为学生开设多种多样的课程，学生的选课有较大的弹性和自由，学生可跨系、跨院甚至跨学校选课，有些学生为了选择到自己感兴趣和喜欢的课程，走向课堂，试听教授上课的风格和特色，以决定是否选择这门课程。这种富有弹性和自由度的选课制度确实给哈佛的教师和学生带来了很大的发挥空间，这一开放的制度给教师的教学带来了莫大的挑战，教师能较好地兼顾课程内容的知识性和趣味性，有利于激发学生的学习动力和学习兴趣，学生也可以利用哈佛一流的师资，挖掘潜力，激发兴趣，拓宽学术视野，从而最大限度地调动自己学习的积极性、主动性和创造性。“导师制”和“学院制”是牛津大学的教学传统，其本身就是牛津大学引以为自豪的文化理念。“导师制”是一种精英人才培养模式，学生在入学考试时由导师面试，进校后由导师负责拟订培养计划，导师要关注学生的心智训练和能力培养，为学生列出阅读书目清单，指导学生进行阅读和思考并提交读后感和小论文，并对学生在学习过程中出现的问题与学生进行讨论，导师主要关注学生对知识的理解，并为学生提供更宽更广的思维空间，以培养学生的探索精神和创新思维。另外，为营建精英人才成长的环境，牛津还实施“学院制”，学生以学院为单位，每个学院都为学生的成长提供自由宽松的学习和生活环境，在学院里学生与教师生活在一起，学习和生活软件、硬件设施一应俱全，师生经常接触、交流，既可以相互学习、培养情感，也可相互启发、共同提高，学院里还悬挂着名家画像用以启迪学生，从而为精英人才的培养创造良好的环境氛围。东京大学创新的文化理念表现为强调“以质取胜”，用“世界最高水准”来要求自己，把“以质取胜”和“以质取量”作为东京大学的办学目标，在全校教职工中形成了一致的思想意识，即强调学术自由、追求真理和创造知识，以维持和发展世界最高水平的教学和研究为目标，这是维系学校尊严和荣誉所不可缺少的重要保障。为此，东京大学对所进行的教学与科研上的改革通常持谨慎的态度，一方面既要保持学校办学传统的稳定性和一致性，另一方面又要使学校办出水平、办出质量和办出特色。为了达到这样的办学目标，东京大学采取了一系列的措施，严格控制学校规模，提高学校的办学效率，强调教学工作的中心地位，确保最前沿的知识与教育密切结合，始终紧跟时代发展步伐，注重开展跨学科科学研究，提高教师队伍的水平，强调对学生进行基础知识的教育，实施研究生导师制度，对研究生严格要求，对学生进行人性化的关怀和耐心指导等。

二、中观层面的原因分析

在中观层面，美国的哈佛大学、英国的牛津大学和日本的东京大学之所以能在人才培养方面取得大的成就，源于“学术自由”的人才培养理念、“学习自由”的人才培养制度和“创新自由”的人才培养模式三个方面。

（一）“学术自由”的人才培养理念

人才培养理念是高校在育人和造就人才的活动中所持有的思想、看法以及观念体系，在高校人才培养活动中对教师的教和学生的学产生重要的推动作用和影响。哈佛的人才培养理念体现为“学术自由”的办学宗旨，在1650年哈佛学院的特许状中明确指出，哈佛学院的宗旨是促进所有有益的文学、艺术和科学的发展，借助所有有益的文学、艺术和科学发展教育青年人，并为教育本国的青年人提供所有其他必要的东西。在其后300多年的发展历程中，“学术自由”成为哈佛大学长期固守的办学理念。牛津大学素有“学术自由”的优良传统，1852年，毕业于牛津大学并担任牛津大学奥里尔学院院士的纽曼出版了《大学的理想》一书，系统总结了英国几百年来传统的学术自由的教育思想，指出“自由教育就是一种以自由、公平、冷静、克制和智慧为特征的终身思维习惯的形成”①，“自由教育就是对学生的理智进行训练”②。正是在这些学术自由的教育思想的熏陶之下，牛津大学形成了以造就有教养的绅士为目标的自由教育思想传统。东京大学明确提出以“学术自由”作为办学宗旨，《东京大学宪章》规定：东京大学以基于学术的自由，追求

---

① 约翰·亨利·纽曼．大学的理想［M］．徐辉，顾建新，何曙荣，译．杭州：浙江教育出版社，2001：22.

② 约翰·亨利·纽曼．大学的理想［M］．徐辉，顾建新，何曙荣，译．杭州：浙江教育出版社，2001：72.

真理的探究和知识的创造，维持、发展世界最高水平的教育·研究为目标。《东京大学宪章》中指出东京大学的基本使命是“超越国籍、民族、语言等各种束缚，追求人类普遍的真理与真实，通过教育和研究，为世界和平与人类的福祉，为人类与自然的共存，安全环境的创造，各地区均衡的可持续发展，科学技术的进步以及文化的批判、继承与创造做出贡献”①。

（二）“学习自由”的人才培养制度

人才培养制度是高校在人才培养过程中按照一定程序依法制定的、要求其成员共同遵守的规程和准则，其“从理性化的角度表达培养主体与培养对象之间的权利和义务关系，是对整个人才培养活动的一种目标引导、行为规范与资源保障机制”②。哈佛大学“学习自由”的人才培养制度首推“学分制度”，“学分制度规定哈佛的学生无论选择何种课程，只要考试合格，都可以取得相应的学分，学生只要修满规定数量的学分，不论时间长短均可毕业”。另外，引入“选课制度”进一步完善学分制度，从制度方面保证了学生在学习方面的自由性，在“选课制度”方面，哈佛大学开设的课程多种多样，学生的选课有较大的弹性和自由，学生可跨系、跨院甚至跨学校选课，这一开放的制度有利于激发学生的学习动力和学习兴趣，从而最大限度地调动自己学习的积极性、主动性和创造性。牛津大学“学习自由”的人才培养制度主要指“导师制”，导师制度的主要内容是为每一个新来的本科生选定一个导师，由导师对学生进行一对一的授课和辅导。在“导师制”实施过程中，一般要求导师应具有博士学位，导师与学生配对方面相当严格，表现为在招录学生时，教师要对学生递交的申请材料进行认真阅读和分析，然后选择自己感兴趣的学生进行面试，如果满意，教师就将面试学生录取，自己则顺利成为学生的导师；反之，学生也可以在进入牛津大学之前选择

---

① 李岩松．东亚大学的国际化发展趋势：以北京大学、东京大学和首尔大学为例［J］．北京大学教育评论，2009（2）：105-106．

② 董泽芳．高校人才培养模式的概念界定与要素解析［J］．大学教育科学，2012（3）：30-36．

学科和学院。东京大学“学习自由”的人才培养制度表现为“自由选课制度”，在课程的选择上，无论年级、专业和层次的学生，都可以选择自己感兴趣的课程进行学习，学生在选课的时候，有较大的自主权，每种课程都可以自主选择，可以不受校区的限制。由于这种“自由选课制度”的存在，在东京大学的课堂上，经常可以看到文科生、理科生、工科生、本科生、研究生和博士生同处一个课堂，这在东京大学显然已是一件习以为常的事情。

（三）“创新自由”的人才培养模式

人才培养模式是指培养主体为了实现特定的人才培养目标，在一定的教育理念指导和一定的培养制度保障下设计的，由若干要素构成的具有系统性、目的性、中介性、开放性、多样性与可仿效性等特征的有关人才培养过程的理论模型与操作样式，它主要由人才培养理念、专业设置模式、课程设置方式、教学制度体系、教学组织形式、隐性课程形式、教学管理模式与教育评价方式八大要素构成①。哈佛大学“创新自由”的人才培养模式表现在课程模式方面，其课程建设理解并尊重区域文化和社会价值观，结合当地的教育实际，有效地进行教学目标和教学方法的改革，致力于学术质量的提高和学生发展机会的创造，让学生尽可能地融入当地社会文化，发展学生的知识和技能，培养他们对当地文化环境的适应性、敏感性和创造性，以及对陌生群体、陌生文化和陌生环境的包容心，注重培养学生的多种爱好和特长，发展学生特殊的天赋或潜能②。牛津大学“创新自由”的人才培养模式表现为学期方面的三学期制和教学组织的自由灵活。在学期模式方面，实行三学期制，每个学期大约为 8 周，每个学年从 10 月持续到第二年的 6 月，对于漫长的暑期来说，这是学生进行田野考察和出外游学、回顾一年学习并设计下一年学习的好时机；在教学组织方面，学生兼具双重身份，同一系科的学生生活于

① 董泽芳. 高校人才培养模式的概念界定与要素解析［J］. 大学教育科学，2012（3）：30-36.

② 张家勇，张家智，张跃庭. 新世纪哈佛大学本科生课程改革的若干重点问题［J］. 辽宁教育研究，2007（8）：85-89.

不同的学院，同一学院的学生分布在不同的系科进行学习，在导师的指导下，学生具有大量的自修时间、阅读时间和研究时间，学生有机会对学习的内容进行深入的思考。东京大学“创新自由”的人才培养模式体现为学科交叉，东京大学于1998年成立了新领域创新学科，标志着东京大学由传统的老牌学科向21世纪的交叉学科发展的转变，为了适应学科领域相互交叉和相互交融的发展趋势，培养复合型人才，到2000年的时候，东京大学将一些看似关联不大的专业进行了融合，“如把社会学、经济学、政治学、信息工程、统计学、环境科学等专业统合成‘信息学环’，并设置了‘学际信息学府’”①。到2013年的时候，东京大学“信息学环”的发展潜力逐渐显露出来，并出现了许多卓有成效的跨学科研究成果。

三、微观层面的原因分析

在微观层面，美国的哈佛大学、英国的牛津大学和日本的东京大学之所以能在人才培养方面取得大的成就，源于教师的教学自主、学生的学习自主、和谐的师生关系以及融洽的教学氛围。

（一）教师的教学自主

教师的教学自主特指在教学过程中教师具有根据教育情景和教育对象确定教学组织形式、安排教学内容和选择教学方法的权利，教学自主在一定程度上体现了教师的主导作用，是学术自由在教学过程中的重要反映，对创新型人才的培养具有重要的意义与价值。哈佛大学的教师授课内容丰富、形式多样，其课型既有正规的讲授课、讨论课和辅导课，也有实践性的实验课、实习课、项目研究课等，还有培养学生综合素质的角色扮演课、社会活动课和创造发明课等，教师在教学过程中可以使用电视机、录音机、录像机、幻灯片、投影仪和照相机等现代教育技术工具。在教学过程中教师一般只讲授一个半小时，另外半小时由学生自主学习、自由提问和参与讨论，教师在上课过程中也会随时停下来询问学生的问题和看法，学生也可以根据自己的思考随时打断教师的讲课，教师的作用不是传授学生系统的知识，而是带领并引导学生进行自主学

① 胡乐东. 东京大学：在保持传统中变革［J］. 上海教育，2013（14）：60-63.

习，教师只是一个辅助者（facilitator），设法为学生创造一个宽松自由的学习环境，充分地发挥学生的潜能。牛津大学的教师教学自主主要体现在导师制度的实施上，导师对学生非常严格，如果学生不上课，导师可以强制学生上课；如果学生想睡懒觉，导师可以把学生从床上拖下来强制学生学习。学生与导师之间一般每周见面一次（频率也可根据年级、专业和课程而有不同），每次见面两小时或者超过两小时，当然，导师什么时间见学生，这要根据导师的安排，有时是白天，有时也可能是晚上。导师和学生见面后，主要进行一对一的授课和辅导，或者进行一对一的交流和探讨。导师对学生讲课，没有讲稿，不用黑板，导师不断地问问题，引导学生进行深入的思考。导师会适时给学生书单，要求学生进行阅读。每次讲完课后，导师会给学生布置作业、阅读任务和短篇论文，学生要在下一次见面之前完成。在学习过程中导师要求学生不仅要消化应该消化的阅读内容，而且要对所阅读的书籍进行深入的思考，然后写出小论文，要在下一次上课时带着论文去见导师。东京大学教师的教学自主在讲义课上体现得较为明显，讲义与中国的课堂教学差不多，主要面向本科生，教师在教学过程中站在讲台上，学生坐在座位上，学生绝大多数时间都在安静地记笔记，有时学生还可以自由地回答教师提出的问题。在教学过程中实施大课的教学组织形式，表现为教师讲、学生听、有教材，教师在教学过程中也会根据讲解的内容补充一些学习材料，这些补充的材料可能是这节课的重点。

（二）学生的学习自主

学生的学习自主是指学生在学习过程中具有根据自己的兴趣爱好选择学习内容、确定学习方式以及安排学习进程的权利，学习自主是以人为本的精神在教学过程中的体现，是学生主体精神的重要反映，对创新型人才的培养具有重要的意义与价值。哈佛的学生具有学习的自由，拥有作为学生的基本权利和求学的自由空间，他们有给教授作评价的机会和权利，有向学校决策层提出不满的权利，当然还有选课的自由。正如艾略特所说，“哈佛的学生具有选择学习的自由，有拒绝参加礼拜的自由，有平等地竞争学校奖学金的自由，有选择自己交往朋友的自由”①。在哈佛，学生具有选课的自由，即使在核心课程、专业课程和选修课程中也有自由选择的权利，可以在一定的课程范围内选择自己喜欢的课程，哈佛的学生可以在每个学期开学的第一周选定自己喜欢的课程，如经试读后发现不适合，可以自由退出。哈佛这种选课的灵活性，适应了学生自主发展的需要，培育了学生自主学习的能力。牛津大学为学生构建了开放式的教育模式，构建学生自主学习的理念，学生可以自主选择专业方向、课程和学习方式，也可以自主开展社会实践和进行学术交流；牛津的开放式教学还体现在学生经一定的培训后，可以自由使用学校的教学资源，实验室对学生免费、自由开放。牛津的开放式教学在学生入学后即可实施，学生在导师的指导下，可以自由选择一个或几个专业方向，在学院范围内自由选择课程。牛津没有上课打考勤这样的概念，课堂教学时数较少，大概只有我国本科生课时数的 1/3，其余大部分时间都是学生自主学习。在课外活动方面，学生可以根据自己的兴趣爱好加入各种俱乐部和社团组织，学生还可以参加各种课外活动，以此来丰富自己的课外生活，发展兴趣爱好②。在社会实践活动方面，学生可以自主到相关企业或部门实习，可以自主进行学术交流，留学生可以在完成学习任务的同时，通过打工赚钱来贴补高额的学习费用和生活费用，还可以参加学校组织的各种参观考察、社会公益活动和交流访问等。通过这些自由学习和社会实践活动，可以提高学生自主适应社会的能力，有利于发展学生的创造能力。东京大学的学生可以自由选择任何一门课程进行学习，“所以在课堂上，既可以看到来自法学院的学生，也可以看到来自教育学院的学生，还可以看到来自理工科学院的学生，这些学生既有一年级的，也有三年级的，还有四年级的，既有日本学生，也有中国的留学生，还有韩国的留学生，还有几名像笔者这种身份的访问学者”③。东京大学的学生在学习的过程中，经常会利用学校

---

① 刘宝存. 哈佛就是哈佛：哈佛大学办学理念探析 [J]. 教育发展研究，2004 (2)：28-33.

② 张丽霞. 轻松走进牛津大学 [M]. 北京：中国宇航出版社，2010：72.

③ 李光贞. 东京大学课堂教学中的研究性学习及启发 [J]. 山东外语教学，2012 (1)：71-74.

图书馆去查阅各种研究文献或学习文献，这已经成为东京大学学生学习和生活的一个重要组成部分，还有，学生在对各种资料进行泛读的基础上，还会经常选用一些精典的文献资料作为自由论文的支撑材料，并与大家进行讨论。正是这种自主的学习方式，使得东京大学的学生把自主学习当成一种习惯，时间长了，就形成了自己的学术个性和理论思想，从而形成了不断动脑、创新思维的个性特征。

（三）和谐的师生关系

和谐的师生关系表现为教师与学生在教学过程中关系的融洽、交往的和谐与交流的顺畅，是学校校园文化的重要组成部分，并对学校的创新型人才产生重要的推动作用和影响。哈佛倡导学术自由，实施住宿制度，每所宿舍都设立舍监，舍监一般由具有教授职称的学者担任，舍监全家必须住校，并负责宿舍内所有学生日常事务的管理。每所宿舍设施齐全，有餐厅、图书馆、活动室、文化娱乐场所和供学习使用的教室。这样，宿舍就成了供学生学习、生活、娱乐和举行各种社会活动的重要场所。哈佛大学实施寄宿制的根本目的是想为学生创造一个优良的学习、生活环境，使得来自不同国家、不同区域的学生可以打破文化背景和思想观念的障碍，和谐愉悦地生活在一起，从而构筑一种独特的校园文化氛围；实施导师制度，让年轻教师、资深教授和研究生都有机会体验角色变换，这样可以增加师生之间、生生之间的交流与互动。导师的职责实质上是一种非正式的专业知识谈话和学业辅导，并不是一种真正意义上的课堂教学，导师与学生之间的互动可以实现二者之间的学习态度、价值观念和生活习俗的相互交融，可以缩短彼此之间的心理距离。实施寄宿制和导师制可以使本科生和导师们生活在一起，有利于哈佛学习社区的建设，为学生的发展提供宽松自由的社会环境氛围。牛津大学以为学生创造优良学习环境氛围为目的，学生可以自由地选择导师，导师也可以自由选择学生，师生可以在一起自由地学习、生活，学生可以自由地与导师交流思想情感。牛津的教师在工作上非常敬业，在学院制度和导师制度的规范下，坚持以校（院）或办公室为家的优良传统，除完成教学任务外，还带本科生、硕士生和博士生，坚持并高水平地完成科研课题。牛津大学的教师在教学过程中均横跨了两种不同的体制，大学系科的教学方法是教授式的，而学院的教学方法则是导师制式的，大学是为传授知识而存在，而学院的职责在于发展学生的品格。牛津大学的教学方式主要有讲座课和导师辅导课，讲座课主要是大班教学，每节课1小时，大一、大二的学生每天两节讲座课，大三开始有所减少，有时一节，有时两节，选课学生少则几十人，多达上百人；导师辅导课在牛津大学本科教学系统中处于核心地位，其他各种课程形式都是导师辅导课的补充。牛津的每位导师一般指导1～6名学生，有的学院师资紧张，另外聘用了一些研究生担任导师。一般情况下，导师与学生每周见面1～3次，每次1小时，主要是讨论、分析一周的学习情况，导师的职责是帮助学生获取知识、增加学习的信心和掌握有效的学习方法。东京大学和谐的师生关系在演习课上体现得较为明显，演习课也主要是面向本科生，教学过程中让学生围坐成一圈，教师坐在边上，不发言，学生三人一组，一人主持、一人发言、一人点评，发言学生一般30分钟，另外的学生可进行补充，若出现冷场，主持的学生可指定某个学生进行发言，最后由坐在旁边的教师进行点评和总结，学生的角色可轮流交替，人人都有机会当主持人、点评人和发言人。

（四）融洽的教学氛围

融洽的教学氛围是指在育人和造就人才的过程中所创造和营建的较为和谐、平等的气氛和情调的总和，其本身是一种潜在的文化和课程，在长期的实践过程中会形成独特的行为文化，一旦为师生所接受和认同，便会对学校的校风、教风和学风产生无形的力量，从而对高校的人才培养产生重要的推动作用和影响。哈佛大学融洽的教学氛围主要表现在研究讨论课上，在研究讨论时，主讲教授一般不到现场，这时课堂上只有辅导教师和学生，辅导教师一般为高年级的研究生，他不上课，其职责是根据主讲教授的教学内容回答学生的提问或者组织学生进行讨论，范围一般不超出主讲教授的教学内容。在讨论课上，辅导教师不关注是否得出正确答案，而是重视得出结论的思考过程；讨论课后，辅导教师再把讨论集中的问题或新颖的观点反映给主讲教授，主讲教授会在下一次课时做比较详细的讲解和评论。这种上课形式较为自由，学生可以充分发挥自己的创造性。牛津大学的教师努力为学生营造一种宽松、民主和温馨的教学氛围，他们常两三人齐聚一室，或共论学术，或话语人生，有时或小聚于导师之家，请教高深学问。此过程中，导师待学生如子弟，而学生则尊导师为父兄益友，双方都在这种友好而又融洽的氛围中获得了思想和观念的提升。在这种特殊的师生关系中，教师与学生之间、学生与学生之间没有空间、时间的隔离，彼此之间的学习、生活完全融合在一起，这不仅有利于学生专业知识的学习，而且能使学生在与老师、学长的交流中掌握读书、学习、做人和生活的道理。东京大学融洽的教学氛围体现在研究讲座课上，研究讲座课主要是针对研究生阶段的学生而言的，当然本科生也可以参加这样的讨论课，这种教学形式下的学生一般都是师从于某个导师的学生，人数相对较少，上课像开会的形式一样，大家面对而坐，上课主要是围绕某一主题进行发言，每次课研究生都必须参加，无特殊情况不得缺席。上课时有本科生、硕士生、博士生，在上课时大家都会发表自己的意见，课堂气氛异常活跃，甚至有时火药味十足，大家争论不休。这种授课形式极大地调动了学生学习的积极性、主动性和创造性，锻炼了学生讲话的能力，使学生的综合素质得到了培养和提高。

第三节　国外高校创新型人才培养成功的经验启示

从国外经验看，高校成功培养创新型人才是一项系统工程，有赖于国家、社会、高校、教师、学生和家长等各方面的共同努力。美国的哈佛大学、英国的牛津大学和日本的东京大学分别是美洲、欧洲和亚洲最具典型的世界一流顶尖级研究型大学，其自由的大学教育、有效的国家支持和紧密的社会配合，对我国的高等教育人才培养改革具有重要的启示意义。

一、确立自由发展的教育理念

自由发展的教育理念是世界一流大学的重要特征，在人才培养过程中立足于“学术自由”“求是崇真”和“以生为本”教育精神，以学生在学习过程中主动性的培养、积极性的发挥、创造性的实现为基本原则，强调要为学生的学习、生活创造一个自由的平台与空间，为学生的潜能挖掘、个性发展和创新精神提供适宜的生长环境。为了实现学生的自由发展，应准确理解“学术自由”“求是崇真”与“自由发展”的深刻内涵，科学设计教育教学改革的方法与措施，切实戒除浮躁之风与功利心态。既要学习欧美国家先进的教育理念，更要立足于中国的国情，扎根于中国的土地，在人才培养、科学研究和社会服务过程中不失时机地促进学生的个性自由地发展。

二、营造宽松自由的环境氛围

宽松自由的环境氛围是世界高水平大学发展的共同趋势和特点，教师只有在宽松自由的社会环境中才能够为真理而真理，学生也只有在宽松自由的社会环境中才能勇于想别人之所不敢想，在学习中敢于挑战权威，而不看别人的脸色或地位。要营造宽松自由的环境氛围，必须要高举“学术自由”的旗帜，充分尊重教师的教学自由和学生的学习权利，给予学生充分自由发展的平台和空间，鼓励学生张扬个性，由封闭走向开放，与社会实践紧密结合；注重学生国际意识和国际能力的培养，把学生的国际化和本土化有效结合起来，让学生走出校园，接触社会，走向现实生活，在实践中培养能力、锻炼意志并激发创新灵感。

三、建成较为完备的管理制度

培养创新型人才需要建成较为完备的管理制度，这是世界一流大学发展的共同经验，因为一所现代意义上的大学只有具有较为完备的管理制度，学校的新成果、新发明、新工艺和新思想才能由理想变为现实，科学研究、社会服务和文化传承才能取得长足进步，人才培养才能取得应有的成效。应特别强调的是，大学管理制度是大学在长期的发展过程中形成的独具特色的规范体系，而不是大学想怎样就怎样的条条框框，大学必须依赖于完备的制度建设才能在发展进程中实现其本身的职责目标。但应注意的是大学的制度建设具有规范性、发展性和创新性，本质上说是具有灵活性和操作性，最关键的是具有实效性，因为只有对人才培养、科学研究、社会服务和文化传承具有重要推动作用的管理制度才是科学的大学管理制度。

四、创新多元开放的培养模式

世界一流大学的发展经验表明，创新多元开放的人才培养模式是培养创新型人才的关键，这在高等教育界已经基本达成了共识。中国的大学必须紧紧围绕培养学生的创新精神和创新能力这个核心目标，积极进行人才培养模式改革的实践，根据创新型人才培养的基本要求，结合学校人才培养的定位，按照“强化基础、注重实践、拓宽专业和提高素质”的基本要求，在人才培养过程中注重学思结合、知行合一和因材施教，优化人才培养方案，增加学生自主学习的时间和空间，注重培养学生的公民意识和责任精神，从而形成独具特色而又多元开放的人才培养模式，更为重要的是还要结合时代的发展变化进行创造和革新。这是人才培养模式开放性的根本要求，也是多样性的本质体现。

五、形成独具特色的教学过程

对于每一所高等学校来说，教学是一项永不变更的中心任务，因为大学只有通过教学过程和教学方法的改进，才能实现创新型人才培养的根本目标。中国的大学要形成独具特色的教学过程，必须要充分发挥教师的主体性作用，以提高教师的素质为出发点，积极进行研究性教学改革实践，实施多样化的教学模式，不断开发新的教学内容，切实提高课程的开放性、综合性和研究性比例。在教学中注重培养学生的自主学习能力，着重引导学生参与课堂，开动脑筋，研究学习，理论联系实际，倡导体验式的教学方式，目的在于让学生在逼真的模拟环境中感悟真知，既形成学生独立的思维，培养学生反思、批判、构建、提问、探索等创新能力，更主要的是依学生的需要和兴趣来培养其学习的积极性、主动性和创造性，并以此作为教学的目的。

第四章　我国高校创新型人才培养的改革与经验

理论是科学研究的前提和基础，实践是科学研究的目的和旨归，现状分析则是衔接理论与实践的纽带，科学研究只有借助于一定的社会现状分析，才能实现理论与实践的相互促进与循环往复，最终推动理论与实践的深入发展。本研究在一定文献研究和理论分析的指导下，以了解我国高校创新型人才培养的现状与问题为出发点，力图准确解析研究对象的真实状态，为构建我国高校创新型人才培养的实践路径奠定相应的数据支撑。本部分主要分两章介绍，本章主要侧重于研究经历介绍、实践成效分析及基本结论提炼，下一章重点研究我国高校创新型人才培养的社会困境和原因分析。本章将以湖北省七所高校为例，通过实地考察、现场访谈、网上资料查询和图书馆文献资料检索等方式，对我国高校创新型人才培养的改革与经验进行分析。

第一节　七所高校的调查

我国高校创新型人才的培养已经进行了较长时间的实践探索，目前已取得了较多的、具有重要理论意义和实践价值的宝贵经验。研究我国高校创新型人才培养的社会现状，需要从调查的目的与意义、调查的内容与对象、调查的思路与方法等多个方面进行探究，才能分析出具有较高信度和效度的研究结论。

一、调查的目的与意义

（一）调查的目的

为培养具有创新精神和实践能力的高级专门人才，积极推进杰出创新型人才的培养，《国家中长期教育改革和发展规划纲要（2010—2020年）》进一步提出：要“加快创建世界一流大学和高水平大学的步伐，培养一批拔尖创新人才”。在国家宏观政策的引导下，国内各高校各自从实践层面均进行了一定的尝试，积极进行各个方面的改革与实验，也取得了一些可喜的经验和成效。然而，由于我国高校创新型人才的培养是在国家宏观政策的促使下强行起飞的，受政治、政策因素的影响较大，甚至有些是为了迎合教育改革的潮流，急急忙忙地进行各种实践和实验；有些学校前期准备不足或者根基不深，其做法显然与教育发展的规律不够合拍，存在投机取巧和搞政绩工程的趋向。

本研究认为，目前我国高校创新型人才的培养正在进行诸多尝试，已取得了许多卓有成效的经验，但在实践中出现的问题也不少。本研究以调查研究为基础，以实地察看、现场访谈、问卷调查、网上资料收集为手段，其根本目的在于切实了解我国高校创新型人才培养的社会现状与现实困境，弄清楚我国高校创新型人才培养的现实困境存在的背后原因。具体来说，本研究以湖北省 7 所不同类别的高校为调研对象，通过分析其在创新型人才培养方面的社会现状和基本特色，以点带面发现我国高校创新型人才培养的社会现状和现实问题，从而深入分析我国高校创新型人才培养现实问题存在的深层次原因，进而为我国高校创新型人才的培养提供实践依据。另外，本调查研究还可以验证过去学者们得出的诸多结论，为进一步深入研究奠定良好的基础。

（二）调查的意义

为深入地掌握我国高校创新型人才培养的社会现状和现实困境，本研究以收集我国高校创新型人才培养的实际数据为主要调查方式，将现场访谈法引入高校创新型人才培养的研究，外加适当的问卷调查，从而对社会各界较为关注的高校创新型人才培养进行全面的现状分析。其重要意义在于：

第一，它将改变调查研究的价值取向。讲到调查研究，可能较多学者会想到问卷调查，因为问卷调查确实是教育、心理研究方法中用得最多的调查方式。但实际上并非每一种调查研究都要用问卷调查，因为问卷调查有较为严格的程序，需要有较高的信度和效度，在实施的过程中具有较大的风险，况且在教育研究中用什么样的调查方式要依据研究内容、研究对象的实际情况而定。就我国高校创新型人才培养的社会学研究来说，其根本目的在于对我国高校创新型人才培养的实施现状进行客观、科学、合理的解释分析。因此，相比较问卷调查来说，对各高校创新型人才的培养数据资料进行科学收集，再加上现场访谈，从而进行深入的、全面的分析和解释。可能这种研究方式会更科学和客观，因为这避免了问卷编制过程中的主观性臆断，改变了教育研究中依据问卷调查进行价值判断的过程，从而形成根据事物的本来面貌（数据资料分析）进行价值判断的分析方式。这种调查方式的转变意味着在教育研究中研究主体一定要去除研究的形式主义和主观倾向，研究要以科学和务实为出发点，要依据真实的数据资料进行教育价值分析，只有这样才能形成科学合理的教育价值判断。

第二，它将为社会分析提供考察维度。创新型人才的培养是一项社会系统工程，受到多种因素的影响和制约，目前的研究成果较多的是对教育事实或教育现象的描述，存在见仁见智的社会评价倾向，明显缺乏一个对高校创新型人才培养的分析维度，显然不利于对高校创新型人才培养进行进一步的分析与评价。本研究经过一定的社会调查，在文献检索的基础之上，按照一定的逻辑顺序，对我国高校创新型人才培养的考察维度和影响因素进行全面的提炼与梳理，希望能为我国高校创新型人才培养的社会学分析提供参考标准。关于高校创新型人才培养的社会分析维度，研究主要从三个层面、六个大类进行：宏观层面的社会学分析，主要从国家体制和传统文化两个大类进行；中观层面的社会学分析，主要从大学精神和培养模式两个大类开展；微观层面的社会学分析，主要从师生关系和教学互动两个大类实施。本研究依据高校创新型人才培养的诸多数据资料，辅以现场访谈和简单问卷调查，再运用社会学的分析方法，对我国高校创新型人才培养进行验证性、实证性研究。这将进一步完善高校创新型人才培养的分析维度，为下一步社会学研究做准备。

第三，它将为教育改革提供参考依据。对高校创新型人才培养进行实证调查，这是对我国高校创新型人才培养进行测量、评价和比较的基础，它不仅有利于了解我国高校创新型人才培养的社会现状，而且也是政府对我国高校创新型人才培养进行宏观信息服务、政策法规制定、教育资源配置的决策依据，显然，这需要从两个研究层面进行分解。在理论研究层面上，通过对已有的研究结果进行整理与开发，概括出高校创新型人才培养的考察维度，从而分解出我国高校创新型人才培养的影响因素，这能够切实加强人们对高校创新型人才培养的全面认识，为进一步的研究开辟新的思路与方向。这不仅推动了高校创新型人才培养的研究，而且对于理论指导实践也具有重要的参考意义。在实践研究层面上，通过对高校创新型人才培养的社会现状进行全面的数据资料收集与分析，可以加深人们对我国高校创新型人才培养的认识，这为解决我国高校创新型人才培养的现实困境无疑具有重要的参考意义。由于本研究特别重视对社会学研究方法的应用，在研究过程中尤其强调对现有的第一手的数据资料进行收集与分析，显然得出的研究结论将更加可靠，对下一步的高校人才培养和教育改革将更具有针对性。

教育研究必须依赖可信度相对较高的方法，在研究中紧密联系实际，然后回归于现实，可以说这是教育研究永恒的价值趋向，也是本研究的价值所在。正如“教育科学研究要得出新的结论，以丰富教育理论、指导教育实践，这需要在对大量的第一手资料的分析中才能生长出新的结论”① 一样，在高校创新型人才培养的社会学分析中运用实证研究法，出发点在于紧密联系实际，目的在于强调对研究实践的指导性，能更好地为我国高校创新型人才的培养、改革与发展服务。

二、调查的内容与对象

任何调查研究都必须在明确调查目的与意义的基础上，确定需要采用什么样的研究内容与对象。本研究基于了解我国高校创新型人才培养的实施现状，主要通过对具有典型性的高校进行数据资料收集，然后辅以现场访谈和问卷调查，最后对所收集到的资料进行全面的整理与分析，其调查的内容和对象如下：

① 刘献君．教育研究方法高级讲座［M］．武汉：华中科技大学出版社，2010：12.

（一）调查的内容

1. 调查内容的确定

本研究经过较长时间的文献资料收集与梳理，在多次与人才培养方面的专家和学者交流、咨询的基础上，最终完成研究内容的确定，其过程如下：

第一步：通过新闻报道了解了“钱学森之问”提出的社会背景，并对此进行了长期深入的思考。2010 年，《国家中长期教育改革和发展规划纲要（2010—2020 年）》提出，要“创新人才培养模式，培养杰出创新型人才”，从此更加坚定了笔者对创新型人才培养研究的方向。

第二步：2011 年，进入华中师范大学攻读博士学位后，在导师的指导下，了解到我国各级各类学校正在对创新型人才培养进行全方位的探索和实践，在此前提下正式确定了要对我国高校创新型人才培养进行社会学研究，并在此基础上发表了《自主管理、自主学习、自主发展——兼谈“全程全员全域”人才培养模式在某班学生中的实践研究》①、《在通才抑或专才之间做何选择——兼谈社会转型期高等教育目的价值取向》②、《冲突理论视域下创新型人才培养社会学分析》③、《大学文化传承创新与创新型人才培养》④ 等六篇学术论文。

第三步：进行大量的文献资料收集与梳理，向高等教育人才培养方面的专家和学者进行咨询，向他们请教创新型人才培养方面研究的思路和框架，最后确定从宏观层面、中观层面与微观层面对我国高校创新型人才培养进行社会学分析。

第四步：分别对高校管理者、学生、专家、学者进行访谈。让学生

---

① 袁川．自主管理、自主学习、自主发展——兼谈“全程全员全域”人才培养模式在某班学生中的实践研究 [J]．贵州师范学院学报，2012（5）：51-54.

② 袁川，董泽芳，等．在通才抑或专才之间做何选择——兼谈社会转型期高等教育目的价值取向 [J]．现代教育管理，2012（9）：5-9.

③ 袁川，董泽芳．冲突理论视域下创新型人才培养社会学分析 [J]．研究生教育研究，2012（3）：29-34.

④ 袁川．大学文化传承创新与创新型人才培养 [J]．国家教育行政学院学报，2012（12）：63-67.

尽可能多地谈谈对高校在创新型人才培养方面的认识、看法和感受，向高校管理者和专家、学者询问高校创新型人才培养的做法、成效、问题和制约因素，然后进行分类统计分析。根据访谈问题出现的频率和研究的实际情况，最后确定本课题研究主要采用实践资料收集分析、现场访谈分析和问卷调查分析三种方式。

通过以上四个步骤，初步确定了运用三种调查方式对我国高校创新型人才培养进行数据资料收集，主要从宏观、中观和微观等六个维度开展调查基本内容的设计，即宏观的国家体制和传统文化两个方面，中观的大学精神和培养模式两个方面，微观的师生关系与教学互动两个方面。显然，对高校创新型人才培养进行调查研究是一项极为复杂的工作，研究涉及的主体要素多样、认知不够统一，研究维度广泛、内容丰富翔实，这要求进行调查研究时一定要考虑周全，既要看到每一种调查方式的优点，又不能忽视其缺陷。如实践资料收集虽然重要，但也并非就能收集得齐全，有些资料中没有体现的可能需要通过问卷调查和现场访谈进行补充。问卷调查也并非万能，有些内容由于调查对象无法理解或理解不周全，这需要运用现场访谈进行补充。现场访谈虽好，但对于所收集到的资料不易进行定量分析。因此，最好的调查方式是将三者结合起来进行，实践资料收集最客观，问卷调查最严密，现场访谈最具体，当然，每一种调查方式都需要遵循科学规律，严格按照既定的程序开展，只有这样，调查的内容才具有较高的信度和效度。

2. 调查方式的选择

（1）实践资料收集

本研究的主题是对“我国高校创新型人才培养进行社会学分析”，关键词组应该是“高校创新型人才培养”，核心是“培养”二字。显然，围绕“培养”的一系列问题必须要明确，第一是“谁在培养”，第二是“培养谁”，第三是“用什么培养”。围绕第一个问题“谁在培养”，毫无疑问的是培养主体的问题。在我国，人才培养主要由高等学校来承担，而在高等学校内部，又主要由管理教务工作的教务处（部）和人才培养的执行部门教学院（系）来实施，当然，还必须明确的是人才培养的直接承担者应该是高校教师。因此，实践资料的收集主要在教务处（部）

和教学院（系）进行，在教务处（部）收集的主要是有关创新型人才培养的学籍管理制度、学生分流制度、学分实施制度、实习实践制度、奖励处分制度等；在教学院（系）收集的主要有人才培养目标、人才培养理念、人才培养内容、人才培养模式、专业实施方案、导师实施方案、教学评价制度、科学研究制度、教学管理制度、学分实施制度、专业转换制度、教师授课制度等；还包括学校相关创新型人才培养的规章、方案、细则、条例等诸多内容体系。围绕第二个问题“培养谁”，问的是人才培养的对象问题。在学校里，与创新型人才培养的对象相关的实践资料主要有学生管理制度、学生活动制度等。围绕第三个问题“用什么培养”，主要收集的资料有课程选修制度、课程实施方案、校园文化建设、大学活动课程等。实际上，实践资料收集是本研究的主要调查方式，也是对“高校创新型人才培养”进行社会学研究的出发点，本研究所获取的多数结论均与此有着密切的联系。

（2）确定调查问卷

对“高校创新型人才培养”进行社会学研究除了考察人才培养的主体之外，另外一个重要因素不可忽视，即创新型人才培养的对象——学生，虽然在实践资料收集中也有对其相关的反映，但体现的都是学生共性的特征，况且合不合理还有待进行论证。鉴于此，专门编制了《高校创新型人才培养学生调查问卷》，其内容主要有：

第一，调查对象的个人基本信息，分别是性别、学历、专业、所读学校层次、父母最高学历、获奖最高级别、是否参加过课题、是否主持过课题、是否发表过论文、将来的职业定向、是否取得过专利等十四个问题。

第二，调查对象对学校相关因素的评价，分别是学生对学校开设课程的满意度、对学校教师教学的满意度、对学校学习氛围的满意度、对大学学习和生活的适应性、对大学科学研究的兴趣程度、与教师的关系、对学校图书馆设施的评价、自我评价等九个问题。

第三，调查对象个人学习和生活相关信息，分别是个人学习成绩的认知、参加科研活动的情况、自己能否选择自己喜欢的课程、制约自己发展的主要因素、自己希望成才的类型、最喜欢在大学做的事、喜欢什么样的管理类型等八个问题。

第四，调查对象对个人学习动机的现状，分别有获取文凭学历、增加经济收入、提高社会地位、提高文化素养、满足家长需要、获得较多乐趣、有较多成就感、适应工作需要、获得更多机会等指标。

第五，开放式问题相关信息的收集整理，对于在问卷中不好涉及，但在研究中又不可缺少的问题，主要通过开放性问题进行调查。对于学生而言，最直接的可能就是“学校不利于自己发展的因素有哪些？其原因是什么？你觉得学校应如何进行改进？”。

需要解释的是，高校创新型人才培养的问卷调查涉及的对象很多，根据研究的需要、研究的目的、研究的内容和调查对象抽取的难易程度，本研究选择了正在实施创新型人才培养的高校进行调查，调查问卷的调查内容、语言风格、问题设置、难易程度都比较切合在校大学生的实际，具有较高的信度和效度，完全能够满足本次调查研究的微观层面——学生的视角。

（3）整理访谈提纲

对于“高校创新型人才培养”的研究来说，并非所有的资料都可以通过实践资料收集和问卷访谈获得，实际上有些资料只有通过现场访谈来获取。如高校创新型人才培养的宏观层面，可能在实践资料里会涉及一部分国家体制因素，但可以肯定的是这绝对不全面；传统文化课程在文科高校和综合性大学里肯定有，但在理工科高校里有的可能性微乎其微。另外，在高校创新型人才培养的中观层面和微观层面同样也会牵涉这样的具体问题，鉴于如此情景，只有通过现场访谈的方式进行数据资料收集。现场访谈的对象主要有三个：高校管理者、高校一线教师和学生群体。对高校管理者来说，主要是要了解他们对高校创新型人才培养方面的认识，高校在创新型人才培养方面的举措、成效以及存在的现实困难，最后还要探寻现实困难存在的原因以及下一步的对策方略。对于高校一线教师来说，由于他们是高校创新型人才培养的直接主体，因此，对他们的现场访谈相当重要，除了要问他们与高校管理者相同的问题之外，还要结合教学工作的实际问一些具体的问题。对学生群体的访谈主要围绕学生的学习和发展来进行，主要涉及他们对学校人才培养方面的评价、自我在学习发展方面存在的现实困境以及对学校的具体要求。当然，对高校管理者、高校教师和学生群体的访谈并没有具体的模式，在访谈过程中要根据访谈对象的个体情况灵活机动随机发问，只有这样，才能收集到更深层次的研究资料，才能使研究更加深入和更加全面，研究的结论也才更具有代表性。

（二）调查的对象

1. 调查对象的选择

调查对象的选择涉及“取样”的问题，“取样（sample）是指从总体中抽取出一部分个体，研究取样就是指研究者从他感兴趣的研究总体中抽取合适的个人或组织的过程，经过取样，研究者就可以对选取的样本进行研究，然后将研究的结果推广到样本所属的总体中去”①，当然，从研究者感兴趣的总体中取样也并非是随心所欲和毫无章法的行为，必须依赖一套极为严格的程序。实际上，调查对象的选择是一个科学性问题，也同样是一个艺术性问题，在实际研究中，当研究者面对的是一个庞大的研究总体时，是进行普遍性的、一个不落的调查，还是选择具有典型代表性的样本进行调查，这显然是研究者必须首先要考虑的问题。显然，考虑到理论的科学性和实践的可行性，调查对象的选择必须首先考虑三个因素，第一是研究对象的取样即样本要具有代表性，研究样本的特征要能基本代表研究总体的特征；第二是调查对象的选择要考虑到研究者的实际条件，即研究者有没有能力对此进行充分全面的调查；第三是研究者自己对此样本有没有研究兴趣，一般情况下，只有研究者具有较充足的研究兴趣，对问题的研究才会更加深入，见解也才会更加深刻。

鉴于此，本研究主要选取地处我国中部地区的湖北省的高校进行研究，研究对象具体情况如下：“985 工程”大学选择 2 所，分别是武汉大学和华中科技大学；“211 工程”大学 2 所（非“985 工程”），分别是华中师范大学和华中农业大学；地方重点本科院校（指一本院校中除了

① 李文玲，张厚粲，舒华．教育与心理定量研究方法与统计分析：SPSS 实用指导［M］．北京：北京师范大学出版社，2008：35.

“985 工程”和“211 工程”之外的高校）1 所，是湖北大学；地方一般本科院校 2 所，分别是武汉纺织大学和湖北经济学院；另外，7 所大学所进行的创新型人才培养计划名称分别叫武汉大学弘毅学堂、华中科技大学启明学院、华中师范大学博雅计划、华中农业大学张之洞班、湖北大学楚才学院、武汉纺织大学润禾计划、湖北经济学院金融学拔尖创新人才培养试验计划（简称金融计划）。为便于称谓，分别把 7 所大学的创新型人才培养计划简称为弘毅学堂、启明学院、博雅计划、张之洞班、楚才学院、润禾计划和金融计划。

选择湖北省的高校创新型人才培养计划进行研究，主要有以下四个原因：一是当前我国各级各类的高校在国家宏观政策的影响下都在进行创新型人才培养方面的实践，如果选择所有的高校或选择几个省、直辖市、自治区的高校进行研究，这需要大量的人力、时间、物力和财力，非本研究在有限时间和条件下所能完成，况且这种样本选择也难以使研究深入开展。二是湖北省地处我国中部地区，经济发展在我国 31 个省、直辖市、自治区的发展中处于中上游水平，高等学校数量众多，具有全国最多的学生总数，高校的创新型人才培养既不像东部和北部地区易于超前化，也不像西部地区极有可能滞后化，其在全国具有较强的代表性和典型性。三是湖北省高等学校类型较为多样，高校专业发展也较为齐全，层级也较为明显，既有全国一流的综合类大学和理工科类大学，也有全国知名的民族大学、农科类大学以及师范类重点大学，另外还有办学以突出地方特色为主的地方院校。因此，湖北省的高等教育发展具有全国高等教育发展的共性特点，能基本代表全国高等教育发展的总体特征。四是从研究者自身的条件上看，研究者现在就在湖北省武汉市学习和生活，对当地的高校人才培养了解得较多，况且研究者的老师、同学和朋友大多数都在湖北省学习和工作，具有从事本课题研究的天时、地利和人和的优势。

从湖北省各创新试验计划的实施情况看，弘毅学堂所在的学校为“985 工程”大学，在我国各种形式的高校排名中均在前十名，是全国一流的重点大学，该计划一共在 7 个基础学科专业实施，每个专业能独立成班，具体分为数学班、物理班、化学班、生物班、计算机班、国际数理经济与数理金融班、国学班，每个班每学年计划招生20人。弘毅学堂在管理上没有成立独立的学院，主要由教务处总体规划，各专业所在教学部门具体执行管理。启明学院所在学校同样为“985工程”高校，在我国高校排名中经常位列前十名，一共有17个学院实施了18个专业的创新型人才培养实验计划，主要有各种形式的基础学科创新人才培养实验班、卓越工程师创新型人才培养实验班以及各种创新团队建设等，每个专业各学年计划招生25人左右，能独立成班，成立了独立的学院进行总体管理，具体教学工作由教学院系独立安排。博雅计划所在学校为“211工程”高校，在各种形式的高校排名中位列40名左右，该计划每年招生50名左右，实施集中学习与分散学习相结合，没有成立专门的学院进行管理，主要由教务处和教学院系共同实施。张之洞班所在学校为“211工程”高校，由两个学院实施了该计划，组成两个班，分别叫农科班和文管班，各专业每学年计划招生30名左右，没有成立专门的学院进行管理，主要由教务处和教学院（系）共同负责。楚才学院所在学校为非“211工程”的一本院校，一共由两个大类学科实施了该计划，组成两个班，分别叫文科班和理科班，每年各班招生30名左右，实施集中学习与分散学习相结合，成立了专门的学院进行管理。润禾计划所在学校为一般二本院校，主要由学校下属的化学与工程学院具体实施。金融计划所在学校同样为一般二本院校，主要由学校下属的金融学院具体实施。

2. 样本结构的特征

（1）样本总体特征

本次调查综合考虑了学校的类型、层次、学科、专业等结构因素，重点选择了湖北省具有典型性和代表性的七所大学进行深入调查。本次调查首先采用资料收集法，分别从调查学校的教务处（部）和实施创新型人才培养的学院收集资料，资料的类型包括有关创新型人才培养的方案、理念、制度、目标、模式以及创新型人才培养的课程、方法等数据资料；其次运用问卷调查法对每所高校的学生进行随机调查，在问卷调查过程中采取匿名形式，要求学生现场进行真实、独立的填写，调查人员现场回答学生的疑问后统一回收问卷；最后对有些资料无法呈现、问卷无法反映的问题进行现场访谈，访谈中根据研究的需要拟定访谈提纲，然后分别对调查的7所高校的管理者、教师和学生进行随机抽样访谈。本次调查历时四个月左右，实际收集有用资料100余万字，发放调查问卷550份，访谈高校管理者13人，教师11人，学生29人，调研样本总体特征如表4-1所示。

表4-1　本次调查研究的样本总体特征

序号	创新计划	发放问卷（份）	回收问卷（份）	访谈管理者（人）	访谈教师（人）	访谈学生（人）
1	弘毅学堂	90	71	13	11	29
2	启明学院	110	101			
3	博雅计划	100	95			
4	张之洞班	50	40			
5	楚才学院	80	73			
6	润禾计划	80	74			
7	金融计划	40	34			
合计		550	488	13	11	29

（2）样本结构特征

本调查共发放学生问卷550份，回收问卷518份，剔除无效问卷，共回收有效问卷488份，有效问卷回收率达88.7%，样本调查的个人实际特征和学习情况特征如表4-2、表4-3所示。

表4-2　样本个人实际特征

变量序号	样本变量名称	变量类别	统计频数（人）	百分比
1	性别分类	男	279	57%
		女	209	43%
2	城乡类别	城市	233	48%
		农村	255	52%
3	工作经历	有	63	13%
		无	425	87%
4	专业属性	文科	156	32%
		理科	209	43%
		工科	123	25%

续表

变量序号	样本变量名称	变量类别	统计频数（人）	百分比
5	职业定向	从政	48	10%
		从商	127	26%
		从工	99	20%
		从农	8	2%
		从教	121	25%
		其他	85	17%
6	父母最高学历	专科及以上	165	34%
		高中及相当学历	173	36%
		初中及以下	150	30%

表 4-3　样本学习情况特征

序号	样本变量名称	变量类别	统计频数（人）	百分比
1	参加课题	是	176	36%
		否	312	64%
2	主持课题	是	66	13%
		否	422	87%
3	发表论文	是	29	6%
		否	459	94%
4	取得专利	是	12	2%
		否	476	98%
5	获奖最高级别	国家级	94	19%
		省部级	109	21%
		地厅级	79	16%
		校级	134	28%
		无	77	16%

续表

序号	样本变量名称	变量类别	统计频数（人）	百分比
6	学校层次	“985 工程”高校	172	35%
		“211 工程”高校（非“985 工程”）	135	28%
		地方重点本科（非“211 工程”）	73	15%
		地方一般本科	108	22%
7	撰写著作	有	5	1%
		无	483	99%

三、调查的思路与方法

（一）调查的思路

本研究以文献综述和理论构建为基础，通过对我国高校创新型人才培养的现状进行调查，经统合数据资料概括出我国高校创新型人才培养的基本特点和现实困境，在此基础上诠释现实困境存在的深层次原因，从而进一步探讨我国高校创新型人才培养的实施路径。本研究紧紧围绕这一思路展开，首先，把我国高校创新型人才培养作为一项活动，然后对这项活动的实施方案、制度、规定和数据等资料进行全过程的跟踪分析；其次，对参与这项活动的管理者、教师和学生进行问卷调查和现场访谈，把这些调查收集到的数据资料作为跟踪分析的有效补充，其最终目的在于能深入地对我国高校创新型人才培养进行全面的社会学分析。

1. 确定分析的维度

高校创新型人才的培养受到众多因素的影响和制约，本研究从宏观层面、中观层面和微观层面对高校创新型人才培养的变量进行了解读。

（1）宏观层面的变量

宏观层面的变量主要指影响创新型人才培养的国家社会层面的因素变量。就高校创新型人才培养来说，国家是创新型人才培养的根本主体，社会是创新型人才培养的基本载体，而文化则是创新型人才培养的思想源流。因此，高校要培养创新型人才，必须要考量国家层面的因素和文化层面的因素。国家层面的因素有政治体制和经济体制等；文化层面的因素有国外经典文化、民族传统文化、社会现实文化和大学特色文化。实际上，高校创新型人才培养的制约影响因素远不止这些，但由于这些因素在高校创新型人才培养的过程中显得更具特色，显然应当把它们作为一个重要内容来考察。

（2）中观层面的变量

中观层面的变量主要指影响高校创新型人才培养的高校层面的因素变量。从创新型人才培养的过程来看，高校显然是创新型人才培养的直接承担主体，高校的人才培养质量如何，直接与大学精神、培养模式等存在密切的联系。因此，高校要培养创新型人才，必须要仔细分析影响创新型人才培养的学校层面的大学精神和培养模式两个因素变量。大学精神有创新精神、批判精神和社会关怀等；培养模式有课程设置和教学方式等，具体表现为人才培养理念、人才培养模式和人才培养制度。

（3）微观层面的变量

微观层面的变量特指与高校创新型人才培养教育教学过程因素相关的变量，从高校创新型人才培养的构成因素来看，主要有师生关系和教学互动两个方面。师生关系是教师和学生在班级活动中所形成的基本关系，和谐的师生关系有利于创新型人才的培养；教学互动是教师和学生在教学过程中的互动关系和相互作用，是教师主导和学生主体在教学过程中的重要体现，对培养创新型人才具有重要的推动作用。因此，高校要培养创新型人才，应注重分析影响创新型人才培养的微观层面即师生关系和教学互动，这是高校创新型人才培养的根本和关键，理应作为一个变量得到重视。

2．调查研究的实施过程

首先，在文献研究、理论分析和现场走访的基础上，确定了高校创新型人才培养社会学分析的研究方案和写作提纲，并根据研究需要设计了调查问卷和访谈纲要。其次，从2013年7月开始，调查工作正式启动，收集7所大学在创新型人才培养方面的实践资料，并对这些实践资料进行归类整理。2013年9月，进入7所大学进行现场访谈和问卷调查，现场访谈采取深度访谈，把面对面的小组交流或一对一面谈结合起来，并保留了录音资料。一共访谈了11名教师、13名管理者和29名本科学生；问卷调查以学校为单位进行，考虑到每所学校所进行的创新型人才培养规模较小，平均每所学校发放问卷80份，共发放了调查问卷550份，回收有效问卷488份。

3．数据资料的统计分析

对每所调查学校收集到的实践资料和访谈资料，采用归类分析的方式进行。对通过调查问卷所收集到的数据资料，首先进行归类整理，然后剔除无用的和无效的信息。经综合分析后选用办公软件Excel和统计分析软件SPSS进行数据整理和统计。

（二）调查的方法

为全面、系统而深刻地了解我国高校创新型人才培养的现状，本研究以质性研究法为主，并辅以问卷调查法和现场访谈法进行调查。

1．质性研究法

对于本研究而言，建立在认识论和知识论的基础之上的科学主义和科学方法固然重要，但通过全面而深入的分析可以发现，其意义和功能都是有限度的，如果不加分析地强调其重要性，这不仅会妨碍研究目标的实现，甚至还可能影响人们对社会实践活动的理性认识。显然，在教育研究中，自然科学的方法有时并不是最好的选择，而建立在定性与定量相结合上的质性研究范式更为可行。本研究以对我国高校创新型人才培养进行社会学分析为目的，其分析的基础显然是高校创新型人才培养的实践活动，这里的实践活动不是抽象的实践活动，而是具体的高校创新型人才培养实践活动。在研究的过程中特别强调人文学范式，突出教育实践活动的中心地位。由于创新型人才培养实践活动是人的实践活动，因此，研究将更多地关注教育实践活动中的人，特别是与创新型人才培养密切相关的高校管理者、高校教师和高校学生。在研究中尤其关注他们的生活体验、情感情绪、心理反应、社会认知、社会意义、社会价值、社会行为和文化现象等，以及由人的活动所产生的组织、模式、制度等，由这些所构成的原始资料将成为本研究的主题。

（1）本研究以社会学理论和方法为指导，以高校创新型人才培养分析维度的三个层面、六个维度为分析框架。研究的旨趣在于对我国高校创新型人才培养的探索性实践活动进行理性描述并建构其社会意义，这是因为，“质性研究是以阐释性和自然主义的方式来探究世界的，质性研究者研究事物的方法是在研究对象的实地背景下，试图对人们赋予意义的现象做出理解和阐释”①。在本研究中，通过对收集到的原始资料进行描述，以多样性的方式再现这些不同的整体图景，进而全面、深刻地分析理解这些图景所蕴含的不同意义。

（2）在研究过程中，想理解高校管理者、高校教师和高校学生对创新型人才培养的社会认知、学习情感与学习体验，就要求研究者从参与者的视角而不是研究者的视角来分析理解教育实践活动，要做局内人，而不能做旁观者和局外人。也就是说，“我们只有尽最大可能变成被研究者，才能更准确地理解被研究者”②，实质上，材料收集的过程就是研究者与被研究者之间的互动过程，我们对研究的进程采取特定的技术手段，对研究过程一直保持高度的敏感性。

（3）资料分析的过程主要采用描述—归纳方法。通过对具体性的资料进行情境性的分析，提取其个性，然后通过个性来展示共性。在对高校创新型人才培养的实践资料进行分析的过程中，先对每一个研究对象的资料进行认真阅读与分析，找出其在人才培养方面的特色规律，然后综合各学校的实际资料，找出其共同的规律。但是，资料分析也并非万能，有些研究内容在资料分析中无法体现，这就必须通过现场访谈和问卷调查的方式来进行补充。因此，在研究过程中，研究者制定调查问卷和访谈提纲对高校管理者、教师和学生进行访谈，进一步完善了研究所需的资料。

2. 问卷调查法

本研究的问卷调查法主要针对学生，其目的在于了解学生对高校创新型人才培养模式的认识和看法。在本研究中，问卷调查法主要是作为辅助和补充。然而，作为一种实证研究方法，问卷调查法却有自己的程序和规律。问卷设计的科学与否直接关系到研究结论的真实性和可靠

① DENZIN N K，LINCOLN Y S. The sage handbook of qualitative research [M]. CA：Sage Publications，Inc.，2000：2.

② 刘献君. 教育研究方法高级讲座 [M]. 武汉：华中科技大学出版社，2010：85.

性。为此，本研究对问卷编制与田野调查高度重视。

（1）原始调查问卷的编制。经过大量的文献梳理、开放式和半开放式问卷调查，在基本确立高校创新型人才培养研究的三个层面和六个维度的基础上，开始着手问卷的题目设计。第一是确定问卷题目的数量。题目设计的基本要求是数量在40个左右，不能太多，题目太多了在调查实施过程中学生可能显得没有耐性，从而影响研究结论的可靠性；题目也不能太少，太少则调查不出所需要的信息。第二是确定问卷题目的内容。认真阅读了近年来我国关于高校创新型人才培养的相关硕士、博士学位论文，对他们在研究过程中使用的问卷进行系统学习、分类和整理，然后结合本研究的需要编制出能全面反映基于学生视角的高校创新型人才培养问题，在语言上要求言简意赅、简洁朴实，具有学生的语言风格特点。第三是问卷的结构要求丰富多样。既有开放式问题，也有封闭式问题，还有表格式问题。经过综述有关创新型人才培养的文献资料、开放式和半开放式访谈资料，以及参考有关调查问卷的问题内容，初步形成了我国高校创新型人才培养的学生初始问卷。

（2）问卷信度和效度分析。调查问卷的可靠性和有效性（即信度和效度）是编制调查问卷的一项重要内容。本研究为了确保调查问卷的信度和效度，从以下几个方面进行了努力。第一，学习调查问卷编制的基本原理、基本步骤和注意事项，学习基于教育心理统计软件的操作。在编制问卷过程中严格遵守调查问卷的相关规范，从而确保从方法上切实提高调查问卷的信度和效度。第二，结合本研究的需要以及我国高校创新型人才培养的实际情况，认真参考国内外相关专家在创新型人才培养方面的研究方法、研究过程、研究成果和研究结论，借鉴他们在这方面的理论建构，为本研究的问卷设计奠定了扎实的理论基础。第三，本研究的初始问卷编制好之后，请相关专家、学者对问卷进行审阅和评估，审阅的重点放在维度设计是否科学合理、题目设置是否反映研究主题、语言设置是否规范等几个方面。第四，根据专家、学者的意见与建议，再次对问卷进行了调整与修正。在问卷的调整与修正过程中，特别关注以下几个方面的问题：问卷设计一定要讲求科学规范；问卷设置一定要考虑统计方法；问卷修正一定要紧扣研究目的；问卷语言一定要简洁明了。最后设计出科学合理的《高校创新型人才培养调查问卷》（学生卷）。

3．现场访谈法

本研究主要运用质性研究方法，显然现场访谈调研对象是一种重要的资料收集方式。在研究过程中，特别重视访谈对象的代表性，结合研究的现实情况和需要，将现场访谈的对象确定为高校管理者、教师与学生，其基本思路如下。

（1）确定访谈目的。本研究主要对我国高校创新型人才培养的探索性实践活动进行社会学分析，研究的基础是实践性资料。但是应该明确的是，实践性资料只是一种文本性的资料，它反映的是这种实践性活动的过程和结果，而对这种实践性活动的参与主体和客体的主观想象、认识、感受和态度较少涉及。本研究为了充分了解我国高校创新型人才培养的主体、客体对高校创新型人才培养的认识、态度和感受，从而确定对高校管理者、教师和学生进行深入访谈。另外，现场访谈还能弥补研究资料不足的情况，有利于进一步完善本研究资料的收集。

（2）进行现场访谈。进行现场访谈的前提是确定访谈对象。本研究根据分层随机抽样的方式，分别对湖北省 7 所高校的管理者、教师和学生进行了访谈，访谈高校管理者 13 名、高校教师 11 名、学生 29 名。在访谈之前，先编制访谈提纲，访谈提纲主要围绕访谈对象对高校创新型人才培养的认识、现状、困境、原因和解决办法五个方面进行，在访谈过程中根据不同的访谈对象和研究需要随机进行发问。访谈采取小组形式或一对一的方式进行，小组形式可以让大家围绕某个方面进行讨论，避免一对一访谈时可能出现的内容重复，并且这有利于形成对研究主题的深入认识；一对一的方式强调每次访谈的对象只有一名，这样做有利于访谈工作的深入开展，更有利于消除访谈对象在回答问题时的顾虑。

（3）整理访谈结论。本研究的访谈对象主要有高校管理者、教师和学生，其访谈的内容主要围绕他们对高校创新型人才培养的认识、现状、困境、原因和解决办法五个方面进行。通过访谈，高校管理者主要从创新型人才培养制度的制定、实施和效果等方面进行作答和评价；而高校教师主要从创新型人才培养的影响因素和教学改革等方面进行了回复；高校学生主要基于自身学习和发展的视角对学校管理、教师教学等方面提出了自己的意见与建议。经整理访谈资料发现，访谈资料基本反映了我国高校创新型人才培养的基本情况，弥补了前期收集资料的不足，印证了研究的诸多结论。

四、调查的主要结论

（一）我国高校创新型人才培养的探索性活动已取得了一定成效

一是我国高校的创新型人才培养已形成了一些较为典型的经验。二是高校的管理者、教师和学生对高校创新型人才培养已具有了一定程度的认识，尤为注重人才培养理念的创新。三是高校正对教学、科研和社会服务等方面进行探索，尤其突出人才培养模式的改革。四是高校在创新型人才培养的探索性实践中，着力进行人才培养制度的建设，已构建了相对健全的创新型人才培养制度体系。五是高校在人才培养过程中注重人才培养氛围的营造。

（二）我国高校的创新型人才培养在实践过程中确实存在问题与不足

中观层面（高校）的主要问题有：人才培养理念的创新中仍然存在一定程度的趋同性，人才培养模式的改革中未能突出培养目标的多元性，人才培养制度的改革中尚未充分显示学生的主体性，人才培养氛围的营造中忽视了师生交往的和谐性；微观层面（教师、学生）的主要问题有：教师教学投入不足，教师创新能力不强，学生价值取向偏颇，学生主动学习不够等。

（三）制度机制创新确实是我国高校创新型人才培养的最佳选择

我国高校创新型人才培养已进行了诸多的尝试与探索，取得了一定的经验和成效，但其中存在的问题也不可忽视。为此，需要从宏观方面、中观方面和微观方面加强我国高校创新型人才培养的制度建设。一是在宏观方面要完善国家体制机制、争取社会支持并注重文化传承创新；二是在中观方面要重塑大学精神、改革人才培养体制并创新人才培养模式；三是在微观方面要发挥教师主导作用、体现学生主体地位并构建和谐师生关系。

第二节 三个案例的分析

本研究综合考虑学校的发展层次和学科的专业结构，从调查的七个高校中重点选取武汉大学弘毅学堂国学班、华中农业大学张之洞班农科班、湖北经济学院金融计划金创班三个样本进行深入分析，探究可以借鉴的模式和经验。

一、基础学科型：武汉大学弘毅学堂国学班

（一）树立先进理念，明确培养目标

弘毅学堂国学班创立于 2001 年，是国内开展国学教育最早的本科院校，在国内具有较大的影响力。学校提出“根基经典、回归传统、面向现代”的培养思路和“多学科交叉融合、综合创新”的人才培养理念，经过多年的实践，目前已取得了较好的效果。国学班引导学生回归经典，以锻造学智为宗旨，强调人文学术的知识整合意识，强调经典文本的细读，强调中学与西学的融通，强调传统考据和思想关怀并重，强调知识传统学习向知识诠释、知识创新，进而依身份关怀、人格自律的次序递进，培养格局具有浓厚的精英式教育色彩。经过多年的实践，国学班设计了清晰、具体的人才培养目标：一是让学生接受完整的中国古典学术训练，具备相当的古典文本阅读能力、考据能力和阐释能力，可以熟练地搜集、利用和处理文献资料从事独立的研究和写作。二是知识结构合理而具有特色，学有旨趣，具备很强的自我教育意识和能力，具备很强的知识适应能力，在“博学于文”的基础上，易形成个体的知识兴趣和知识关怀。三是国学班本科毕业生的知识能力，应该基本接近同类高校文、史、哲相关专业硕士毕业生的水平。四是心智稳定健康，行己有耻，文质彬彬，具有强烈的道德自律和社会关怀意识，对“士操”和“君子之儒”有高度的认同感，笃思而明辨，知而行之。五是具有开放的文化心态，具有文明对话意识和文化创造意识。六是熟练掌握第一外国语，第二外语要达到相应的水平。

（二）完善选拔制度，建立淘汰机制

弘毅学堂国学班的学生在普通国学班中选拔，班级学生控制在 20 名

左右，遴选以规范、严格、公正和开放为原则，采取二次遴选和淘汰机制相结合的流动式机制。第一次遴选在本科高考录取和自主招生录取学生中进行笔试和面试，考试时间一般定于大一上学期末，考核科目包括国学基础知识、写作和英语，遴选10～15名优秀学生作为基础人选进行培养，对于高考第一志愿录取者可以优先考虑。对于大二上学期二次招生转入的学生，亦进行综合考核，考试科目为国学基础、写作和英语，选拔优秀者5名左右进入弘毅学堂国学班。第二次遴选考试时间是在大二下学期开学后两个月内，目的是评估和重组，引入淘汰机制，提供机会。第一次、第二次遴选均获优秀等级者或第二次遴选成绩特异者，作为重点培养对象，制订特别培养方案，并提供海外访学或者攻读学位的机会。弘毅学堂国学班引入淘汰机制，强调健康学风和竞争有序，注重机制先行，树立学生的竞争意识、学术热情和良好的心理承受能力。在学习中有涉嫌抄袭剽窃、袭用而不明举他人成果的，予以淘汰；恶意竞争者淘汰；心智存在严重缺陷者予以淘汰；规定所修课程挂科者淘汰；原则上规定所修外语必修达到良好以上水平；英语须通过国家英语六级考试；不能按照规定完成经典会读计划者淘汰；写作水平不能达到基本要求者淘汰；对专业学习上有极突出特点、学术潜力巨大的特异学生进行适当政策保护；大三上学期末或者下学期开学进行中期考核，考核分为笔试和主题面试两个阶段，不合格者予以淘汰，因淘汰而空出的名额不再递补。

（三）优化培养方案，创新培养模式

国学班秉承以“中国古典学”为核心价值的国学教育理念，标举“知识与价值并重”的传统，以精英教育为宗旨，以敬畏学问、建立学术荣誉感和学术道义感为原则。课程设置摆脱大学本科“概论式”教育模式，打通文、史、哲等现代学科专业的藩篱，以中国古代文化经典为核心，加之以文献考据、传统文字音韵训诂之学的训练，同时通过理论课程、学术文化课程加强研究的方向意识，以实现多学科交叉的培养形态。邀请海外知名汉学家、国内外知名学者开设讲座课程，以一家之言，体现研究性、前沿性和前瞻性作为课程设计的原则。对学生进行因材施教，进一步完善导师制，加强导师培养体制建设，加强学生学术模仿意识，让学生学有师法，逐渐登堂入室，引导和建立学生的学术超越意识，不囿一见，博采众长，“导师制”的基本运行规律是赓续珞珈国学传统、梳理师法学脉，整合学校人文学科优势，在形成学科特色的基础上，逐步建设新的武汉大学国学学统。在导师制的实施过程中通过双向选择、合理调配，真正做到视学生为独特的教育个体，充分尊重他们的性情趋向，发挥教师传道、授业、解惑的作用。通过导师制引导学生学有旨归，甄选聘任学术上有实力、有典有则的优秀教师为导师，以便学生效仿。充实实践教学环节，围绕经、史、子、集四部之学和中国宗教五个侧面，建立围绕导师研究特长和体现学生旨趣的经典会读制度，以加深和补充古代经典精读课程色彩，强调自我教育能力和问题意识培养，强调研究意识，加强对国内历史文化遗迹的考察实习活动。实行“学年论文制”，学生在导师的指导下，基于经典会读之内容，撰写研究性学年论文，提交学院专家委员会评审，对论文优秀者给予奖励。培养特异优等生，推荐其论文参加国内外高级别学术会议，为特异优等生营造出国访学或者攻读学位的机会。

（四）紧扣培养要求，体现专业特色

实施学术精英化教育，强调“考据、义理、辞章”并重，学思并行，增强学生的思辨能力，培养他们知识创新的欲望，更重要的是培养学生文质彬彬的文化人格和社会心智。在人才培养中强调“温故而知新”，突出古代经典精读课程，让学生奠根基于文本，产生文化语感，培养对传统学术的体认能力和“同情之理解”，树立学有根基、博学、慎思、笃行、明辨的知行观。强调“博学于文、行己有耻”的教育，不单纯追求以知识为诉求的教育，而是推尚以心智为诉求的教育，通过古典文本和古典学的教育，让学生面对古典哲人的智慧，陶冶性情、锻炼志魄，培养学生有所期许、有所担当的文化责任和以“士操”自律的人生品质。本专业课程体系以中国古代学术为主干，分为核心课程、高级研究课程和讲座课程三个递进层次。课程设置尽量摒弃浮泛的“通史”“概论”型课程，而以文本为中心的经典精读型课程、以学术思辨为中心的方法论课程和以研究为中心的专题课程为架构。除聘请文、史、哲等院系教师讲授课程以外，讲座课程延聘海内外知名学者充任。在教学模式上，贯彻因材施教理念，实行导师制度，甄选学术多方、富有热情的导师，对学生进行针对性指导，挑战学生的智力，激发学生的志趣，培养自我教育的能力和思辨的空间。通过以古典文本为中心的古典学训练，俾使学生考据、义理、辞章并重，在研习经典的基础上，对中国古代知识传统产生“理解之同情”，并养成现代学术之眼光，塑成相当的文化理解力和知识创造力。

总之，国学班在人才培养方面主要实施导师制度，导师每周都要开设读书指导会，有本科生、硕士生和博士生参加。另外，导师还对学生进行论文指导，每年一篇，学生与导师经常进行学术交流，注重加强学生的学术训练，培养学生的批判意识和创新精神。据调查，国学班 2014 届毕业生共有 27 人，其中有 16 人已被保送硕士研究生，有 2～3 人出国。

二、精英培养型：华中农业大学张之洞班农科班

（一）以先进理念为指导，确立人才培养规格

张之洞班农科班（简称农科班）于 2007 年开始举办，挂靠华中农业大学植物科学技术学院。在张之洞班人才培养理念的指导下，强化实践与能力训练，深化人才培养模式改革，适应国家社会发展的需要，培养具有优良的思想道德素质和社会责任心、具有深厚的科学和人文素养、基础扎实、自主学习能力和实践创新能力强、个性与人格健全发展、能引领现代农业和社会建设发展的高素质创新人才。农科班学生通过学习动植物遗传和发展的基本规律、动植物生产的基本理论和基本知识，接受动植物育种研究、动植物生产与管理等基本技能训练，培养学生具有动植物育种和生产、农业技术开发与推广、相关企业经营管理方面的基本能力。农科班学生以实践和创新能力培养为核心，充分利用学校的教育资源和学科优势，给学生提供课程修读、科研训练、实践锻炼等方面更多的选择机会，注重因材施教，给予学生发展个性的充分的自由空间，促进拔尖创新人才脱颖而出。

（二）以培养精英为目标，健全人才遴选机制

作为一项系统的创新型人才培养工程，农科班以培养社会精英人才

为目标，在人才培养过程中异常重视人才的遴选，在学校成立由教学校长任组长的遴选工作领导小组的基础上，植物科学技术学院也相应成立了农科班遴选管理办公室，遴选工作按照“坚持标准、择优录取、宁缺毋滥”的原则，确保选拔工作的公开、公平和公正。农科班的遴选面向农科专业的全日制本科学生，学生应具有良好的思想道德，有社会责任感，身心健康。对学生的高考成绩根据每年的实际情况要求不一，如2013年要求申报学生的高考成绩应位于生源省学生的前40%，外语单科成绩应在115分以上。另外，还应具有以下条件之一；在科技创新活动和社会实践活动方面有一定的经历并取得成果，或者参加全国数学、物理、化学、生物、信息技术奥林匹克等竞赛获省级以上奖励，或者获得省级以上荣誉，或者热爱农业，有志于从事农业科学研究。遴选按照学生个人申请、学院审核和组织考核的程序进行，考核先进行初选，根据学生的高考成绩和特长进行筛选，确定面试学生名单。在面试过程中，主要考核学生的综合素质，如考查学生的知识结构、表达能力、逻辑思维、英语口语以及个性品质等，最后要进行心理测试，根据综合考核结果确定录取名单并进行审核公示。

（三）以创新模式为核心，完善课程实施体系

农科班充分利用华中农业大学的学科优势和优质教育资源，实行以宽厚通识教育为基础的专业教育。这种人才培养模式特别注重学生的课程开设和实施，毕业学分要达到160学分以上（动物医学专业要达到180学分以上）。课程设置有六个大类，第一类是人文基础课80学分。A组必修的有思想政治理论14学分、英语12学分、体育4学分、数学9学分、物理3.5学分、化学10.5学分、计算机3学分、生物8学分。B组通识教育课程16学分，分为文学与艺术、文化与哲学、经济与管理、公民意识与社会分析、自然科学五类。第二类是学科平台课19学分，其中A组必修19学分；B组为自由选修，随其他课堂修读，可计入专业课，也有相应的学分设置。第三类是专业课，学生至少要修满35学分（动物医学专业至少55学分），专业课一般在第四学期末确定专业，在导师指导下修读相关专业课程，但必须修满学科基础课程和专业核心课程学分。第四类是实践教学环节，以各专业实践教学环节要求为准。

第五类是课外学分，要达到 6 学分以上，学分来源有系列讲座、科研活动和读书计划等。第六类是形势与政策课 2 学分。这些课程的实施主要分两个阶段进行。第一阶段在大学 1～2 年级实施，主要进行人文精神与科学素养相结合的通识教育（general education），大力加强学生的科学基础、人文基础以及科学研究的基本思想、基本技能训练，构建学生多元化的知识结构体系，为学生的终身学习和可持续发展奠定基础。第二阶段在大学 3～4 年级实施，主要完成学科交叉与综合背景下的专业教育（specialized education），此时学生根据志趣和特长，在大三开始时可以在农学学科门类中自主选择专业，构建具有自身特色的知识体系，这个阶段的教学主要使学生学会认知和创造，重在开阔视野、扩大知识面，强化实践和科研训练，深入社会实践，以培养学生强烈的社会责任感和创新精神为目标。

（四）以制度改革为重点，形成人才培养特色

农科班尊重和鼓励学生在教学资源和自身条件下自主制订个性化培养方案，学校为学生在课程修读、科研训练和实践锻炼等方面提供较丰富的选择和教育机会。在教学过程中实施导师制度。一、二年级每班配备一名指导教师，三、四年级每名学生配备一名指导教师。导师都是由那些学术造诣精深、责任心强、治学严谨的教师担任。师生之间实行双向选择，导师主要对学生的学业、心理和社会实践进行指导。实行小班授课，班上有 30 名学生，为学生配备优秀的授课教师。实行学分制度，学生修完规定学分，为其颁发毕业证书，符合学士学位条件者授予学位和张之洞班荣誉证书。对学生实行独立的考核，根据学生的学习成绩、科研成就和社会实践活动进行独立考核，把最终的测评作为评优评先、奖学金、助学金的重要依据，考核未达到要求或考试作弊或有其他违纪行为而受到学校处分者，取消张之洞班学习资格。实行学生自主选择专业，在第四学期，遵照学生的个性发展要求，兼顾学科专业分布面广、双向选择等原则进行分流，原则上分流到同一专业的学生不超过 4 人。张之洞班通过完善各种人才培养的制度和措施，因材施教，发展个性，积极进行人才培养方面的综合改革，在教学理念、遴选机制、培养模式、管理机制等方面进行大胆创新，努力形成有利于多样化创新人才成长的培养体系，满足国家对复合

型拔尖创新型人才和应用型人才的需要。

总之，农科班在人才培养方面以先进理念为指导，注重完善人才选拔机制；以培养精英人才为目标，不断完善课程体系建设；以制度改革为重点，加强人才培养模式创新，形成个性化的人才培养特色。据统计，农科班2014届毕业生共有29人，其中有14人被保送硕士研究生。

三、实践创新型：湖北经济学院金融计划金创班

（一）确定人才培养目标，明确人才规格要求

“金融学拔尖创新人才培育试验计划”（简称金融计划）作为23个获批项目中唯一的经济学学科门类项目入选“湖北省普通高等学校拔尖创新人才培养计划项目”。该计划以适应金融国际化的现实需要，注重学生德、智、体、美全面发展，培养学生具有良好的人文素养，扎实的经济学、应用数学和必备的管理学理论基础，宽厚的金融专业知识，具有娴熟的外语和计算机应用技能，养成广泛的专业兴趣、较强的终身学习能力和持续发展能力，适应和满足金融业的发展趋势。计划实施按照符合学生个性化的发展要求设计，能够在各类银行与非银行金融机构、金融管理部门、企事业单位从事货币、外汇、信用、银行、证券、保险、风险管理等理论研究和实际工作，具备“国际化、综合化、工程化、个性化”特色的拔尖创新型金融高端人才。其人才培养的目标主要有四个方面：一是具有良好的思想品德、社会公德和职业道德，树立科学的世界观、人生观和价值观，在工作中敬业爱岗、吃苦耐劳和团结合作。二是具有一定人文社会科学和自然科学基本知识，系统掌握多学科的基本理论和基础知识，通晓与金融投资相关的国家经济金融方针、政策和法规，了解相关领域的国际规则与惯例，能够灵活运用现代金融投资理论和分析工具追踪本学科的理论前沿和发展动态，具有较强的创新意识和创业能力，具备较强的工作适应能力和持续发展能力。三是熟练掌握外语的听、说、读、写、译能力，通晓国际商务语言，能阅读外文专业书刊，具备使用外语处理经济金融基本业务的能力，掌握必备的统计分析工具和计算机网络应用技术等。四是具有一定的体育和军事基本知识，具有健全的心理和健康的体魄，能够履行建设祖国和保卫国家的神圣义务。

（二）完善人才选拔机制，执行严格淘汰制度

遴选优秀学生是金融计划金创班建设的逻辑起点，金创班对学生的选拔坚持“科学、公正、公平、公开”的原则，在遴选过程中强调以理为主和文理兼容，在统筹兼顾生源地和学生性别结构的基础上，对单科特长生优先录取。对学生的遴选主要在新生进校后组织实施，于新生军训结束前完成遴选工作。遴选的名额为30名。遴选基本条件有二：一是对学生的高考英语和数学成绩做出明确规定，如2012年两科的成绩分别不得低于120分；二是高考单科成绩特别优异或在某方面确有特长的学生，以2012年为例，高考语、数、外单科成绩在130分以上，或高考综合单科成绩在260分以上，或科技创新和社会实践成绩突出，或参加各种竞赛获得省级二等奖以上，或获得省级荣誉称号、或在文体、管理或其他方面具有明显特长。遴选的程序先经学生自主申请，通过学校组织专家进行审查，最后进行考核择优录取。考核主要通过笔试和面试进行，笔试的内容为综合水平能力（含文化基础、心理素养、逻辑能力、时政形势和社会知识等）测试，依据笔试成绩从高到低的排名按照遴选名额1∶2的比例确定面试人员名单。采取回答问题、特长展示、命题讨论等形式对进入面试环节的学生进行综合素质和特长考核，主要考查学生的精神面貌、心理素质、知识结构、中英文表达能力、逻辑思维、沟通能力、组织能力、团队协作能力等。最后根据笔试和面试综合成绩择优确定录取学生名单。对进入金创班的学生实施严格的淘汰分流制度，分别于第一学年末、第二学年末和第三学年末根据学生成绩和激励积分进行三次淘汰，然后对非金创班的学生在第二学年初给予一次优选进入试验班的机会。第一学年末根据数学、英语成绩确定10％的淘汰人选，同分者依据经济学成绩名次确定淘汰人选；第二学年末按数学、英语、专业必修课总成绩淘汰5％的人选，成绩相同者依据必修课总分确定淘汰人选；对于第一学年、第二学年被淘汰的人选，学校可根据平时表现给予不超过40％的被淘汰的人选跟班试读的机会，第三学年如果必修课的成绩排名仍居于全班后10％之内，此类学生第三学年末被直接淘汰。为填补淘汰后的空缺名额，金融学院对于非金创班的学生在第一学年英语、数学和专业必修课总成绩排在全班前10％者，可通过自我申

请经学校面试考核进入金创班学习。另外，金创班对于第一学年激励学分达5分者或第二学年激励学分达3分者的学生免于淘汰，如果全班学生所学课程平均成绩达80分者，则该班学生免于淘汰；还有凡是考试舞弊或是受到学校违纪记过处分以上（含记过）者予以直接淘汰；在第一学年、第二学年，若每学年有2门必修课以上（含2门）不及格者予以直接淘汰。

（三）丰富人才培养路径，健全课程实施体系

金创班以科学发展观为统领、以人才培养质量为核心、以教育教学改革为动力，密切追踪新时期金融产业发展对创新型人才的要求，着力培养“国际化、综合化、工程化、个性化”的创新型金融人才。积极选用和引进国际一流教材，拓宽学生的国际视野，探索中西相容的金融学人才培养模式，鼓励研究性学习和自主性学习，采取因材施教的个性化培养，进一步创新信息化和网络化条件下的教学方式和方法，制定和实施教师引导学生开展科研活动的激励制度，以促进学生形成良好的学风，激发学生的科研兴趣，培养学生的学术精神。改革传统的学年学分制，实行完全学分的3～6年弹性学制，同时1～3学年的暑期设置4～5周的短学期。弹性学制和完全学分制使得学生能在导师的帮助下制订切合自身实际的学习进度计划，并赋予学生自主选择授课教师的权限，这有助于在教与学方面提高教学质量，充分利用短学期开展社会实践活动，与境外一流大学更好地接轨，采取游学、访学和合作办学等多种形式，切实拓宽学生的国际视野。在课程设置中尝试开设若干综合性课程，解决传统高等教育各学科专业乃至课程设置彼此分隔，缺乏整合性，同时在许多课程中存在内容重复、缺乏衔接的问题，如在政治货币经济学中涵盖传统的货币金融学、现代西方货币金融学、中央银行学等课程，在国际经济学中涵盖传统的国际贸易和国际金融课程内容等。在利用必修课程综合化的基础上，金创班还设计了专业选修课菜单，以利于实现人才培养的国际化和工程化，在专业选修菜单中有国际金融模块、数理金融模块、理论金融模块、应用金融模块、实验课程模块和跨学科专业选修课模块六大模块，其中国际金融模块和数理金融模块就有对应于金融学科国际化和工程化的发展方向，学生可以在导师的指导下

结合自身的兴趣爱好自主确定所学的课程。为实施因材施教，金创班还赋予了学生更多的自主选择权，学生可在导师的指导下在六大选修模块课程中确定专业方向，如对于英语基础较好，有志于从事金融领域外向型工作的学生可以选择国际金融模块，而对于想通过学习能到各类金融部门直接就业的学生可以选择应用金融模块。学生在选择专业课时可以与导师进行协商，在导师的指导下结合自己的实际情况确定选修课。

（四）创新人才培养制度，形成人才培养特色

完善遴选制度和淘汰机制是金创班制度创新的起点，更为重要的是金创班在人才培养过程中创新了人才培养制度，形成了尤为独特的人才培养特色。一是在师资配备制度上，一方面制定了主讲教师的资格制度，以“金融学主干课程群”省级教学团队为基础，通过合理的激励约束制度，确保优秀教师资源能够配置到金创班中；另一方面进一步完善和发展导师制，为学生配备学业和实践双导师，导师制实行双向选择，确保一生一师，学业导师负责定期与学生交流和沟通，帮助学生明确学习目标与规划，制订实施个性化学习方案，指导学生树立专业思想并打好必要的专业基础；而实践导师则充分利用校友和校外社会资源，通过开展丰富多彩的讲座、报告甚至联合授课的形式，介绍业界的最新动态、分享个人的成长经历，引导学生根据自身的兴趣开展社会实践活动，并激发学生的创造力。二是在评价制度方面，改革传统的学生和教师考评体系，形成有利于进行多层次、全方位评价的制度环境，一方面改传统的学生“以考定评”为更多地注重参与过程和学习质量评价尺度；另一方面在教师评价中改“硬科研、软教学”为给予教师教学研究与实践投入的合理激励。三是在环境制度设计方面，通过完善优选淘汰制、创新学分制、导师制、学生参与科研活动选拔制等一系列激励约束制度的设计与实施，在学生中形成良性竞争和良好学风，充分利用现有的学科和专业平台，坚持和加强现有的名家讲坛、学术沙龙和高管论坛等各种形式的学术活动和讲座，进一步营造浓厚的学术氛围和开放的交流平台，激发学生的求知欲望和创新潜能。四是在对外交流的制度创新方面，秉承“开放办学”的思路，学校已与美国、英国、日本等国家的大学签订了合作协议，金创班将充分利用留学、游学、“2＋2”“3＋1”

暑期短学期等方式，分期、分批将学生送到国外大学进行学习与交流，鼓励学生接受金融学科国际前沿的规范化训练，进行研究性学习，打造学生学贯中西的国际视野。

总之，金创班以培养实践创新型人才为目标，完善人才选拔机制，实行严格的淘汰制度，健全课程实施体系，丰富人才培养路径，注重人才培养制度创新，形成一般本科院校的人才培养特色。由于金创班实施时间较短，目前尚无学生毕业，因此不能对其成效做出科学客观的评价。但是，作为地方一般本科院校的创新型人才培养试验性活动，其在创新型人才培养方面的创举仍值得称道。

第三节　七校的经验总结

分析湖北省 7 所高校创新型人才培养的经验，其创新型人才培养可以概括出以下四个共同经验特点。

一、注重人才培养理念的创新

人才培养理念是高校在人才培养过程中所持有的思想、看法以及观念体系，主要包括高校管理者的教育管理理念、教师的教育思想理念以及学生的学习发展理念，三者共同构成人才培养理念的思想体系，对整个高校创新型人才的培养起着重要的推动作用和影响。对此，各高校异常重视人才培养理念的创新，弘毅学堂提出要“打造一流的本科教育、培养拔尖创新人才”的本科教育发展目标，注重因材施教，为有兴趣、有志于科学研究、具有发展潜力的优秀学生提供独特的成长环境，努力培养一批学术思想活跃、国际视野开阔、发展潜力巨大的基础科学领域的领军人才。启明学院坚持“开放办学、创新机制、学科交叉、拔尖示范”的办学思路，贯彻以学生为中心，引导学生研究性学习、主动实践和科技创新，开发学生潜能，营造多学科交叉的创新教育生态环境，致力于培养具有创新能力、创新精神和国际视野的未来杰出人才。博雅计划创新本科人才培养模式，充分发挥学生的主体性作用，实行个性化的人才培养方案，在导师的指导下深化专业学习，加强科学研究，促进通识教育，努力培养一批专业基础好、研究能力强、综合素质高的优秀

“博雅”人才。张之洞班遵循“厚基础、广视野、强能力、重创新”的育人理念和精英人才成长规律，充分利用优质教育资源，夯实基础，加强通识，强化自主，发展个性，致力于培养学生人文和科学素养及实践创新能力，为全面建设社会主义和谐社会和创新型国家培养战略后备军。楚才学院贯彻以人为本、因材施教、博专兼容、德能并重的教育理念，立足学校的办学资源和优势，充分利用学校的各种教育教学资源和条件，创新培养模式，突出学生主体，尊重学生差异，满足学生需求，着力创建和优化课程实施平台，造就基础好、能力强、素质高的一流优秀本科人才。润禾计划根据高质量创新型人才培养战略目标的要求，以实验室为依托，成立创新型人才培养的创新团队，为学生参与专业竞赛、课题研究建立平台。金融计划密切追踪新时期金融产业发展对创新人才的要求，适应金融国际化的需要，培养能够在各行业从事理论研究和实际工作，具备“国际化、综合化、工程化、个性化”特色的拔尖创新型金融高端人才。

二、突出人才培养模式的改革

人才培养模式是指“培养主体为了实现特定的人才培养目标，在一定的教育理念指导和一定的培养制度保障下设计的，由若干要素构成的具有系统性、目的性、中介性、开放性、多样性与可仿效性等特征的有关人才培养过程的理念模型和操作样式”①，本研究包括管理模式、交流模式、教学模式和评价模式等。人才培养模式是人才培养的一个核心组成单位，对创新型人才的培养起着决定性的作用和影响。弘毅学堂在管理模式上成立了由各职能部门负责人组成的弘毅学堂工作领导小组，设立由各学科著名教授组成的专家委员会，组建“计划实施管理办公室”，实行导师制度与班级管理相结合的管理模式，加强对学生学习与生活的具体指导。启明学院在交流模式上以开放式办学思路统领各项基本工作，特别在人才培养、教师聘用等方面加大对国际、业界、高校和社会的开放力度，构建多学科交叉平台，加强学科之间的交叉渗透和跨学科

① 董泽芳．高校人才培养模式的概念界定与要素解析［J］．大学教育科学，2012（3）：30-36．

合作研究，建立多学科交叉团队，开展高水平的学科交叉研究活动，打破学科壁垒，让不同学科的学生、教师形成团队，培养具有多学科背景的创新型人才。博雅计划在教学模式上组建虚拟班级，为学生配备导师，指导学生研究、学习和实践，实施综合素质养成教育，借助和搭建学校通识教育平台，提高入选学生综合素养，提供专门经费支持，开展科研活动，同等条件下优先参加国内外教育交流实践活动。张之洞班改革传统的学生和教师评价体系，形成有利于进行多层次、全方位评价的制度环境，一方面改传统的学生“以考定评”为更多地注重以参与过程的学习质量评价尺度，另一方面在教师评价中改“硬科研、软教学”为给予教师们对教学研究与实践投入的合理激励。楚才学院在管理模式上成立了由主管校领导为负责人的“计划”实施学院，学生以“计划”实施学院管理为主，并按小班配备一批师德高尚、学识渊博、责任感强，同时又了解学校情况的班主任，负责指导学生优化学习方法、加强个人修养、选择专业方向等，教学工作由学校教务处协调，相关专业学院协助，由“计划”实施学院归口管理。润禾计划全面开展与企业的交流合作，组织创新团队成员利用假期时间去企业顶岗实习，深入生产第一线，调查企业生产中实际遇到的问题，学生根据调查结果拟定研究方向，聘请企业技术人员作为学院兼职企业家导师，学生可以根据自己的实际情况自主选择学科专任教师和企业技术人员作为其指导教师。金融计划在教学模式上积极选用和引进国际一流教材，拓宽学生的国际视野，探索中西相容的金融学人才培养模式，鼓励研究性学习和自主性学习，采取因材施教和个性化教育，进一步创新信息化和网络化条件下的教学方式和方法。

三、加强人才培养制度的建设

人才培养制度“从理性化的角度表达了培养主体与培养对象之间的权利和义务关系，是对整个人才培养活动的一种目标引导、行为规范与资源保障机制，在大学制度中处于核心地位”①。本研究主要包括招生制度、导师制度、学分制度、分流制度等。为培养创新型人才，各创新计

① 董泽芳．高校人才培养模式的概念界定与要素解析［J］．大学教育科学，2012（3）：30-36．

划重视加强人才培养制度的建设。弘毅学堂选拔高考成绩优秀，或在全国各类竞赛中获奖，高考英语、数学单科成绩不低于该门课程考试总分的80%的学生，符合条件的学生可以向所在学院申请，通过资格审查的学生再参加申报班级所在学院组织的考试。考试由笔试和面试组成，主要考核学生的综合素质和外语应用能力，最后根据学生综合测试成绩择优录取，班级招生控制在20人以内。启明学院在创新试验班实施导师制度。导师制度可采用学业导师、项目导师和项目组导师等多种形式，每名导师指导的学生为2～3人。导师对学生进行专业教育，制订个性化人才培养方案，为其完成具体科学研究项目或工程实践项目等提供指导和咨询。博雅计划实行完全学分制度，实施个性化创新培养。学生可在全校范围内任意选修课程学习，并参加必要的实践教学，学生修满学校规定的课程学分，每学期所修本科人才培养方案的课程总学分不得低于25分，平均成绩必须达到80分以上，达不到要求的学生视为自动退出该计划。另外，素质拓展学分达到优秀标准（修满40学分）方具备毕业资格，其在申请推荐免试硕士研究生资格时可获得奖励5学分。张之洞班根据学生成绩和综合素质进行独立分流，考核未达到要求、考试作弊或有其他违纪行为而受到处分的，取消入学资格，不适应的学生也可以自愿申请退出，选择相关专业完成学业。在专业分流上，农科类和文管类不能跨选，选择同一专业的学生原则上不能超过4人。楚才学院的导师聘任程序为自荐或相关学院推荐，学院组织专家进行考核，对合格的导师进行聘任。导师制度实行双向选择，导师对学生专业课程的选择与学习、思想品德教育、能力培养等进行指导，导师对学生专业阶段教学方案的确定、是否选择第二导师、校外实践与毕业论文等全权负责，每名导师指导1～2名学生。润禾计划的招生对象为二年级或三年级的本科生，每学期学生都可以根据自己的爱好向管理办公室提出申请，管理办公室根据创新要求、学生综合成绩、在校表现和专业素质择优录取。导师也可以根据自己的课题需要挑选学生，向管理办公室推荐录取。金融计划实施严格的分流制度。试验班学生根据学习成绩和激励积分，分别于第一学期末、第二学期末和第三学期末进行三次淘汰，凡考试舞弊或受过学校违纪处分以上者被直接淘汰，第一学年、第二学年若每年有2门必修课以上不及格者予以淘汰，被淘汰学生转入同年级普通班学习。

四、着力人才培养氛围的营造

人才培养氛围是指在人才培养过程中由教师的教和学生的学所形成的气氛和情调的总和，“学校要注意营造有利于创新性人才培养的氛围和环境，改善学校的人文环境，形成有利创新的学术氛围，创建创新教育的实践基地，为优秀人才脱颖而出创造条件”①，因此，各创新计划着力营造鼓励创新的人才培养氛围。弘毅学堂努力营造利于学生个性化培养的氛围与环境，考虑学生的兴趣要求及学科基础，广泛开展教师与学生一对一的个性化学习指导，在导师的指导下，学生可以自己组织主题不同的弘毅学堂研讨会，培养敢于并善于表达学术观点、进行学术争鸣的能力与自觉性。启明学院营造人才培养氛围的重要举措之一是实施导师制，“导师关系确立后，导师有义务也享受相应的权利，对学生专业思想教育、个性化人才培养方案制订、完成某一具体科学研究项目等方面提供指导和咨询作用，真正发挥科研对教学的促进作用，进一步推进研究性学习”②。博雅计划设置虚拟班级营造人才培养氛围，“各个年级学生分别组成各自班级，由学校教务处派专门教师担任班主任，开展丰富多样的班级活动，定期组织学习交流活动，促进学生跨专业交流，参加名师主导的‘博雅大讲堂’，拓宽学生视野，提高综合素质，拓展活动培养团队合作精神”③。张之洞班鼓励学生在教学资源和自身条件许可下自主制订个性化培养方案，学校在课程修读、科研训练以及实践锻炼等方面为学生的发展提供较丰富的选择和教育机会，实施小班化教学和导师制，因材施教，发展个性，促进高素质创新人才脱颖而出。楚才学院通过实施导师制、完全学分制、小学期学习制度、放学制度以及实习实践制度营造人才培养氛围，导师对学生专业课程的选择与学习、思想

---

① 刘志明．高等工程教育培养创新型人才的思考［J］．中国高教研究，2003（9）：10-13．

② 陈金江．中国大学本科精英学院运行模式研究：基于多案例的分析［D］．武汉：华中科技大学，2010：169．

③ 刘建清，郑伦楚．重点大学复合型创新英才培养模式探讨：华中师范大学本科人才培养“博雅计划”的实践［J］．中国大学教学，2009（12）：36-38．

品德教育、能力培养等进行指导，修满规定的学分即可毕业，充分利用暑期小学期让学生开阔视野，让学生能到国外著名大学进行游学，鼓励并支持学生到社会部门实习实践和参加学术活动。润禾计划在学生课外科技活动指导中实行导师制和导生制，“导师制注重培养学生的团队意识和活动氛围，导生制对于开展学生课外活动指导有很好的保障作用，导师制与导生制结合，形成学生学术梯队，利于创新课题的延续和学生自我学习、自我管理能力的提升”①。营造良好的氛围是金融计划建设的重要环节，通过完善优选淘汰制、创新学分制、导师制、学生参与科研活动等制度的设计与实施，坚持和加强现有的“名家诗坛”“学术沙龙”“高管论坛”等各种形式的学术活动和讲座，进一步营造浓厚的学术氛围和开放的交流平台。

① 卫冬妹，李伟，李永强，等. 大学生科技创新培养的实践与评价：以武汉纺织大学润禾计划为例 [J]. 武汉纺织大学学报，2011 (4)：71-72.

第五章　我国高校创新型人才培养中的问题及原因

我国高校的创新型人才培养虽然已取得了一定的成效与经验，但目前在我国仍是一项探索性的人才培养实践活动，因而一些问题的出现不可避免。为便于系统地查找问题、总结经验，探索构建具有中国特色的人才培养理论模型和运行模式，本章从中观层面（高校）和微观层面（教师与学生）对7所高校培养创新型人才的现实问题进行系统分析，并从国家教育体制、培养模式与师生互动三个方面分析我国高校难以培养创新型人才的真正原因，希望对我国的高校创新型人才培养研究起到抛砖引玉之效。

第一节　中观层面（高校）的主要问题

在中观层面，本研究基于文献资料分析，认真总结与反思了湖北省7所高校创新型人才培养的共同经验，认为其仍存在以下四个方面的主要问题。

一、人才培养理念的创新中仍然存在一定程度的趋同性

分析各创新计划的共同经验，均强调以学生为中心，尊重学生个性差异，注重学科交叉，深化教学改革，以科学研究和社会实践为手段培养各种层次和类型的创新型人才。然而，有一个问题不可忽视，即人才培养理念的创新中存在一定程度的趋同性，具体表现为培养宗旨趋同、顶层设计趋同和操作行为趋同。在培养宗旨趋同方面，无论是“985工

程”“211工程”大学，还是一般本科院校，均提出要培养各种形式的“领军人才、未来杰出人才、博雅人才、精英人才、优秀人才、高素质创新人才以及高端人才等”。实际上，对于学术界给这些概念的界定，在很多时候是难以找出它们的区别的：在顶层设计趋同方面，各创新试验计划存在攀高比大的状况，“985工程”“211工程”大学立足建设国际、国内一流大学无可厚非，但如果一般本科院校也将此作为目标的话，有可能导致我国大学人才培养的趋同化和重复建设，特色化将难以实现；在行为趋同方面，我国高校在培养创新型人才的过程中，由于培养宗旨趋同和顶层设计趋同，导致在创新型人才培养上难以做出特色。基本上，每个高校都强调导师制的重要作用，注重选拔职称高、学历高、水平高、责任心强的教师来加强个性化人才的培养，但由于有些学校不能立足于自身的实际，故导师制也不能做出特色。由于培养宗旨趋同、顶层设计趋同以及操作行为趋同，导致人才培养理念的创新仍存在一定程度的趋同性。

二、人才培养模式的改革中未能突出培养目标的多元性

分析各创新计划人才培养模式改革的共同经验，都注重管理模式的设置，加强交流模式的开放，丰富教学模式的内容以及改革评价模式的导向等，但还有一个方面存在短板，即人才培养模式的改革中培养目标较为单一，未能突出人才培养的多元性。在管理模式设置方面，各创新计划基本上都组建了工作领导小组，由相应的学校领导和专家学者组成，设置了计划实施办公室，负责日常事务。分析这种管理模式不难发现，由于缺乏有利于人的个性发展的体制机制，趋同化较为明显，造成了培养目标较为单一；在交流模式的开放性方面，联合培养、学科交叉、外出游学、校企合作已成为我国高校创新型人才培养的重要举措，然而由于在实施过程中基本上是以培养科研型创新人才来设计的，较少考虑学生的需要和兴趣爱好，这样使得交流模式也较为单一；在教学模式的设计上，各创新计划以实施导师制为基础，注重对学生进行一对一的学习指导，但由于导师制的实施是以指导学生科研的形式开展的，事实上在人才培养过程中较少关注学生的个性发展；在评价模式的改革方面，存在应试教育的评价倾向，仍以考试、考证作为评价学生的主要标

准，把考试成绩作为对学生进行评优奖励的重要指标，把单一的科研型创新人才作为人才培养模式改革的归宿。由于人才培养模式改革中未能体现培养目标的多元性，因此，在一定程度上影响着我国高校的创新型人才培养。

三、人才培养制度的改革中尚未充分突出学生的主体性

分析各创新计划人才培养制度建设的共同经验，主要表现为：重视选拔优秀的学生，为学生配备高水平的导师团队，在一定程度上建立了学分制度，还实施了严格的学生分流制度等。但是，有一个问题不可忽视，即人才培养制度的改革中尚未充分突出学生的主体性。在招生制度的改革方面，仍把高考成绩作为学生进入创新计划的重要前提，甚至有的计划还设置了单科成绩标准，在招生的过程中不是考察学生的兴趣爱好和发展潜力，不去关注学生进入计划的主观需求和个性趋向，学生的主观能动性无从体现。在导师制度的实施方面，学校都给学生准备了高水平、高职称的专家学者，实际上学生在导师的选择过程中居于被动的地位，主体性得不到充分体现，多数情况下不能主动选择自己喜欢的导师。学校注重选拔高水平的导师团队本无可厚非，但在实践中更应看重的是导师都为创新型人才的培养做出了哪些努力，学生的主动性、积极性和创造性都得到了什么样的培养和提高。在学分制度的改革方面也同样如此。众所周知，学分制度的根本在于选课制，由于当前我国的高校创新型人才培养仍处于探索阶段，学校的课程机制不完善，课程准备不充分，学生在多数情况下还不能自主地选择自己喜欢的课程，多数情况下还处于被动的地位。实际上，学分制度不能为了学分而学分，而应注重培养学生的兴趣爱好，养成学生自由探索的精神。在分流制度的改革方面，分流机制仍不健全。过于看重分流制度的惩罚功能，而不是根据学生的兴趣爱好进行合理分流，学生在分流过程中仍没有主动性可言。

四、人才培养氛围的营造中忽视了师生交往的和谐性

分析各创新计划营造人才培养氛围的共同经验，主要表现为：实施名师工程，注重对学生的学业指导，加强学校的小班制、小学期制、游

学、科研、实习实践等方面的设计与规划，激发学生的求知欲和创新潜能。然而，有一个问题应引起足够重视，即师生互动严重不足，学校在人才培养氛围的营造中忽视了师生交往的和谐性。一些创新计划的教师在课程教学过程中由于深受传统教学观念的影响，不可避免地存在以自我为中心，或者由于教学任务较重，在教学过程中搞一言堂和满堂灌教学，不能真正实现课堂教学由教师主导模式向教师指导下学生主体的学习模式转变，由此导致和谐平等的师生关系难以建立。导师制的实施也存在一定的问题。当前对教师的考核仍以科研为主导，因此，相比较当学生的导师而言，教师更愿意从事科研活动。即使当了学生的导师，花在指导学生上的时间和精力实在有限，有的导师对学生的指导仅仅停留在课程的选择方面，一个学期仅与学生见几次面。在课后的交流方面，由于学生课多，整天忙于各种课程的学习和准备，再加上教师科研任务重、教学压力大，师生之间难以有效地进行情感交流，甚至有时师生还会忘记彼此之间的角色关系。由于人才培养氛围的营造中忽视了师生交往的和谐性，在一定程度上对我国的高校创新型人才培养产生了消极影响。

第二节　微观层面（教师与学生）的主要问题

在微观方面，本研究基于实践调查，主要探讨了教师与学生在创新型人才培养过程中存在的主要问题。

一、教师教学投入不足

教师的教学投入是高校进行创新型人才培养的基础条件，高校教师只有乐于投入教学，才可能在创新型人才的培养过程中起主导作用。然而，由于当前我国高校教师的教学投入不足，导致学生对学校的学习氛围满意度不高，较多学生认为师生之间的关系不融洽以及学生对大学生活的适应出现了困难。

（一）学生对学校的学习氛围满意度不高

教师对学校学习氛围的营建起主导作用。教师在教学过程中应以追求真理为乐，以传授知识为责，以培养人才为业；对学生的指导强调以自由发展为旨趣，以学习知识为目的，以服务社会为己任；在工作中以教学为中心，不功利、不短视、不折腾，真正做到教学育人、服务育人、管理育人。如果教师能够充分发挥这样的主导作用，在教学过程中注重时间、精力的投入，显然有利于学校学习氛围的营建，并对创新型人才的培养起推动作用。然而，由于当前高校教师科研任务较重，投入教学的时间和精力实在有限，这显然不利于学校学习氛围的营建，导致学生对学校学习氛围满意度不高。经调查488名学生发现，有17名学生对学校的学习氛围很不满意，统计百分比为3.5％；有104名学生对学校的学习氛围不太满意，统计百分比为21.3％；有188名学生对学校的学习氛围表示基本满意，统计百分比为38.6％；有151名学生对学校的学习氛围表示比较满意，统计百分比为30.9％；有28名学生对学校的学习氛围非常满意，统计百分比为5.7％。从总体的统计情况看，对学校学习氛围表示满意的学生达75.2％，而对学校学习氛围表示不满意的学生达24.8％，不满意率基本上达到1/4。这说明在创新型人才培养的过程中，虽然实施了教师精英化战略，但由于教师教学投入不足，未能充分发挥营建学校学习氛围的主导作用，由此导致学生对学校学习氛围的满意度不高，这显然不利于高校的创新型人才培养。具体情况如表5-1所示。

表5-1　学生对学校学习氛围的满意度

类别 / 统计量	不满意		满意		
	很不满意	不太满意	基本满意	比较满意	非常满意
频率数（名）	17	104	188	151	28
百分比	3.5％	21.3％	38.6％	30.9％	5.7％
总　计	24.8％		75.2％		

（二）较多学生认为师生之间的关系不够融洽

师生关系是人才培养过程中的一对基本关系，二者之间的融洽程度是教师教学投入的重要体现，在高校创新型人才培养的过程中，如果教师舍得教学投入，多花时间、精力对学生进行学业上的有效指导和情感沟通，那么学生一定会觉得与教师的距离很近，同时会觉得与教师的关系相处得较为融洽。然而，通过对488名学生的调查发现，有两名学生认为自己与教师的关系相处得很不好，统计百分比为0.4％；有22名学生认为自己与教师的关系处得不太好，统计百分比为4.5％；有241名学生认为自己与教师的关系一般，既不算好、也不算差，统计百分比为49.4％；有192名学生认为自己与教师的关系相处得比较好，统计百分比为39.3％；有31名学生认为自己与教师的关系相处得非常好，统计百分比为6.4％。从总体的统计百分比上看，超过一半的学生认为自己与教师的关系处于一般或不好，实际上这没有达到在创新型人才培养过程中实施导师制的目的。实施导师制是希望加强对学生的一对一指导，密切师生之间的情感交流，然而，这种不融洽的师生关系反映了教师教学投入的不足，值得进一步研究与反思。具体情况如表5-2所示。

表5-2　学生与学校教师的关系情况

类别／统计量	学生与学校教师的关系情况				
	很不好	不太好	一般	比较好	非常好
频率数（名）	2	22	241	192	31
百分比	0.4％	4.5％	49.4％	39.3％	6.4％

（三）学生对大学生活的适应出现了困难

教师的教学投入是学生进行有效学习的前提条件，也是学生快速适应大学生活的重要保障。如果教师舍得花时间钻研教学业务，积极对学生进行心理疏导，那么学生对大学生活的适应就会更快、更高效。然而，就当前我国高校所进行的创新型人才培养来说，学生对大学生活的适应并不像想象中的那么美好。据对488名学生的调查显示，有3名学生很不适应大学的学习生活，统计百分比为0.6％；有45名学生不太适应大学的学习生活，统计百分比为9.2％；有194名学生基本上适应大学的学习生活，统计百分比为39.8％；有204名学生比较适应大学的学习生活，统计百分比为41.8％；有42名学生非常适应大学的学习生活，统计百分比为8.6％。可以认为许多学生对大学的学习生活的适应出现了困难。这对于我国高校进行的创新型人才培养探索性实践活动来说，显然是难以达到预期目标的，这需要对教师的教学投入状况进行进一步的反思与改进。详情如表 5-3 所示。

表 5-3 学生对大学学习生活的适应性

类别 统计量	学生对大学学习生活的适应性				
	很不适应	不太适应	基本适应	比较适应	非常适应
频率数（名）	3	45	194	204	42
百分比	0.6%	9.2%	39.8%	41.8%	8.6%

二、教师创新能力不强

梅贻琦先生的“大师论”指出，所谓大学者，非有大楼之谓也，有大师之谓也。这深切地表明了大师是大学存在的基础和前提，也是高校创新型人才培养的关键和保障。本研究基于对学生主观感觉的实践调查，从学生对教师创新精神的满意度、学生对教师教学方法的满意度以及教学中学生对创新型教师的评判三个方面分析了教师的创新能力。

（一）学生对教师创新精神的满意度不高

教师在教学过程中起主导作用，教师的主导作用只有通过学生的主体地位才能体现。从工作效应上说，教师对学生的发展具有示范效应。高校要培养创新型人才，前提条件是高校的教师必须是创新型教师，教师应具有独特的创新精神，只有这样学生才会对教师的授课感到满意。从本次调查的 488 名学生的统计频率和百分比来看，有 22 名学生对教师的创新精神很不满意，为 4.5%；有 145 名学生对教师的创新精神不太满意，为 29.7%；有 195 名学生对教师的创新精神感到基本满意，为 40.0%；有 117 名学生对教师的创新精神比较满意，为 24.0%；仅有 9 名学生对教师的创新精神非常满意，为 1.8%。从总体情况看，学生对教师创新精神的不满意度为 34.2%，满意度为 65.8%。显然，数据分析显示学生对教师的创新精神满意度不高。具体情况如表 5-4 所示。

表 5-4 学生对教师创新精神的满意度

统计量＼类别	不满意		满意		
	很不满意	不太满意	基本满意	比较满意	非常满意
频率数（名）	22	145	195	117	9
百分比	4.5％	29.7％	40.0％	24.0％	1.8％
总　计	34.2％		65.8％		

（二）较多学生对教师的教学方法不满意

创新型教师善于开发学生的潜能，在教学过程中能够因材施教，采用多种教学方法调动不同类型学生的学习积极性、主动性和创造性。学生只有较为满意教师的教学方法，才可能使自己的思维得到较好训练，创造性思维才可能得到较好的培养和开发。通过调查发现，在488名学生中，有10名学生对教师的教学方法很不满意，统计百分比为2.0％；有122名学生对教师的教学方法不太满意，统计百分比为25.0％；有203名学生对教师的教学方法表示基本满意，统计百分比为41.6％；有142名学生对教师的教学方法比较满意，统计百分比为29.1％；有11名学生对教师的教学方法非常满意，统计百分比为2.3％。从不满意和满意的统计百分比看，对教师教学方法不满意的学生有27.0％，对教师教学方法满意的学生有73.0％。这说明还有许多学生对教师的教学方法不满意，从一定程度上反映了教师的创新能力不强。详情如表5-5所示。

表 5-5 学生对教师教学方法的满意度

统计量＼类别	不满意		满意		
	很不满意	不太满意	基本满意	比较满意	非常满意
频率数（名）	10	122	203	142	11
百分比	2.0％	25.0％	41.6％	29.1％	2.3％
总　计	27.0％		73.0％		

（三）较多学生认为在教学中仅有个别教师是创新型教师

从上面的统计分析可知，无论是学生对教师创新精神的满意度也好，还是学生对教师教学方法的满意度也罢，从本质上说就是回答“教师是不是创新型教师”。如果教师是创新型教师，学生对教师创新精神的满意度肯定高，显然教师的教学方法也不错，而对这一问题的答案不是学校教师说了算，也不是管理者的“单一科研评价标准”，标准答案应该由学生给出。本调查基于488名学生的主观感受，从总体上对任课教师的创新性进行主观评判发现，有16名学生认为所有教师都不是创新型教师，统计百分比为3.3%；有424名学生认为只有个别教师是创新型教师，统计百分比为86.9%；有48名学生认为所有教师都是创新型教师，统计百分比为9.8%。从总体上看，说明我国高校教师的创新性仍存在不足，在教学过程中创新型教师较少，这反映了多数教师的创新能力不强。具体如表5-6所示。

表5-6 学生对教学中创新型教师的评判

类别 / 统计量	学生对教学中创新型教师的评判		
	全都不是	个别是	全都是
频率数（名）	16	424	48
百分比	3.3%	86.9%	9.8%

三、学生价值取向偏颇

此处讲的价值取向主要指学生成才的价值取向，即学生在成才的过程中所持有的对人才培养的基本看法和观点。由于社会价值趋向的复杂多变与学生的各种主客观原因，我国高校的学生在成才的价值趋向上已出现了一定矛盾和冲突，有些甚至对学生的发展造成了严重的不利影响。

（一）学生的“成才目标”与高校人才培养的初衷出现了矛盾

学生的成才目标主要指学生将来成为一个什么类型的人才。本研究结合实际研究的需要，把学生的成才目标分为四类，即科学研究型、技术应用型、领导管理型以及其他类型。从当前我国高校所进行的创新型人才培养计划来看，人才培养的初衷显然是奔着培养科学研究型的精英人才而去的，但通过488名学生的调查情况看，仅有127名学生把成才的目标定为科学研究型，统计百分比为26.0%；有151名学生把成才目标定为技术应用型，统计百分比为30.9%；有175名学生把成才目标定为领导管理型，统计百分比为35.9%；把成才目标定为其他的则有35人，统计百分比为7.2%。从总体情况上看，选择科学研究作为成才目标的学生仅占 1/4，有近 1/3 的学生把成才目标确定为实践应用型，甚至超过 1/3 的学生希望自己成为领导管理型人才。从学生的成才目标上看，这显然与高校实施创新型人才培养的初衷出现了矛盾。现通过表 5-7 表示如下。

表 5-7 学生的成才目标的基本情况

类别 / 统计量	学生的成才目标			
	科学研究型	实践应用型	领导管理型	其他
频率数（名）	127	151	175	35
百分比	26.0%	30.9%	35.9%	7.2%

（二）学生的“职业定向”与高校人才培养目标出现了冲突

学生的职业定向是指学生将来需要从事什么样的职业或工作。本研究把学生的职业定向分为从政、从商、从工、从农、从教和其他六种类型。从一般情况来看，从教的职业定向与高校人才培养目标即培养科研创新型人才最为接近，但调研的情况让人颇为意外。经调查 488 名学生，职业定向为从教的仅为 121 名学生，统计百分比为 24.8%；职业定向为从政的学生为 48 名，统计百分比为 9.8%；职业定向为从商的学生最多，达到 127 名，统计百分比为 26.0%；职业定向为从工的学生有 99 名，统计百分比为 20.3%；职业定向为从农的学生仅为 8 名，统计百分比为 1.6%；职业定向为其他的学生有 85 名，统计百分比为 17.4%。从总体上看，选择职业定向为从政和从商的学生将来基本上与科学研究较难发生关系，并且这一部分学生的比例超过 1/3。这说明当前所实施的创新型人才培养计划，在学生的职业定向与高校的人才培养目标之间出现了一定的冲突，理应引起高校教学管理者和研究者的重视。详情如表 5-8 所示。

表 5-8 学生的职业定向基本情况

类别 / 统计量	学生的职业定向					
	从政	从商	从工	从农	从教	其他
频率数（名）	48	127	99	8	121	85
百分比	9.8%	26.0%	20.3%	1.6%	24.8%	17.4%

（三）学生“需要的管理类型”与个人不够努力出现了错位

“管理也是生产力”，这句话不仅可以运用于工业生产过程之中，而且对于高校人才培养也具有重要的指导作用。当前我国的高校要培养创新型人才，就需要充分地发挥管理育人的重要作用。当然，这里的管理仅指对学生的管理和学生需要的管理形式。本书结合研究的需要，把对学生的管理分为严格管理、宽严结合和放任自由三种形式。从对488名学生的调查情况看，有36名学生需要学校对他们进行严格管理，统计百分比为7.4%；有394名学生需要学校在管理上对他们实施宽严结合，统计百分比为80.7%；有58名学生需要学校对他们的管理给予高度的自由，统计百分比为11.9%。从前面分析的制约学生个人发展的主要因素上看，有44.1%的学生认为制约他们发展的主要因素是个人对自己管理得太松，不能严格要求自己，并且在学习中自己的主观努力明显不够。因此，对于这部分学生实施严格管理最为恰当，这在人才培养过程中是最为有效的。但此处的调查显示，要求对自己严格管理的学生仅为7.4%，这与44.1%存在较为明显的差距，这说明当前我国高校在实施创新型人才培养的过程中，有许多学生既能认识到自己本身存在的问题，但不能严格要求自己，这反映了学生需要的管理形式与学生不够努力之间存在矛盾和冲突。也反映了学生在管理需求方面的价值取向问题，对此理应引起重视并进行研究解决。详情如表5-9所示。

表5-9　学生最喜欢的管理形式基本情况

类别 / 统计量	学生最喜欢的管理形式		
	严格管理	宽严结合	放任自由
频率数（名）	36	394	58
百分比	7.4%	80.7%	11.9%

（四）学生“在大学最喜欢做的事”与高校人才培养目的价值趋向难以调和

此处的价值趋向主要指高校认为什么是创新型人才培养的最佳途径，即高校倾向用什么策略培养人才。从当前我国高校所进行的创新型人才培养举措上看，基本上都是通过指导学生参加科研以达到培养创新型人才的目的。实际上高校培养创新型人才的策略可能不止科研一种，或许还有其他的途径和措施，但是作为此次实验计划内的学生来说，爱好科研本身就是目的，然而事实出乎意料。经对488名学生调查发现，当被问到“你在大学最喜欢做的事”时，有72名学生说在大学最喜欢的就是参加社团活动，统计百分比为14.8%；有134名学生明确表示最喜欢做的事是参加学术活动，统计百分比为27.5%；有166名学生表示在大学最喜欢做的事是参加实践活动，统计百分比为34.0%；另外有116名学生表示说不清楚，最终选择了其他方面，统计百分比为23.8%。从总体上看，由于调查这一问题时，调查者希望回答“参加学术活动”的学生足够多；然而事实不是如此，这样回答的学生仅有1/4。这样，学生的兴趣爱好与高校的价值趋向之间出现了矛盾，并且由于各种原因，这一矛盾在一定的时间之内还难以调和，因而迫切需要对我国的人才培养体系或社会各项制度进行根本改革。详情如表5-10所示。

表5-10　学生在大学最喜欢做的事

类别 / 统计量	学生在大学最喜欢做的事			
	参加社团活动	参加学术活动	参加实践活动	参加其他活动
频率数（名）	72	134	166	116
百分比	14.8%	27.5%	34.0%	23.8%

（五）学生的学习动机不正确

学习动机是促使学生进行学习的内在原因，是激发和引起学生进行学习的推动力，在一定程度上反映着学生的价值趋向。学习动机有内在学习动机与外在学习动机之分。内在学习动机是指由个体内在的需要引起的学习动机，如求知欲、需要、兴趣、爱好和提高自己能力的愿望等；外在的学习动机是指由外在的诱因所引发的学习动机，这种从事学习活动的动机不在学习任务本身，而在学习活动之外。研究表明，内在的学习动机可以有效地促使学生学习活动的开展，具有内在学习动机的学生渴望获得有关知识和经验，在学习上也具有自主性和自发性；而具有外在学习动机的学生在学习上具有诱发性和被动性，学生对知识本身的学习兴趣较低，显然这不利于学生的学习。因此，高校要培养创新型人才，就必须引导学生确立正确的价值趋向，培养学生内在的学习动机，要鼓励和激发有利于学生成才的内在动力。然而，由于各种因素的影响和制约，我国高校学生的学习动机出现了一些不利于学习成长的问题。经调查488名学生的学习动机，把引起学生学习的动机分为9种类别，每个类别的统计变量有“很不符合、不太符合、基本符合、比较符合和非常符合”5个方面，其中外在的学习动机有获取文凭学历、增加经济收入、提高社会地位、满足家长需要和适应工作需要5个方面，内在的学习动机有提高文化素养、获得较多乐趣、有较多成就感和获得更多机会4个方面。经调查学生外在的学习动机发现，在“获取文凭学历”这一项中，选择频次最高的是“基本符合”，共有226人，统计百分比为46%；经分析“增加经济收入”这一项，选择频次最高的是“基本符合”，共有197人，统计百分比为40%；经统计“提高社会地位”这一项，选择频次最高的是“基本符合”，共有197人，统计百分比为40%；在“满足家长需要”这一项中，选择频次最高的是“基本符合”，共有208人，统计百分比为43%；在“适应工作需要”这一项中，选择频次最高的是“基本符合”，共有169人，统计百分比为35%。经调查学生内在的学习动机发现，在“提高文化素养”这一项中，选择频次最高的是“基本符合”，共有158人，统计百分比为32%；在“获得较多乐趣”这一项中，选择频次最高的是“基本符合”，共有173人，统计百分比为36%；在“有较多成就感”这一项中，选择频次最高的是“基本符合”，共有167人，统计百分比为34%；在“适应工作需要”这一项中，选择频次最高的是“基本符合”，共有169人，统计百分比为35%；在“获得更多机会”这一项中，选择频次最高的是“比较符合”，共有161人，统计百分比为33%。从学生外在的学习动机和内在的学习动机的统计频次和百分比数据可知，当前内在的学习动机和外在的学习动机均对我国大学生的学习起着重要作用，仍是诱导和激发我国大学生学习的主要推动力，这反映了我国高校学生学习动机的多样性和复杂性。但是从总体上和长远上看，外在的学习动机并不利于学生的持久学习和长远发展，学生的外在需要一经满足，有可能会产生满足心理而停止不前，这有可能给我国的创新型人才培养带来一定的潜在危险。况且由于外在动机与内在动机在一定的条件下具有相互转化的特点，在学生外在学习动机与内在动机共存的条件下，会给我国高校的创新型人才带来许多不确定性。因此，在当前我国高校正在进行创新型人才培养实验探索的境遇下，由于学生学习动机的偏颇，迫切需要对学生的学习动机进行价值取向方面的引导与培养。详情如表 5-11 所示。

表 5-11　学生学习动机的基本情况（单位：名）

统计变量 统计分类	很不符合		不太符合		基本符合		比较符合		非常符合	
	频数	比例	频数	比例	频数	比例	频数	比例	频数	比例
获取文凭学历	36	7%	63	13%	226	46%	117	24%	46	10%
增加经济收入	18	4%	45	9%	197	40%	156	32%	72	15%
提高社会地位	16	3%	54	11%	197	40%	155	32%	66	14%
提高文化素养	8	2%	28	6%	158	32%	155	32%	139	28%
满足家长需要	28	6%	95	19%	208	43%	114	23%	43	9%
获得较多乐趣	11	2%	66	14%	173	36%	163	33%	75	15%
有较多成就感	16	3%	51	11%	167	34%	156	32%	98	20%
适应工作需要	10	2%	41	8%	169	35%	163	33%	105	22%
获得更多机会	6	1%	20	4%	150	31%	161	33%	151	31%

四、学生主动学习不够

调查发现，当前我国高校的学生主动学习不够，表现为对自我的学习成绩感觉不满意、创新的自信较为缺乏以及学习上不够勤奋努力。

（一）学生对自我的学习成绩不满意

学生的学习成绩无疑是进行创新型人才培养首先要考虑的一个关键问题，同时是我国高校进行创新型人才培养的基础和逻辑起点。在一定程度上体现了学生学习的主动性问题。实际上，我国高校在进行创新型人才培养的过程中，招生选拔要么看学生的高考分数，要么看学生在大学第一年的学习成绩，在教学管理的过程中还把学习达不到要求的学生进行了淘汰和分流。按理说，能够进入创新计划并能持续学习的学生的学习成绩应该说都是相当优秀的，但调查的实际情况并非如此。经调查

488名学生发现，有12名学生对自己的学习成绩评价为不合格，不合格的百分比为2.5%；有107名学生认为自己的学习成绩刚好达到合格，合格的百分比为21.9%；有118名学生认为自己的学习成绩属于中等，中等的百分比为24.2%；有172名学生对自己的学习成绩评价为良好，良好的百分比为35.2%；有79名学生认为自己的学习成绩达到优秀，优秀的百分比为16.2%。从总体上看，有40%以上的学生认为自己的学习成绩属于中等及以下，这显然与进入计划时的学习成绩形成巨大的反差，反映了学生对自己的学习成绩不满意，从一定程度上也说明学生的学习主动性不强。详情如表5-12所示。

表5-12　学生对自己学习成绩的感觉

类别 / 统计量	学生对自己学习成绩的评价				
	不合格	合格	中等	良好	优秀
频率数（名）	12	107	118	172	79
百分比	2.5%	21.9%	24.2%	35.2%	16.2%

（二）学生的创新自信较为缺乏

创新的自信是我国高校进行创新型人才培养的核心问题，也是我国高校在创新型人才培养过程中对学生进行思想教育和价值引导的重要环节，是学生主动学习的重要体现。由于当前我国的高校所进行的创新型人才培养活动实质上是一种探索性的实验性活动，照理说学校在招生选拔、制度建设、资源供给、师资配备和模式创新等方面都制定了较为严格的标准和要求，学生在这样的环境和条件保障下应具有较强的学习自信和创新自信，但事实上并非如此。经调查488名学生发现，有127名学生认为自己在学习上没有创新性，不是创新型人才，统计百分比为26.0%；有288名学生认为自己在学习上不完全具有创新性，所以不完全是创新型人才，统计百分比为59.0%；只有73名学生认为自己具有创新性，是创新型人才，统计百分比为15.0%。从总体上看，只有15.0%的学生敢自信地说自己是创新型人才。这说明学生对个人的创新能力明显没有足够自信，显示出学生主动学习不够，学习自主性较为缺乏。详情如表5-13所示。

表 5-13　学生对自我创新自信的主观评价

类别 统计量	学生对自我创新自信的主观评价		
	不是	不完全是	是
频率数（名）	127	288	73
百分比	26.0%	59.0%	15.0%

（三）学生在学习上不够勤奋努力

主观能动性被认为是人类认识世界和改造世界的一大法宝，是经历史和现实检验过的具有重要理论意义和实践价值的关键因素。在高校创新型人才培养过程中，主观能动性表现为无论高校进行什么样的制度改革和模式创新，最终的目的是看学生的主动学习能力是不是得到了培养和发挥，个人在学习上是不是足够勤奋努力。经调查 488 名学生发现，有 38 名学生认为制约自我发展的因素是家庭条件，统计百分比为 7.8%；有 85 名学生认为制约自我发展的因素为学校教学质量，统计百分比为 17.4%；有 114 名学生认为制约自我发展的因素是社会环境，统计百分比为 23.4%；有 215 名学生认为制约自我发展的因素为个人的主观努力，统计百分比为 44.1%；认为制约自我发展的因素还存在其他情况的有 36 名，统计百分比为 7.4%。从统计的总体情况看，有将近一半的学生认为制约自我发展的因素是个人努力不够，这说明在学校集中所有教育资源对学生进行专门培养的情况下，仍有将近一半的学生认为制约自己学习与发展的因素是个人努力不够，这体现出学生学习的主动性不足，说明高校创新人才培养需要加强严格管理而不是放任自由。详情如表 5-14 所示。

表 5-14　学生对制约自我发展因素的看法

类别 统计量	学生对制约自我发展因素的看法				
	家庭条件	学校教学质量	社会环境	个人努力	其他
频率数（名）	38	85	114	215	36
百分比	7.8%	17.4%	23.4%	44.1%	7.4%

第三节 造成上述问题的原因分析

在探讨造成我国高校创新型人才培养现实问题的诸多原因时，有必要对高校创新型人才培养存在的问题与原因进行探究。从一定意义上说，存在的问题都是由相应的原因引起的，问题与原因是一种因果联系，即原因是因，问题是果，但有时问题与原因之间并没有严格的界限，在特定的情景之下还可以互为因果关系。如师生之间关系不融洽与教学质量不高二者之间的关系，这二者既是高校创新型人才培养普遍存在的现实问题，二者之间也可以互为因果关系，甚至从一定的角度上说二者还可以是其他问题存在的原因。鉴于这样的复杂状况，本研究把在调查过程中数据资料反映出来的现象叫问题，然后根据调查研究与理论分析，再深入地探讨这些问题存在的内在原因。基于这样的思路，本研究从管理体制、社会支持、培养模式和师生互动四个方面探讨了我国高校创新型人才培养问题存在的原因。

一、管理体制的障碍是高校难以培养创新型人才的关键原因

管理体制是指影响我国高校创新型人才培养的行政管理体制、经济体制、制度规范及观念体系四个方面，主要指传统观念的影响、行政权力体制的制约、经济体制的束缚以及制度规范的缺乏，这是我国高校难以培养创新型人才的关键原因，也是我国高校培养创新型人才必须考虑的首要问题。

（一）陈腐观念的影响

中国古代封建社会在中央集权的体制下，出现了一家思想独霸的局面，由此形成了众多不利于创新型人才培养的陈腐观念。秦始皇采用法家思想，大肆“焚书坑儒”，党同伐异，铲除异类思想，导致世人只能道路以目。后汉武帝采纳董仲舒的意见，实施“罢黜百家、独尊儒术”，使儒学定于一尊，由此使儒学变成整个封建社会长期的统治思想，形成了许多落后而陈腐的观念，在一定程度上仍制约着今天人们的思想观念，束缚着人个性的创造性发展。一是汉武帝听从董仲舒的意见，虽使

儒学定于一尊，却禁锢了其他思想的发展，严重压抑了人的创造性和主动性。二是儒家有所谓的“道之大原出于天，天不变，道亦不变”[①] 的说法。另外，中国的传统观念崇尚权威，论资排辈，等级明显，导致世人的思想观念较为保守，重稳定轻冒险，个性受到严重的压抑。三是受儒家中庸之道、和为贵等思想的严重影响，导致社会不欣赏个性突出并墨守成规，缺乏竞争意识和自主精神，人们习惯于在生活、工作和学习中随大流、保持平庸之心，不敢挑战权威。四是中国的传统文化重工具轻理性，“中国古代的四大发明强调创新的务实性和实用性，偏重于发明和技术，具有工具性的特点”[②]，正如张楚廷先生在讲到“中国大学为何出现得很晚”时，指出中国科学技术偏于发明而乏于发现、重于实用而轻于思辨、精于计算而少有论证；中国的哲学虽博大精深却缺乏系统和逻辑的论证[③]。如此这些，恰好说明中国一些陈腐观念的影响深远，从而在一定程度上造成我国高校创新型教师的缺乏和学生学习能力的不足，有3.3%的创新计划的学生认为在教学过程中没有创新型教师，有86.9%的创新计划的学生认为在教学中仅有个别教师是创新型教师，有48.6%的创新计划的学生认为自己的学习成绩在中等及以下，学习自信明显不足。这说明当前我国高校要培养创新型人才，需要抛弃陈腐观念的影响，切实注重文化传承创新，体现传统文化的育人功能。

（二）行政权力的制约

从行政管理体制方面来说，由于受传统官本位思想的影响，目前存在着政府管理机构权力与高校办学权力界限模糊等问题，产权与利益矛盾重重，职责与义务条块分割，教育机构官僚化相对明显，学术环境不够健康有序。如此这些，使得我国高校的管理出现体制上的僵化和执行上的低效率。虽说近年来已对各种制约人才培养的体制机制进行了多方面的变革，学术权力已在逐步提升，学校办学权力已在逐渐提高。但

① 出自《汉书·董仲舒传》。

② 袁川，董泽芳．冲突理论视域下创新型人才培养的社会学分析［J］．研究生教育研究，2012（4）：31-34．

③ 张楚廷．高等教育学导论［M］．北京：人民教育出版社，2010：34-39．

是，应当清楚的是，由于受传统观念的束缚，官本位思想不可能一下子从根本上得到改变，这对我国高等教育体制机制的影响突出表现在：一是高等学校缺乏足够的自主权，缺乏相对的独立性，学术自由没有从体制上得到根本的保证，进行创新所需的顶层设计不够完善；二是学校的管理注重政策指引、整齐划一和刚性管理，缺乏灵活机制、个性特点和弹性保障，甚至在管理过程中出现“一管就死，一放就乱”的混乱窘境，这显然与创新型人才培养所需的体制机制相差甚远。正因为管理体制的某种程度上的制约，以及我国高校行政权力的过度膨胀，再加上传统的官本位思想的影响，使得有26.0％的创新计划的学生把从政作为自己的未来职业定向，有35.9％的创新计划的学生把“领导管理型人才”作为自己的未来成才目标。显然，学生的成才目标与我国高校创新型人才培养的初衷出现了矛盾，学生的价值取向也与我国高校创新型人才培养的目标出现了冲突，这说明当前我国高校的创新型人才培养需要进一步强化学术权力，淡化行政权力，既引导学生树立正确的人生目标，也促进创新型人才培养的体制机制建设。

（三）经济体制的束缚

经济体制是国家资源配置的制度运行模式，是一个国家最基本的制度保证，社会经济的发展需要发挥经济体制对资源的优化配置作用，这一点在我国40年的改革开放实践中得到了较好的诠释和证明。然而，由于我国深受传统的计划经济体制的影响，市场经济体制在我国发展的时间不长，仍处于探索阶段，实施过程中还存在不完善和不成熟。因此，在一定的时期之内，在资源稀缺的社会发展过程中，不可能完全依靠市场指令来进行资源配置，各种按计划、定指标、听指令的资源配置方式在一定的时期内将继续存在，人们继续保持着计划经济时代的思想观念将难以得到根本改变，各种论资排辈、按部就班、循规蹈矩的观念将继续影响着人们的生活。这种扭曲的资源配置方式同样反映在我国的高等教育发展过程中：一是教育体制难以脱离计划经济体制的束缚，教育与社会实践严重脱节，高校的人才培养跟不上时代发展的步伐，各种陈旧的知识充斥着学生的头脑，使得学生不适应社会发展的要求；二是高校的竞争机制不成熟，缺乏激励措施，多数教师在教学过程中仍是进行满堂灌和填鸭式教学，其教学、科研、人才培养和社会服务没有动力，在教学过程中以完成任务为目的，进行创新创造的动力严重不足。正因为经济体制的制约，使得我国高校教师和学生的创新精神、批判精神、怀疑精神和冒险精神相当匮乏。本调查显示，有34.2％的学生对教师创新精神不满意，有26％的学生认为自己在学习上没有创新性，有59％的学生认为自己在学习上不完全具有创造性，这说明当前的高校创新型人才培养需要进一步健全市场调节机制，完善资源配置方式。

（四）制度规范的缺乏

高校创新型人才培养是一项社会系统工程，既需要政府管理制度的配套，也需要社会协作制度的参与，然而，当前我国的高校创新型人才培养在这两方面都较为缺乏。

一是政府管理制度不健全。在规划制度方面缺少长期的规划和制度政策性支持，在实施的过程中做法也较为简单，主要借鉴西方高水平大学创新型人才培养的经验，从而改革我国高校的创新型人才培养，尚缺理论结合实际的特色化行动。在投入保障方面基本没有制度支持，许多高校的创新型人才培养处于无序的混乱状态，重点高校特别是“985工程”“211工程”高校层次较高，社会影响较大，国家相对重视，教育经费略显充足，基本上能够为创新型人才的培养提供经费支持，而一般本科院校则显得势单力薄，个别学校基本上是举全校之力实施创新计划。在服务制度方面，教育行政部门在为高校创新试验计划搭建国内外交流平台方面能力不足，交流制度建设缺失，使得我国的高校创新型人才培养处于孤军奋战状态，甚至同一城市的学校之间都信息不通，彼此之间了解不深入，研究不透彻，有时各学校之间的交流只是处于表层的、浅显的交流。

二是社会协作制度较为缺乏。在校社合作制度方面缺少社会环境支持，有的仅靠领导之间的个人关系建立，如果领导在岗，这种合作关系尚能持续，一旦领导离任，这种关系容易中断。虽说我国很早便提出了产、学、研一体化，在执行过程中却存在许多瑕疵，如企业重视生产效率的提高，无暇顾及对学生进行指导，高校教师教学、科研任务较重，对学生投入的时间和精力实在有限，在实践中有些校社合作实际上是有名无实，这显然不利于我国高校的创新型人才培养。在市场调节制度方面，契约制度还不完善，学校只规定了各创新试验计划的学生在学校享有的权利，而没有具体明确学生应该履行的义务，这从一定程度上造成学生学习的积极性、主动性和创新性不高，虽说学校也有相关的处罚措施，但多数都是计划行为而不是市场规则。在校校合作制度方面对经济方面的要求太高，不能面向所有学生，如有的学校实施游学或访学制度，派遣学生到国内知名大学或国外高校进行交流，但是，这方面的费用高得惊人，很多学生只能望而生畏，根本没有机会参与这方面的交流活动。在社会评估制度方面，由于当前我国的高校创新型人才培养仍处于探索阶段，还没有建立固定权威的评估制度。

因此，由于制度规范的缺乏，创新型人才的培养缺少制度支持，导致学生科研兴趣较低，参与科学研究的机会也不多，科学研究的成绩也不够理想。本调查显示，有 1.6％的创新计划的学生对科学研究没有兴趣，有 17.2％的创新计划的学生对科学研究兴趣不高，有 22.3％的创新计划的学生没有机会参加科学研究活动，有 63.5％的创新计划的学生较少有机会参加科学研究活动，有 63.9％的创新计划的学生没有参与过课题，有 86.5％的创新计划的学生没有主持过课题，而没有发表论文、没有取得过专利和没有撰写过著作的创新计划的学生则更多，这说明当前我国高校的创新型人才培养迫切需要完善制度规范。

二、培养模式的落后是高校难以培养创新型人才的重要原因

创新型人才培养的内涵包括人才培养理念、人才培养制度和人才培养模式三个方面，这是我国高校创新型人才培养问题存在的重要原因，也是我国高校进行改革创新必须关注的核心问题。

（一）人才培养理念不能体现大学学术自由精神

人才培养理念是高校进行人才培养的指导思想，从一般意义上说，高校创新型人才培养的基本理念要以体现大学精神作为保障，只有人才培养理念体现了大学精神，高校的学术自由才能从思想上得到保证，教师的主导作用和学生的主体地位才能从根本上得到体现。但现实中，我国高校的创新型人才培养理念难以体现以大学精神为核心的创新精神、

批判精神和社会关怀精神，多数创新试验计划空有人才培养的目标，虽然提出要以培养领军人才、杰出人才、博雅人才、优秀创新人才为己任，但在人才培养的指导思想方面泛泛而谈，对创新型人才培养的认识还存在一定的误区。一是我国创新型人才培养的理念尚未“落地生根”，创新型人才培养的理念尚未贯穿培养过程之中，创新试验计划在招生选拔、课程建设、选课制度、学分制度、教学方式、评价制度等方面还没有完全突破传统的体制机制障碍，教师在教学中仍采用满堂灌的方式进行教学，考试仍强调死记硬背，学生在学习中仍是接受式学习，学生仍缺少批判质疑的精神。二是把创新型人才的培养等同于教育资源的优化，认为只要学校立足现有的办学资源和优势，充分利用学校的各种教育教学资源和条件，着力创建和优化课程实施平台，为有兴趣、有志于科学研究、具有发展潜力的优秀学生提供独特的成长道路，就能创新本科人才培养模式，充分地发挥学生的主体性作用。事实上，这种一厢情愿的办学行为，从一定程度上扭曲了高校创新型人才培养的认识，因为在这种人才培养指导思想中无从体现大学的独立人格、崇真求实和理性批判，大学的学术自由也不能从根本上得到体现，而所谓的学生的创新能力、创新意识和创新思维的培养将难以实现。三是把学历提升等同于创新型人才培养，众所周知，我国高校在实施创新型人才培养的过程中，对进入计划内的学生不仅提供了优质的教育资源，而且在保研升学方面实施了优惠政策，即创新计划的学生享有保研加分和同等条件优先录取研究生的权利。实际上，这种对部分群体实施优惠的政策是对教育公平的严重挑战，这在某种程度上会束缚创新计划的学生学习的主动性、积极性和创造性。因此，在这种人才培养理念环境下，使得教师的教学方法缺乏创造性，仅有27.0%的创新计划的学生对教师的教学方法表示不满意。另外，还造成了“学生在大学最喜欢做的事”与高校人才培养目的价值趋向难以调和，即仅有27.5%的创新计划的学生在大学喜欢参加学术活动，而较多的学生选择了参加社团活动、参加实践活动和参加其他活动。因此，重塑大学精神、创新人才培养理念对我国高校的创新型人才培养具有重要的现实意义。

（二）人才培养制度不能保障学生的学习自由

人才培养制度从理性化的角度表达了培养主体与培养对象之间的权利和义务关系，对创新型人才的培养起着目标引导、价值驱动、行为规范和资源保障的作用。从创新型人才培养的本质上说，人才培养制度的改革就是要从根本上保证学生学习自由。然而，当前我国的高校人才培养制度不能保障学生的学习自由。

一是创新试验计划管理机构的特色性不足，名称不统一，特色和内涵没有得到较好的彰显。如有的学校以“计划”命名，简称“××计划”，有的学校以“班级”称谓，简称“××班级”，有的学校冠以“学院”，简称“××学院”。这不是最主要的，最主要的是一般崇尚名正言顺的逻辑，叫了这个名称，在教育教学和人才培养过程中得体现这个名称的真正内涵，或者要体现这个名称的办学特色。但从调查了解的情况看，创新计划在机构名称的设置上考虑不周全，尚未形成机构名称与人才培养目标之间的内在逻辑，制度建设也不能体现创新计划的特色性，或者说创新计划的特色性与学生的个性发展之间没有直接的联系，这从一定程度上不能保证学生学习自由的实现。

二是创新试验计划的教学管理制度还不完善。学分制度还不是完全的学分制，学生并没有真正意义上的选课自由，并不能根据自己的爱好选择课程，或者说学校没有提供充足的课程资源供学生选择。因此，学分制度的实施并没有起到预期的效果。导师制度是所有创新试验计划通用的教学管理制度，创新试验计划实施的导师制度有学业导师制度、实践导师制度以及企业技术人员导师制度等。由于当前我国还没有具体而明确的导师考核标准，导师的工作量也无法进行核算，虽然有些创新试验计划也对导师进行了物质上的支持，但相对于科研的价值而言，大多数老师都愿意做研究而不愿意当导师，即使当了导师也不愿意付出多少时间，或者指导学生的时间相当有限。试验计划虽说都有相应的分流制度，学生到一定的时间可以根据自己的爱好选择自己喜欢的专业，但由于受学校客观条件的制约，专业选择受限的情况还是较为常见的，比如受到学校办学条件、学校发展层次等方面的限制。由于学分制度、导师制度和分流制度的缺陷，学生的学习自由难以从根本上得到保障。

三是其他制度也存在缺陷。招生制度存在的问题主要有招生应试化，招生主要看学生高考成绩和在班级的学习成绩排名。虽然也有相关的面试程序配套，但通过与被调查的学生交流得知，面试大多数都是走过场，主要还是看学生的考试成绩。由于招生制度不能考虑学生的爱好、个性和特长，导致创新计划的学生从一开始就缺少自由学习的主动性。学校奖助制度的实施以学院为单位进行名额分配，这就出现一个问题，进入创新试验计划的学生都是各个专业较为优秀的学生，所以以名额进行分配可能对他们并不公平，也无法调动他们学习的积极性、主动性和创造性；学校经费投入有限，学生参与科研的机会不多，学生的自由学习缺少经费支持，所以以科研进行创新型人才培养的预期目标较难实现。

正因为人才培养制度方面的缺陷，造成了学校课程建设的滞后。据本调查显示，有9.8%的学生不能根据自己的爱好选择自己喜欢的课程，有52.9%的学生不完全能根据自己的爱好选择自己喜欢的课程，有30.5%的学生对学校开设的课程不满意，有9.2%的学生认为学校的图书实验设备不能满足自己的学习需要，有50.8%的学生认为学校的图书实验设备不算丰富，仅能基本满足自己的学习需要。因此，改革人才培养体制，完善大学内部治理是我国高校创新人才培养的重要举措。

（三）人才培养模式单一，不能落实创新自由

人才培养模式的创新必须从课程设置上、教学方式上体现创新的自由。然而，当前我国高校的创新型人才培养在这两方面均表现得较为单一，创新自由没有得到较好的落实。

课程目标的单一表现为：一是课程目标过于抽象，不够具体，过于笼统，没有较强的操作性，如几乎所有的课程目标都有关于学生知识领域、情感领域和动作技能领域的规定，却没有将这些目标以行为化的方式具体陈述出来，这造成在课程实施过程中有的教师无法把握课程的目标，这给课程的组织、选择以及评价造成了相当大的困难。二是课程目标的层次不够清晰。从课程目标设置情况看，一般有课程的最高目标和课程的最低目标，但从课程实施的情况看，最高目标只是课程实施的一种理想状态，实质上课程最高目标在一般情形下难以实现。因此，课程目标的设计一般应以最低为主，要保证人才培养的最低要求，但实际上

当前我国的课程目标设置并没有层次上的规定。三是课程目标的结构较单一。从总体上说，课程目标具有一定的逻辑结构，由具有一定内在联系的逻辑项目组成，如要掌握什么样的知识，获得什么样的能力，培养什么样的情感，树立什么样的价值观，但从我国当前课程目标实施的情况看，虽然课程目标里面也有相关的一些规定，其最终还是主要看知识掌握的情况，其他方面则体现得不够明确。这使课程目标显得较为单一，无法使创新的自由得到较好的落实。

教学方式的单一表现为：一是教学方法以课堂教授为主，教学的组织形式仍是教师讲，学生听与记，学生的学习比较刻板，较为注重知识的接受，而不注重知识的发现，学生基本没有动脑的机会。在教学过程中，学生只要能把教师讲的内容听清楚了或者理解了，教学任务也就基本完成了，即使当前教师已开始广泛使用 PPT 教学，实际上这种注重知识传授的方式仍没有从根本上得到改变，甚至有时一节课就成了教师 PPT 展示的平台。这样所谓的人才培养目标就难以实现，对此，重点大学的学生也是怨声载道。二是教师在教学过程中忽视对学生创新思维的培养，以自我为中心，滔滔不绝地讲授，在教学过程中实施满堂灌和注入式教学，师生之间的交流互动较少，学生的思维得不到训练，这种教学消磨了学生创造、创新的锐气和兴趣，抑制了学生创新思维的培养与发挥。三是教师的教学内容理论性过强，基本上是由理论推导理论，与实践结合的机会较少，即使当前在创新型人才培养的过程中较为注重学生的实践训练，但由于受到经济因素以及机会有限等影响，实际上学生实践的机会也相当有限。

因为课程目标和教学方式的单一，造成了学生的创新自由没有较好地体现。本调查显示，有 2.7％的学生对高校开设的课程很不满意，有 27.8％的学生对高校开设的课程不太满意，有 2.0％的学生对教师的教学方法很不满意，有 25.0％的学生对教师的教学方法不太满意，这对学生的创新精神和实践能力的培养显然产生了消极影响。因此，创新人才培养模式，健全教学管理制度是我国高校创新型人才培养的必要选择。

三、师生互动的不足是高校难以培养创新型人才的直接原因

师生互动主要指影响我国高校创新型人才培养中教师与学生之间的

关系问题，这是我国高校创新型人才培养问题存在的直接原因。

（一）教师的思维不够开放，创新能力不强

教师是高校创新型人才培养的根本和关键。高校要培养创新型人才，除了要更新教师教育理念、培养教师创新能力以及改革教师教学方法之外，其中一个重要的方面不可忽视，即要形成教师开放的思想意识。因为一个优秀的教师，不仅需要坚实的专业基础，更需要广泛的社会知识；不仅需要全面的知识体系，更需要形成独特的思想意识；不仅需要教学的严谨，更需要教学的自由。当前我国高校创新型人才培养在这些方面存在问题：一是教师社会知识的缺乏。众所周知，我国是应试教育大国，考试制度在我国较为盛行，各种考试有中考、高考、研究生考试、博士生考试、公务员考试以及领导干部选拔考试等，考试制度的齐全在世界上首屈一指。考试的结果造成了应试教育的扩张，学生只要能背诵知识，便能应付一般的考试，考试易拿高分、满分。老师是这么教的，学生也是这么学的，由此造成了多数教师社会知识的缺乏。因为就应付考试而言，社会知识都是无用的知识。二是教师思想意识的缺乏。由于我国长期实行应试教育，大多数教师只管教而不重视学生学，更不管学生学的情况如何，在教学中只对知识进行陈述而不对知识进行反思和构建，只会面对书本进行讲授，不会对知识进行深入的思考和研究，从而难以形成自己的思想体系。三是教师教学自由的缺乏。这里指的教学自由主要指教师不能根据自己的知识建构组织教学，因为高校对每一门课程都有相对固定的内容安排，大多数教师的教学一般具有指定的教材。如果教师离开课程进行教学，学生就无法在学期统考中取得好成绩，教师便要承担一定的责任，这使得教师不能自由地教学，这样教师也就缺乏创新意识与创新精神。

培养创新型人才，需要建设一支具有创新意识和创新能力的教师队伍。然而，当前我国的高校教师创新能力不强，在一定程度上制约着我国的高校创新型人才培养。一是由于受大众化教育的影响，我国高等教育资源不足，其中核心问题是教师质量下滑和教师队伍人数的不足。教师质量下滑源于教师队伍的年轻化，缺乏教学经验。教师队伍人数的不足造成教师工作任务繁重，工作压力大，大部分教师没有时间和精力更新自己的知识结构，缺乏对教学方法的改进和提高。二是教师创新能力的不足受自身成长经历的限制，对老教师来说，他们在这种教学模式中长期任教，对新教师来说，他们是在传统知识灌输的高等教育体制中培养出来的，还不太适应当前高校创新型人才培养的教学模式，或者说需要一段时间的转型过程。从总体上看，我国高校教师的创新能力发展不平衡，重点大学的教师思想较为开放，视野也较为开阔，其创新能力也普遍较强，一般院校的高校教师的状况则不容乐观。三是教师创新能力的不足还源于现实利益对教师的影响，导致教师无暇创新或不敢创新。众所周知，创新是需要投入大量的时间与精力的，并且有一定的失败风险。在生活、工作压力较大的情况下，大多数教师一般不会去冒这样的风险。

正因为教师思维不够开放，创新能力不强，导致高校创新型教师较为缺乏，学生对教师创新精神的满意度不高。本调查显示，有近90％的学生认为高校较为缺乏创新型教师，有4.5％的学生对教师的创新精神很不满意，有29.7％的学生对教师的创新精神不太满意。因此，高校要培养创新型人才，就需要解放教师的思想意识，体现教师的主导作用，创新教师教学的制度。

（二）教师忽视学生的个性培养，学生的学习缺乏自主性

创新型人才一定是具有个性的人才，没有个性的人才一定不是创新型人才，这是我国在高校创新型人才培养过程中必须认识的基本问题。然而，当前我国的高校创新型人才培养在学生个性发展方面没有得到应有的重视，主要表现在：一是在课程教学中确实为学生配备了较优秀的教师，由此也形成了“教师权威”和“专家权威”的心理行为模式。在教育教学中，强调教师闻道在先、术有专攻以及师道尊严，无形中形成了师生之间的尊卑关系，致使学生的求异思维得不到鼓励，创新精神得不到培养，甚至其一些具有创新创造的想法和灵感也因为与教师观点的不同而受到批评或呵斥。二是由于在教学过程中采用了统一的教学大纲和统一的培养计划，按照统一的教学方法与教学内容对学生进行培养。经过几年的教育，学生便在言行和思维上都具有了同一性。即便普遍实施了导师制度，但由于导师对学生的指导有限，所谓的个性化人才培养

也难以实现。三是由于实施了统一的考试评价模式，致使在当前我国的高校创新型人才培养过程中，教育教学仍然围绕“考试”这根指挥棒运转，使得大多数教师只能严格按照书本进行教学。所谓的书本只是那些与考试有关的课本、教材，而那些不在考试大纲之列的教学内容则易被忽视，致使教师在教学过程中不敢讲授与考试无关的知识。显然，由于考试评价的统一性，易造成学生个性的缺失。

我国高校创新型人才培养在很多方面没有发挥好学生的自主性，致使学生的学习缺乏自主意识。一是由于教育行政化的干扰，高校以“教育管理者”自居，学校管理层不太关心学生的主观愿望和想法，学生难以了解学校的规章制度和发展方向。学生对学校的管理决策不了解，对学校的发展缺少知情权，易造成学生对个人的发展不清楚，对人生的定位不明确，对社会的认识不充分。二是由于受计划经济体制的影响，学生在学习上缺乏自主权。学校在课程选择、专业选择、导师选择和学习年限选择方面基本上都进行统一的管理，学生选择的余地不是很大，可供选择的自由度不是很高。如高校实施的学分制度、选课制度和导师制度仍处于探索阶段，还受到多种条件的影响和制约，学生的选择权仍受到较大的限制。学校的选修课程仍不够丰富，选修课的比例仍较小，学生选修课程的自由度不高。三是学生的教学参与权较低，虽然一直强调“教师主导、学生主体”的教育理念，但从根本上说学生主体性的发挥仍没有达到预期的目标。在教学过程中学生仍处于被动，参与的机会较少，学生学习的主动性、积极性和创造性难以得到保障，缺乏参与制订教学计划、培养方案和评价标准的机会。

正因为忽视学生的个性培养，造成学生的学习缺乏自主性，对大学学习生活的适应出现了困难，在学习上不够勤奋努力，在价值趋向上，自己“需要的管理类型”与“个人不够勤奋努力”还出现了冲突。据调查，有9.2%的学生不太适应大学生活，有39.8%的学生勉强适应大学生活，有44.1%的学生认为自己在学习上不够勤奋努力，而在最喜欢的管理形式上仅有7.4%的学生选择严格管理。这说明当前我国的高校创新型人才培养需要充分发挥学生学习的主体作用，建立严格的学生学习制度。

（三）师生关系不融洽，教学互动不足

师生关系是教师和学生在教学过程中所形成的一种基本关系。融洽的师生关系是良好的教学氛围形成的基本条件，对创新型人才的培养起着润物无声的作用。但令人遗憾的是，当前我国高校的师生关系不融洽，师生之间在交流与合作上过度看重经济利益而忽视精神价值，在科学研究上强调实用主义而轻视理论创新，在人生发展上注重短期效应而忽视长期规划，这在一定程度上对我国的高校创新型人才培养产生不利影响。一是高校的行政权力膨胀，学校缺乏宽松、民主、自由、活泼的教学科研氛围，从一定程度上造成教师的精神压力过大，不敢充分发挥自身的主观能动性，其教学缺少积极性、主动性和创造性。二是由于大学人事制度的缺陷，许多大学教师一门心思地写论文、搞科研和评职称，对教学投入的时间太少，有的教师备一次课可以对着念好几年，师生之间的交流实在有限，如此的教育境况造成学生对教师的满意度过低，甚至对教师缺乏信心。三是网络是一把“双刃剑”，它既可以成为学生了解外面世界的重要窗口，但在一定程度上造成学生沟通能力不足、相互之间的关系较为淡漠，从而促成人际氛围缺失，这显然不利于创新型人才的培养。

师生之间的教学互动是构建宽松、自由、公平与和谐的教学氛围的前提和基础。良好的教学互动有利于造就大批创新型人才的产生，这已经成为社会的共识。然而，由于受传统观念和社会现实的影响，我国社会存在的尊卑观念、推崇权威、等级观念在学术生态中存在着权威者掌握着话语权，而且享有分配资源的地位和权力，这显然影响着我国高等教育的社会环境，并对高校创新型人才的培养产生不利的影响。一是固守“师法”和“家法”传统，教师的师道尊严和威信得到强化，学生的学习缺乏自主性。这种不鼓励挑战权威、不张扬学生个性、不激励创造发明的传统观念深深地影响着人们的思想观念，容易导致学生在学术上墨守成规，缺乏挑战权威的思想动力。二是由于受计划经济体制的影响，我国的高等学校基本上按照政策选拔人才、培养人才和分配人才，一些高校的管理者以“管理者”的身份自居，各项政策的制定基本上无视学生的权利，对学生课程选择、教师选择和专业选择进行统一的分配与管理，由此导致学生自主性的丧失。三是师生参与教学管理的权利缺乏法律支持，教师和学生往往被视为被管理的对象，管理的主体性停留在理论探讨层面，“教师主导、学生主体”难以得到真正的落实。

正因为学校师生关系不够融洽，教学互动的缺乏，造成了师生相处得不是特别好。本调查显示：有0.4%的学生认为自己与教师的关系很不好，有4.5%的学生认为自己与教师的关系不太好，有49.4%的学生认为自己与教师的关系一般。另外，学生对学校学习氛围的满意度不高。本调查显示：有3.5%的学生对学校学习氛围很不满意，有21.3%的学生对学校学习氛围不太满意。因此，高校要培养创新型人才，需要构建和谐的师生关系，构建良好的师生互动机制。

第六章 我国高校创新型人才培养的制度创新

高校创新型人才培养是一项社会系统工程，根据《国家中长期教育改革和发展规划纲要（2010—2020年）》基本要求，“要适应国家和社会发展的需要，遵循教育规律和人才成长的规律，更新人才培养观念，改革人才培养体制，创新人才培养模式，深化教学改革，创新教育教学方法，探索多种培养方式，形成各类人才辈出，创新人才不涌现的局面”。然而事实上，由于当前我国的社会正处于大发展、大变革和大调整时期，我国高校的创新型人才培养没有很成功的本土化经验可以借鉴，唯一可行的路径是学习并参考世界一流大学创新型人才培养的成功做法与实践，再结合中国的客观环境进行制度创新。做到宏观方面，完善国家体制机制，健全社会支持制度，注重文化传承创新；中观方面，重塑现代大学精神，改革人才培养体制，创新人才培养模式；微观方面，发挥教师的主导作用，落实学生的主体地位，构建和谐的师生关系。通过宏观、中观与微观方面的制度创新，从而全面探索我国高校创新型人才培养的可能路径。显而易见，我国高校创新型人才培养的制度创新，“其理论基础上我们既要认识到世界一流大学宝贵的经验和教训，也要充分发扬历史传统和文化惯习的合理成分，结合中国的国情”①，创新具有中国特色的人才培养制度体系，构建具有中国特色的人才培养模式。

① 朱晓刚．我国现代大学制度建设之路：历史经验与启示［J］．高校教育管理，2013（3）：11-18．

第一节　宏观方面的制度创新

宏观方面的制度创新主要指国家、社会和文化层面的制度创新。就制度与人才的关系而言，制度是人才的根本，对人才起决定作用。因为人才总是生存于一定的制度环境中并与一定的制度发生着密切的联系。因此，我国高校要培养创新型人才，政府就必须建立有利于创新型人才成长的宏观制度环境，完善国家体制机制、健全社会支持制度、注重文化传承创新。

一、完善国家体制机制，健全政府管理制度

我国要建立有利于创新型人才培养的制度体系，政府就必须要进一步完善国家体制机制，在办学制度、规划制度、领导制度和投入制度等方面进行全方位的改革。

（一）完善办学制度

办学制度是现代大学制度的重要内容，也是政府对高等教育体制改革的切入点，因此，政府要完善高等学校的办学制度，就必须以制度或章程的形式确定举办者、管理者以及办学者之间的关系，确定三者之间的权力和责任。在实施方面：一是要根据《国家中长期教育改革和发展规划纲要（2010—2020年）》的要求，以坚持教育的公益性原则为出发点，健全政府主导、社会参与、办学主体多元化、办学形式多样化、充满生机和活力的办学体制，要深化教育管理体制改革，提高公共教育服务水平，明确各级政府职责，规范学校办学行为，促进管办分离、政事分开、权责明确、统筹协调和规范有序的教育管理体制。二是要切实转变政府职能，依法行政，扩大高等学校的办学自主权，建立现代大学法人制度，促进大学面向社会自主办学并形成自我约束的管理机制。大学依法自主办学并不是要取消政府的权力，也不是说政府可以放弃自己的权力和责任，恰恰相反的是，落实大学的办学自主权最主要的是要充分发挥政府的宏观调控作用，促使政府对大学进行有效指导和规划，通过立法、监督、拨款、政策指导和信息服务等方式对大学行使行政职能，

提供优良的服务。三是大学要面向社会自主办学，形成自我约束、自主管理和自主发展的机制，就必须走出象牙塔，主动走向社会，面向市场，自主、自觉、自动地处理学校的各种内部事务，最大限度地选择与外部环境进行教学、科研和社会服务等方面的互动方式，从而促使自己与外部环境适应机制的真正形成。

（二）完善规划制度

众所周知，高校创新型人才的培养是一项社会系统工程，涉及政府、社会与学校的相关职能。对此，作为社会的权力调控机关，政府应承担起规划的主要责任。一是政府要对创新型人才的培养进行总体的谋划布局，建立一套由学前、小学、中学、大学到研究生的教育体系，要充分认识到创新型人才的培养不仅是高等教育的事情，而且更应该注重大学之前的教育准备，要重视家庭教育，提高家长教育子女的能力，切实提高每一个阶段的教育质量，提高学生的综合素质和创新潜能。二是要对全国的创新型人才培养进行总体规划，不仅要重视和研究本科院校的创新型人才培养工作，而且要重视高职高专院校、民办学校，甚至中小学的创新型人才培养；不仅要重视重点大学的创新型人才培养，而且要重视一般本科院校的创新型人才培养；不仅要重视发达地区的高校创新型人才培养，而且要重视欠发达地区的高校创新型人才培养。三是要把过去高校创新型人才培养由应景式行动转变为自发性的行动，要把创新型人才的培养视为创建创新型国家的一项战略性行动，要由过去借鉴国外创新型人才培养方面的经验转变为一种自发的具有中国特色的创新型人才培养探索性活动，不仅要重视实践经验获得，更要注重理论的创新，通过理论与实践的相互转化不断推动我国高校创新型人才培养的发展进步。

（三）完善领导制度

借鉴政府行政领导制度与大学自治型领导制度的优缺点，建立集中二者优势并具有中国特色的高等教育领导制度。根据《中华人民共和国高等教育法》的规定，“国务院统一领导和管理全国高等教育事业，省、自治区、直辖市人民政府统筹协调本行政区域内的高等教育事业，高等学校应当面向社会，依法自主办学，实行民主管理”，要进一步完善中央统筹管理全国教育事业，中央与地方两级管理、分级负责的领导制度，全面落实高等学校的办学自主权。为培养创新型人才，要充分发挥好这一领导制度的优势，一是政府要对创新型人才的培养进行全面的规划与设计，要对全社会进行广泛的宣传与动员，要把创新型人才的培养提高到国家战略的新高度，对学校、教师、学生、家长、用人单位进行全方位的引导，形成人人想创新、人人能创新、人人谈创新、人人敢创新的社会环境氛围，最根本的就是要使创新型人才的培养从一种应景式行动转变为高校的一种自发的行动。二是各级教育领导机构和高等学校要成立创新型人才培养的领导机构，设置由专家、学者、校友、教师、家长以及用人单位组成的指导委员会，开展多层次、多类型、多领域交流指导活动，使创新型人才的培养深入人心。三是要把理论与实践结合起来，落实具体工作，不仅要重视经验总结和理论创新，而且要重视实践探索工作，要做出成效，推动理论和实践的深入发展。

（四）完善投入制度

当今世界，无论发达国家也好，发展中国家也罢，据联合国教科文组织统计，“世界大多数国家的高等教育生均经费在扣除物价上涨因素后，呈现下降趋势，在学生人数增长的同时，资金却不能按比例增长”①。因此，高校要培养创新型人才，政府就需要完善高等教育的投入制度，建立多元化的高等教育投入机制。一是要保证政府对高等教育的稳定性投入，使教育投入增长的速度高于同期经济增长的速度，积极为高等教育的社会投入搭建平台，并提供政策支持空间，把直接投入与间接投入、中央投入与地方投入有机结合起来，切实为高等教育的持续性发展提供稳定的资金支持。二是政府要对高校创新型人才的培养进行全面的顶层设计，设置专项资金，成立全国或地方的创新型人才培养评估委员会和专家委员会，根据学校的发展类型、培养层次、培养质量、学校规模等进行全面的评估，根据评估的结果进行资金的分配，从而保证

① 赵文华．建立现代大学制度　加快我国研究型大学建设［J］．上海交通大学学报（社会科学版），2002（2）：87-90.

每个学校都有稳定的教育投入。三是政府要制定相关制度鼓励社会团体、基金组织、公司企业、科研机构参与高等教育的投入，充分利用高等学校的实验设备和人力资源进行广泛的产学研一体化设计，教师走出学校进入公司企业进行产品开发，学生走出校园进行多样化的社会实践活动。通过学校与社会的多样性互动交流提高学校的社会影响力，从而为高校创新型人才培养争取更多的教育资源和社会投入。

二、健全社会支持制度，加强校社互动交流

高校的创新型人才培养是一项社会系统工程，要加强大学与社会之间的合作与交流，切实完善校社合作制度、市场调节制度、校校合作制度以及社会评估制度等，从而建立较为健全的高校创新型人才培养社会支持制度。

（一）完善校社合作制度

根据《中华人民共和国高等教育法》的规定，“国家鼓励企事业单位、社会团体以及其他社会组织和公民等社会力量依法举办高等学校，参与和支持高等教育事业的发展”。《国家中长期教育改革和发展规划纲要（2010—2020年）》进一步指出，“要深化公办学校办学体制改革，积极鼓励行业、企业等社会力量参与公办学校办学，扶持薄弱学校发展，扩大优质教育资源，增强办学活力，提高办学效益”。根据这两个文件中有关校社合作的指导思想，我国的高校要培养创新型人才，需要进一步细化其中的精神实质，一是高等学校需要在政府的宏观调控下，进一步建立并完善校社合作的相关制度措施，如社会直接介入高校创新型人才培养的相关预案，建立校社相互合作、各取所需的制度措施，进一步完善企事业单位、社会团体及其他社会组织和个人在高校设置奖学金和设置科研项目的制度规范。二是要以制度的形式把校社合作真正落到实处，要从过去简单的设置一些奖助学金或科研项目转变到真正地使社会参与高校创新型人才培养上来，要切实建立企业技术人员和管理人员进入课堂担任教师的制度体系。三是要创建宽松自由的社会环境氛围，充分发挥教师特长，把培养学生作为人生最大乐趣，鼓励教师与学生共同探索真理，使知识转变为生产力，以思想指导社会变革，以科研活动进

行产品开发，把实施产学研一体化落到实处。

（二）完善市场调节制度

根据《中华人民共和国高等教育法》的规定，“国家按照社会主义现代化建设和发展社会主义市场经济的需要，根据不同类型、不同层次高等学校的实际，推进高等教育体制改革和高等教育教学改革，优化高等教育结构和资源配置，提高高等教育的质量和效益”。《国家中长期教育改革和发展规划纲要（2010—2020年）》进一步指出，“健全充满活力的教育体制，进一步解放思想，更新观念，深化改革，提高教育开放水平，全面形成与社会主义市场经济体制和全面建设小康社会目标相适应的充满活力、富有效率、更加开放、有利于科学发展的教育体制机制”。因此，我国高校要有效地培养创新型人才，就必须进一步完善适应市场经济要求的教育资源配置制度。一是要改变单一的高校办学行为，吸引并鼓励社会力量参与高校创新型人才培养，按教育规律和市场规律办学，充分把高校的教师、学生、资源纳入市场调节机制，促进高校教师与学生市场观念的形成。二是充分利用高校进行创新型人才培养的优质教师、学生以及实验图书设备，引导这些教育资源与公司企业、社会组织、科研院所进行广泛的互动、交流、接触与沟通，为大学学生创造更多的社会实践机会。三是进一步完善创新型人才培养的社会契约制度，以制度的形式规定教师与学生的权利与义务，完善奖惩机制，以市场规则的形式调动教师工作的主动性和学生学习的创造性。

（三）完善校校合作制度

根据《中华人民共和国高等教育法》的规定，“国家鼓励高等学校之间、高等学校与科学研究机构以及企业事业组织之间开展协作，实行优势互补，提高教育资源的使用效益”。《国家中长期教育改革和发展规划纲要（2010—2020年）》明确指出，“要提高交流合作水平，支持中外大学间的教师互派、学生互换、学分互认和学位互授联授，加强与国外高水平大学合作，建立教学科研合作平台，联合推进高水平基础研究和高技术研究，各地可从实际出发，开展公办学校联合办学、委托管理等试验，探索多种形式，提高办学水平”。结合我国高校创新型人才培养的现实状况，为我国高校创新型人才培养的校校合作制度构建指明了方向。一是要大力创造机会与国内外高水平大学进行创新型人才培养方面的交流与合作，在交流与合作中要遵循务实性的原则，一切以有效和实用为目的，避免一切的形式主义，采取学生自主和自愿，绝不能增加学生的经济负担。二是校校之间的合作一定要遵循先近后远的原则，以制度的形式完善校校之间的交流与合作，保证合作的长期化和持续性，并要避免各种不切实际的管理行为，要把各种交流与合作真正落到实处。三是校校之间的合作一定要以创新型人才的培养为目的，注重合作的深层次和广泛性，要在教师交流、学生访学、课程选择和学分选修等方面进行全面的设计与规划，要充分考虑到学生的意愿，保证每一个学生都有机会参与每一项活动，不能因为学生经济方面的原因而使其失去交流与学习的机会。

（四）完善社会评估制度

根据《中华人民共和国高等教育法》的规定，“高等学校的办学水平、教育质量，接受教育行政部门的监督和社会组织的评估”。《国家中长期教育改革和发展规划纲要（2010—2020年）》进一步指出，“建立科学、规范的评估制度，探索与国际高水平教育评价机构合作，形成中国特色学校评价模式，建立高等学校质量年度报告发布制度，健全教学质量保障体系，改进高校教学评估，充分调动学生学习的积极性和主动性，激励学生刻苦学习，增强诚信意识，养成良好学风”。结合我国高校创新型人才培养的实际，为我国高校创新型人才培养社会评估制度的建立提供了一定的经验借鉴。一是充分发挥政府组织评估的职能和效能，同时要根据各种评估标准组建类型多样的社会评估机构，把政府机构评估、社会组织评估和高校自我评估有机结合起来，既要注重结果性评估，也要注重过程性评估，通过完善社会评估机制，引导不同层次、不同类型的高校合理定位，各展所长，办出特色。二是要淡化社会评估的政策性、目的性和计划性，加强评估的监督性、潜在性和市场性，建立具有中国特色的社会评估制度，要把学科专业评估、课题项目评估、成果价值评估以及人才培养评估与高校的招生、就业结合起来，使得学校能静下心来一门心思搞好教学、科研和人才培养工作。三是要建立高校创新型人才培养的自我评估制度，把专家评估、校友评估、家长评估、学生评估与用人单位评估有效结合起来，促使高校创新型人才培养成为一项全员参与的社会活动。

三、注重文化传承创新，体现文化育人作用

文化传承创新是培养创新型人才的重要举措。当前我国高校要培养创新型人才，就必须强化文化传承创新的理念、弘扬优秀传统文化的精神、建设自由开放的文化环境和营造良好的教学文化氛围。

（一）强化文化传承创新的理念

"理念实际上就是一种文化现象，文化传承创新是大学文化的表现形式，大学是一个充满理念的组织机构，是学校持续发展的力量源泉"①，大学理念体现了大学的精神，它对大学的指导思想、社会定位、教育目标、功能作用、教育方法和学生的影响都具有直接而重要的潜在影响。大学文化传承创新作为大学特色文化建设的理念，在大学发展过程中，应首先确定其核心地位，使之脉络清晰，条理清楚，而不应散乱无序，本末倒置。大学理念传达出大学的文化精神，彰显了大学的文化特色，凝练了大学的精神与内涵，催生出不同大学文化形态的差异，获得不同的办学效果，从而产生不同的社会影响。在知识经济和信息社会，作为理念的大学文化传承创新，应坚持大学的教学、科研相互促进和相互融合，在教学中进行科研，依靠科研进行教学，推动大学的社会服务能力，创新人才培养模式，构建创新人才培养制度。人才培养特别是高级专门人才的培养是大学的第一要务，这也是大学文化传承创新的关键所在。大学要把文化传承创新与创新人才培养结合起来，必须在知识和学问中创新大学的文化特征，从而逐步形成由大学环境、大学制度、大学行为和大学教学等构成的核心理念，为创新型人才的培养提供文化保障和思想指导。

（二）弘扬优秀传统文化的精神

民族传统文化是一个民族的精神与血液，是一个民族在长期的生产

① 刘献君．在文化传承与创新中育人的理性思考［J］．中国高等教育，2011（18）：14-16.

实践和社会生活中所形成的一切知识、规范、礼仪、习俗等的总和。其中，大多数民族传统文化都是以文字为载体存在于经典著作之中，并对人类的存在和发展产生潜在而深远的影响。传承创新民族传统文化，须以学习民族传统文化为前提，这种学习既有纵向的学习，也有横向的学习。无论是纵向的学习抑或横向的学习，其最佳方法便是阅读经典。经典著作是民族传统文化的精髓，其思想内容是经实践证明具有恒久的价值。经典阅读内容相当丰富，中国的有《论语》《老子》以及四大古典小说等，国外的有古希腊和罗马思想家的著作，文艺复兴时期的文学、艺术和哲学著作等。当然，经典并非固定不变，具有因人而异的性质与特点，要依个人的爱好和兴趣而定。实质上，大学文化的传承过程也就是文化创新的过程，同时是创新型人才培养的过程。在大学文化传承创新和创新人才培养过程中，要把文化的选择、研究与传导结合在一起，要激活知识，引发学生学习的兴趣，促进学生思考，从而实现学生知识的内化和转化。让学生在学习知识过程中感知文化和创新文化，为实现创新型人才的培养提供精神养分。

（三）建设自由开放的文化环境

学术自由、大学自治和教授治校是世界著名大学的优良传统，是经实践证明对大学发展具有重要指导意义的理论规范，必将对未来大学的发展继续产生重要的影响，并具有恒久的价值。大学作为社会的主要文化机构，其产生伊始便把自然、社会和人作为自己的关注对象和建设对象，充满着对人类生命价值的终极关怀，处处彰显着对国家、民族、社会乃至整个世界的责任意识和使命感。大学是大师荟萃之地，是高级知识分子集中汇聚的地方。大学学生在自由、多元、开放和包容的社会环境中才能激发出创造的灵感和火花。实际上，自由和开放应是现代大学发展的核心价值所在，现代大学的文化环境也应是自由的和开放的。自由包括思想自由、学术自由和教学自由，开放实际上指大学应“打开”校门、融入社会和走向国际，真正地走出象牙塔。因此，大学文化传承创新是创新型人才培养的源头活水。大学在自由和开放的精神价值指引下，以追求真理和奉献社会作为崇高理想，遵从自强不息和严谨治学的科学态度，营建团结协作和兼容并包的学术氛围，通过大学文化环境的建设，从而促进创新型人才的培养。

（四）营造良好的教学文化氛围

教学工作是学校的中心工作，教学文化是大学校园文化的核心。在文化传承创新中培养创新型人才，关键是要创造良好的大学教学文化。外界事物作用于学生，包括国外经典文化、民族优秀传统文化和大学理论精神等方面的影响，一般都要通过学校文化特别是学校的教学文化为中介。学校教学文化的形成取决于学校教师的教学理念、教学风格和学校课程文化等。大学教学文化实际上是大学为了实现人才培养目标所形成的观念体系和价值规范。大学要实现创新型人才的培养，就必须高度重视大学良好的教学氛围的营建，要重视教学在人才培养中的地位，改变传统的教学方式、方法，废除满堂灌、填鸭式教学，采用问题式教学和探索式教学，注重培养学生的批判性思维和动手实践能力，加强批判性课程和个性化课程的开设，并积极为创新型人才的培养营建良好的教学文化氛围①。

第二节　中观方面的制度创新

中观方面的制度创新主要指高等学校内部层面的制度创新。也就是说，高校要培养创新型人才，就必须重塑现代大学精神、改革人才培养体制、创新人才培养模式。

一、重塑现代大学精神，创新人才培养理念

现代大学精神表现为崇真求实、敢于批判、自由创造和社会关怀，对高校人才培养理念的创新具有重要的启示意义。因此，高校要培养创新型人才，就要在大学精神的指导下，形成人人成才的理念、学术自由的理念和个性教育的理念。

（一）人人成才的理念

《国家中长期教育改革和发展规划纲要（2010—2020年）》指出，

① 袁川. 大学文化传承创新与创新型人才培养［J］. 国家教育行政学院学报，2012（12）：63-67.

“树立人人成才观念，面向全体学生，促进学生成长成才；树立全面发展观念，努力造就德智体美全面发展的高素质人才”。也就是说，高校的创新型人才培养要面向每一个学生，要让每一个学生都得到自由而全面的发展，全社会要尊重每一个学生，相信每一个学生，理解每一个学生，相信每一个学生都具有潜在的发展可能性，人人都可以成为具有创新精神和实践能力的创新主体。全社会都要尊重知识、尊重人才，要表彰先进、宣传先进和激励先进，形成鼓励创新、鼓励创业和鼓励创造的社会环境氛围。学校要优化教育资源配置，使图书馆、实验设备向每一个学生开放，制度和机制的制定要面向全体学生，要为每一个学生提供公正、公平和均等的发展机会。教师要具有坚定的教育信念，具有育人的自信和成才的自信，要相信每一个学生都能成才，不能放弃每一个学生，在教学过程中深入地研究学生，针对每一个学生的特点和专长进行针对性教育，因材施教、扬长避短，充分发挥每一个学生的学习自主性和创造性。

（二）学术自由的理念

学术自由是现代大学的基本理念，特指教师与学生在教学、科研以及社会服务过程中所具有的自主性。就教师而言，其学术自由表现为自主地探求真理、传授知识以及自主地选择教学方式等；就学生而言，其学术自由表现为可根据自身的兴趣爱好自主地决定学习的内容、自主地发表学习评论以及自主地获得学习结论等方面的过程。学术自由是高校进行创新型人才培养的基本前提，根据古希腊哲学家的观点，“个人只有在自己‘自主’时才是真正或‘自由的’或充分‘发展的’”①。德国教育家雅斯贝尔斯认为，“大学生是能够独立自主地把握自己命运的人，他们应该获得学习的自主和自由，而不应该完全听命于规章制度”②。在古希腊、罗马时期，皇室特批学校有自主管辖的权利，大学可自主聘用教师、招收学生，可自主地实施教学的方式方法和自行确定学生毕业的

① 奥斯特罗姆，菲尼，皮希特．制度分析与发展的反思：问题与抉择［M］．王城，译．北京：商务印书馆，2001：14．

② 雅斯贝尔斯．大学的观念［J］．王城，译．新华文摘，2001（1）：177-188．

标准要求，这为现代大学的产生和学术自由的发展奠定了坚实的基础。现代学术自由强调教学自由、科研自由与学习自由，是大学的灵魂所在，主张以人为本，关注学生的价值和尊严，强调学生的个性和才能自由地、创造性地发展。但是学术自由也并非毫无限制，其自由度也有自身存在的范畴体系，不能背离社会公序良俗和社会伦理。就高校的创新型人才培养而言，主要侧重于强调学生可自由地探索真理、自由地发展个性以及自由地选择学习内容等。

（三）个性教育的理念

个性教育是创新型人才培养的内在价值诉求，人的个性发展是创新的源泉和基础。创新型人才的个性是指具有独特的精神面貌、健全的心理品质，包括具有强烈的事业心、责任感和好奇心，对社会问题具有独树一帜的批判意识和怀疑精神，在社会实践过程中讲求不盲从、不唯书和不唯上，只唯实，并能对自己感兴趣的事物持之以恒地进行探索，不会因为困难和挫折而改变自己的思想信念等。正因为如此，马克思主义认为，人的发展在一定意义上就是“有个性的个人”逐步代替“偶然的个人”[1]。法国教育理论家保尔·朗格朗指出：“教育工作者再也不应该是多少有些天才的知识传授者，而是培养个性的专家。”[2] 实际上，“人的充分自由发展是建立在人的全面发展的基础之上的个性自由的发展，本质上是指人发展的自觉、自愿和自主性”[3]。因此，高校要培养学生的个性品质，需要转变高等教育的思想，树立个性化教育理念，要根据学生发展的实际情况，给予学生不同的发展机会，尊重学生的发展差异，保存并有效挖掘学生发展的内在潜力，引导并促进每一个学生的能力和个性都得到充分的、自由的和全面的发展，从而实现自身发展潜力的巨大化、多元化和个性化。只有这样，才能充分发挥学生的个性和特长，

① 马克思，恩格斯．马克思恩格斯选集：第一卷［M］．北京：人民出版社，2012：203．

② 保尔·朗格朗．终身教育引论［M］．周南照，陈树清，译．北京：中国对外翻译出版公司，1985：133．

③ 邵书峰．马克思论人的全面发展［J］．南都学坛，2008（3）：110-114．

培养出各具特色的科学研究型、技术应用型、经营管理型等方面的创新型人才。

二、改革人才培养体制，完善大学内部治理

改革人才培养的体制，前提条件是要首先完善大学的内部治理，即要完善高校的机构设置、权力制度、组织制度以及完善高校管理职能等。

（一）完善高校机构设置

机构设置是高校创新型人才培养的重要组成系统，其设置的情况在一定程度上反映一个学校对创新型人才培养的重视程度。中国有一句俗语叫作“名不正，则言不顺；言不顺，则事不成”。因此，根据当前我国高校创新型人才培养的实际情况，需要进一步完善高校创新型人才培养的机构设置。一是要把当前的高校创新型人才培养从一种试验性的活动改变为高校的一种普遍性、自主性、自发性的活动，要在政府的宏观调控下，整合学校教育资源，高校结合自身的实际进行试点，开始时可以根据自身特色取一个名称，可以叫“××计划”“××班级”或“××学院”等。随着管理的完善和效果的体现，当试点计划成为高校普遍的、自觉的行动，并且星星之火成为燎原之势时，就要逐渐取消这些称谓。二是当取消这些称谓时，并不意味着高校创新型人才培养已经结束，恰恰相反，而是根据各高校创新型人才培养的特色，在教育行政部门的领导下，设置统一的管理机构进行规范化、制度化的管理，改变由学校教务处单独负责的情况，实施职能化、科学化和专业化的管理。三是改变教务处和人才培养院系职责不分的窘况，明确彼此之间的职责，教务处作为教学管理的职能机构，在创新型人才培养的过程中确实具有重要的作用，但并不是要包揽一切。实际上，创新型人才培养的工作最终要由教学院系来完成。因此，正确而科学地划分教学院系与教务处的职责对于我国的高校创新型人才培养来说具有重要的意义。

（二）完善高校权力制度

构建高校内部管理制度，面临的第一个问题是权力如何分配的问题。从理论上讲，大学作为一个特殊的社会组织，明显存在着二元权力组织结构的特点，学术权力与行政权力是其至关重要的两种权力组织形式。

从大学职能的角度上说，两种权力的行使，都是为了更好地履行教学、科研和社会服务的职能，都是为了更好地培养出具有创新精神和实践能力的创新型人才。然而，由于学术权力与行政权力毕竟是两种不同的权力系统，二者共同对大学的各项事务产生作用、发挥效能，应通过制度的形式确定好二者之间的关系。一是要确立学术权力的中心地位不动摇，并以完善制度和机制作为保障，促使行政权力为学术权力服务，在健全学校各种学术委员会的基础上，定期召开以教师为主体的教职工代表大会，吸收没有行政职务的专家、学者代表参加校务委员会，确保他们有对学校重大问题进行决策的机会。二是不可完全淡化行政权力，确立学术权力的中心地位并不是说学术权力就至高无上，可以无视行政权力的存在和作用，而是要对两种权力进行科学的划分，不应该以行政权力替代学术权力，也不应该以学术权力替代行政权力。三是重视对高校创新型人才培养的权力制度进行设计，也就是要充分发挥院系一级、教师和学生在人才培养过程中的自主性作用，对创新型人才培养的行政权力和学术权力进行一个科学的划分，各自均有不同的职责与任务，而不应该漠视行政权力与学术权力的边界。

（三）完善高校组织制度

高校的组织制度是指高校通过什么形式来组织领导学校的各项工作，根据《中华人民共和国高等教育法》的规定，“国家举办的高等学校实行中国共产党高等学校基层委员会领导下的校长负责制，中国共产党高等学校基层委员会按照中国共产党章程和有关规定，统一领导学校工作，支持校长独立负责地行使职权”。《国家中长期教育改革和发展规划纲要（2010—2020年）》进一步指出，“公办高等学校要坚持和完善党委领导下的校长负责制，健全议事规则与决策程序，依法落实党委、校长职权，完善大学校长选拔任用办法，充分发挥学术委员会在学科建设、学术评价、学术发展中的重要作用”。结合我国高校创新型人才培养的实际情况，需要进一步优化党委领导下的校长负责制，完善高校组织领导制度。一是党委要正确行使组织领导权，提高全校师生对创新型人才培养的科学认识，要从党的思想路线上正确认识高校的创新型人才培养，使党的方针政策得到贯彻落实，确保创新型人才培养的社会主义办学方向。二是党委的领导既不能空泛，也不能大包大揽，党委要全方位支持校长的工作，组织一切教育资源支持校长开展的高校创新型人才培养。三是大学校长应是懂教育的政治家和教育家，对素质教育和创新型人才培养具有独特的认识，具有全面组织学校的教学、科研和其他行政工作的能力。

（四）完善高校管理职能

高校的管理职能包括决策、执行、监督和激励等。高校要培养创新型人才，就需要进一步完善高校的决策机制、执行程序、监督条例和激励措施等。当前我国高校在创新型人才培养方面还存在管理职能方面的诸多现实困境，因此，完善高校管理职能显得相当必要。一是要进一步厘清教务处与创新型人才培养院系之间的权责关系，两个部门之间应该建立一个共同决策的平台，让二者之间有沟通、有交流和有协商，最好像部分试验计划一样，设置一个单独的职能部门协调二者之间的关系。实际上，无论新设置的职能部门也好，原来的教务处也罢，其只是发挥协调、服务的作用，不可能取代教学院系的功能，因为创新型人才的培养最终都要回归教学院系。二是应组建由学校领导、中层干部、专家教授、青年教师、班主任和辅导员等代表组成的学校创新型人才培养监督机构，这种监督机构应以学科或专业进行划分，学校的每个院系都应有这样的机构。还要完善这种监督机构的制度建设，要做到高校创新型人才培养有制度可循和有规章可守，要避免创新型人才培养的随意性和无目的性。三是要完善高校创新型人才培养的激励机制，加强制度建设，注重调动教师工作的积极性、主动性和创造性，发挥学生学习的自主性、目的性和计划性。

三、创新人才培养模式，健全教学管理制度

创新人才培养模式，必须要践行形式多样的教学管理策略。通过转变教学方式、实施导师制度、施行学分制度和完善分流制度，从而健全高校的教学管理制度。

（一）转变教学方式

转变教学方式，根本的就是让学校的课程焕发生命与活力，形成学生灵活多样的学习方式，最大限度地激发学生学习的热情、激情和能

量。一是要转变教学观念，充分关注学生的学习与发展，摆脱应试教育，取消以教师为中心的教学方式，逐步形成以学生为中心的教学方式，重视学生的兴趣爱好和个性特点，要立足于现有的教育资源和条件，创造性地利用和开发各种教学手段和媒介，把各种不同的教学内容蕴藏于形式多样的教学方式之中。二是要超出以印刷品为媒介的时代局限，充分利用现代信息技术来促进教学方式的转变，教师应从知识权威、个人权威中解放出来，不再局限于单纯的教科书解读，而应立足于现有的教育信息技术，通过课件的形式帮助学生理解掌握学习中的疑点和难点，使网络技术成为学生自主学习、自主发展的资源和空间。三是要明确转变教学方式的目的是促进学生学习方式的转变，通过教学方式的转变引导学生研究性学习、合作性学习和讨论式学习，形成以学生为中心的教学方式，其根本目的在于鼓励学生的创新精神、批判精神和社会关怀精神，培养学生探索真理、独立自主和创新创造的品质和能力。

（二）实施导师制度

导师制度是英国牛津大学等一流高校进行人才培养的重要举措，在大学人才培养过程中享有崇高的声誉，具有重要的理论意义与实践价值。高校实施导师制度的根本目的就是对学生进行针对性的培养，以发展学生的个性作为人才培养的目标，从而提高学生学习的主动性和创造性，达到培养创新型人才的目的。根据当前我国高校导师制度实施的现状，不难看出我国大学在实施导师制度方面还需要进一步的加强。一是各学院需要建立导师委员会，设置领导小组，加强对导师工作的组织与领导，导师委员会实施定期交流制度和会议讨论制度，主要负责选聘导师、听取各导师的工作汇报、安排下一阶段的工作并对工作进行督促检查等。二是各导师的基本职责是负责与指导的学生共同制订学生个人的人才培养方案和计划，对学生进行学业方面的指导，包括指导学生进行选课、指导学生的科学研究、对学生进行学习方法的指导以及培养学生健全的人格等方面。三是针对我国教育资源有限，实现一对一指导可能存在一定的问题，因此，可以实施多种形式的导师制度，把班级导师制度、学业导师制度、实践导师制度和企业技术人员导师制度结合起来，还可以把辅导员制度、班主任制度和导师制度结合起来。最后，应对整个导师制度进行工作职责方面的完善，对受聘的导师进行工作量方面的核算，把考核的成绩作为评职定级的依据。

（三）施行学分制度

学分制度是很多著名高校进行人才培养的重要举措，目前对高校的人才培养具有重要的启示作用。选课制度是学分制度的基础，选课制度是指允许学生在学校规定的课程范围内自由选择专业、选择课程、选择任课教师、选择上课时间以及自主安排学习进程等方面的制度体系。在学分制度实施的过程中，选修课程的比例与学生选课的自主权已成为当前实施学分制度的关键点。基于我国学分制度实施的现实困境，需要进一步加强学分制度的改革。一是要进一步实施多样性的课程体系，把必修课、选修课、虚拟课以及素质拓展课程结合起来，适当增加选修课程的比例，鼓励教师开设新的选修课程，为教师开设新的选修课程创造条件，要按学科门类设置选修课，实施跨校学分制度，校际相互选课，互认学分，充分发挥学生学习的自主性、能动性和创造性。二是要提高课程开设的质量，根据课程的性质、内容确定课程的学时安排，对必修课程和选修课程一视同仁，不能厚此薄彼，要引入竞争机制，通过学生自由选课来实现教师之间的良性竞争，从而促使教师开好课程并上好课程。三是要加强对学生选课的管理和引导，实施选课的网络化、信息化和现代化管理，充分发挥好导师制度的指导作用，根据学生的个人培养计划，优化学生的课程结构，避免学生在选课过程中趋易避难的情况，从而提高人才培养的质量。

（四）完善分流制度

个性化教育是创新型人才培养的基本理念之一，特别强调在人才培养过程中要尊重学生的个性特长和兴趣爱好，这从一定程度上要求对学生进行分流、分类培养。长期以来，我国的高等教育实施了较为固化的学籍管理制度，学生进校就基本确定了专业，直到毕业都很少有再次选择专业的机会。为改革这种人才培养制度的僵化窘况，需要对我国高校人才培养的分流制度进行科学合理的设计。一是从总体上要基本确定大类招生、分类培养的设计思路，充分尊重学生选择专业的自主权。众所周知，刚参加完高考的学生由于自身对社会认识的局限性，不能很好地认识社会需求与自身特长之间的关系，此时选择专业对他们来说是一件相当难的事情。但是，如果让学生在大学进行一到两年的通识学习，在学习过程中充分发掘自己的爱好特长，这对学生的专业选择来说可能是极为有利的事情。二是在分流标准设计上，应充分尊重学生的兴趣爱好，并以学生前期的学习基础作为专业分流的基础。在专业的选择方面，应以学生的学习意愿、前期学习成绩以及社会需求进行专业分流。对于经过一段时间的学习、确实不能在原专业进行学习的学生，可以制订严格的程序进行专业的转换。三是应特别注意，在对学生进行分流培养的过程中，虽说要以尊重学生的兴趣、特长和志愿为出发点，但应根据经济社会发展的需求，结合学校的教学资源优势，合理地调整各专业的学生学习人数，避免学校各专业学生人数的失衡。

第三节　微观方面的制度创新

微观方面的制度创新主要指教学层面的制度创新。也就是说，高校要培养创新型人才，在制度创新方面就要发挥教师的主导作用、体现学生的主体地位并构建和谐的师生关系。

一、发挥教师主导作用，创新教师教学方式

创新人才培养制度，就必须充分发挥教师的主导作用。通过实施名师工程、创新教学形式和创新教学文化，从而实现创新教师教学方式。

（一）实施名师工程

当前我国高校所进行的创新型人才培养，只有创新型的教师才可以承担这样的历史任务。随着我国高等教育大众化进程的加快，高等教育质量下滑的一个重要原因是师资质量的下滑。因此，要提高高等教育质量、培养创新型人才，就必须实施名师工程，发展一批具有创新意识、创新精神、创新能力和创新意志的教师。一是要严格把好高校教师的入口关，对各种不同层次和类型的高校教师规定具体的学历要求。为避免近亲繁殖，原则上应不留本校毕业生任教，如果确实要留校任教，其需

要到外校（包括境外）进行至少一年以上的访学交流。二是要重视对教师学术思想水平的考察。高校的教师不仅要有高超的科研实力和水平，而且最重要的是具有凝聚在学术成果里的思想，这种思想包括学术思想和教育理念，这是大学创新型教师的核心和关键所在。大学教师一定要具有个性化的学术思想，不能人云亦云，否则，所谓的创新型教师便名不副实。三是大学创新型教师应具有全面的综合素养，具有专精与广博的知识结构以及高尚的敬业精神，体现为对教育事业和对学生的爱护，对历史和社会的责任感以及创造性的个性心理品质，如自信自强、思维敏锐、好奇心强、兴趣广泛等。

（二）创新教学形式

高校要培养创新型人才，除需要实施名师工程外，还需要创新教学形式，注重教学组织形式与方法样式的改革。在教学组织形式方面，坚持班级教学组织形式不动摇，在一定条件保障下实施小班化教学，并辅之以个别化教学。班级教学制度能提高教学的效率，而小班化教学与个别化教学能保证对特殊学生的有效指导。在组织教学过程中，应组织学生走出学校、走出课堂，把理论教学与生产、生活实践结合起来，根据一定的教学任务安排，组织学生到公司、企业和农村中去，通过社会观察和实践操作来培养学生的创新精神和能力。另外，还应把教学组织形式与数字化教学方式结合起来，为学生的学习提供虚拟的空间和数字化的学习环境。在教学方法样式方面，《国家中长期教育改革和发展规划纲要（2010—2020年）》要求，“强调创新型人才培养要注重学思结合、知行统一和因材施教。教师要根据学生的不同特点和个性差异，激发学生的好奇心，培养学生的兴趣爱好，营造独立思考、自由探索、勇于创新的良好环境；要关注发展每一个学生的优势潜能，推进分层教学、走班制、学分制、导师制等教学管理制度改革，坚持教育教学与生产劳动、社会实践相结合。开发实践课程和活动课程，增强学生科学实验、生产实习和技能实训的成效。充分利用社会教育资源，开展各种课外及校外活动”。

（三）创新教学文化

创新型人才的培养需要营造一种持续稳定、和谐多元、开放民主、宽松自由和充满活力的教学文化，以优秀的教学文化“润”育创新型人才的成长。从构成教学文化客观因素的角度上看，高校的教学文化一般分为教学理念文化、教学制度文化和教学环境文化三个方面。其中，创新教学文化的核心是要营造宽松自由的教学环境氛围，包括教学自主的民主环境、学术自由的科研环境、鼓励创新的政策环境以及知行合一的舆论环境。高校要创新教学文化，应通过创建理念引领、环境影响和制度规范相互促进，个体自主、制度激励和舆论支持相互推动，教师主导、学生主体与制度创新相互作用的教学文化。一是作为创新型人才培养的主导，首先高校教师应具有创新精神，不仅自己要具有创新的思想和行为，而且要掌握指导学生创造性学习的思想意识和方式方法，在教学中体现自己的规范带头作用。二是要承认学生的个性和差异，发挥学生的优点和特长，尊重学生的自由探索和首创精神，激励学生的发明和创造，鼓励学生在学习过程中进行创新和创业，切实构建多元化的学生评价机制。三是创新学校课程资源，举办形式多样的学术交流活动和社会实践活动，形成鼓励创新、创造的舆论环境，营造学生在课堂中学习、在实践中学习和在生活中学习的教学文化氛围，推动高校创新文化的建设。

二、体现学生主体地位，创新学生学习形式

创新人才培养制度，关键是要注重学生主体性地位的实现，通过强调学生的学习自由、增加学生的学习机会和培养学生的创新个性，从而实现学生学习形式的创新。

（一）强调学生的学习自由

学生学习自由是学术自由的一个重要内容，是学生个性发展与创造性培养的必然前提，是学校关于学生学习制度建设的一条基本原则。学生学习制度的建设，一方面是要对学生的学习行为进行规范，保证学习目标的实现；另一方面，制度本身也要体现教学自由的教育理念，既要体现教师教学的自主性，同时也要体现学生学习的自由性和创造性。从本质上说，学生学习制度的建设要坚持以学习为本、以学生为主体的精神，在学习规范与学习自由之间找到适当的平衡点，既要充分发挥制度

的控制功能，又要强调制度建设的弹性和灵活性，要从制度的规范上保证学生学习的选择性、自主性、个体性、开放性和创新性。学生的学习自由要以体现学习的兴趣爱好、特点专长和现实条件为基础和前提，要以制度的形式为希望转专业和有条件转专业的学生提供便利。要改革人才培养方案，适当调整必修课与选修课之间的比例关系，逐步扩大选修课特别是任意选修课程的比例，通过完善学分制度、导师制度、选课制度、分流制度和主辅修制度等，进一步扩大学生选课的自由权。创新学生评价形式，建立有利于创新的学生评价制度，以制度的形式保证学生学习的自由性，注重形成性、过程性评价，实现学生考试成绩的多样化评定。建立创新学分制度，把学生的社会活动成绩和科研成绩纳入学分制度进行管理。经过制度的完善，切实保证学生学习的自由，从而实现创新型人才的培养。

（二）增加学生的学习机会

增加学生的学习机会是高校进行创新型人才培养的基本出发点，也是高校人才培养制度创新的重要指导思想。从一定程度上说，高校实施创新实验计划的最终目标就是要培养学生的创新、创造和创业的社会实践能力。为此，高校必须要为学生的学习生活创造力所能及的条件和机会，“通过实施‘全程全员全域’人才培养模式，广建学校课程资源，调动学生的主动意识，扩展学校育人途径和创新学校育人机制，其目的在于弘扬教育公平理念、展现教育机会均等、发展学生综合素质和增强学生实践能力，从而真正实现学校管理育人、教学育人和服务育人功能的一体化”①。要为增加学生的学习机会规划好相应的组织机构和活动机制，多创设学生学习的项目，建立多种类型的资金支持模式，充分利用好第一课堂，全面开发第二课堂，扩充学生课外实践和科技活动的机会，全力为学生的创新、创造和创业实践活动提供便利条件。在增加学生学习机会的同时，应注重学生的理想信念教育，把学生的个人爱好与社会需要有机结合起来，针对社会的发展变化和现实问题，引导学生对

① 袁川．自主管理、自主学习、自主发展——兼谈“全程全员全域”人才培养模式在某班学生中的实践研究［J］．贵州师范学院学报，2012（5）：51-54.

具有一定社会价值和意义的课题开展探讨、实践与研究，并对做出突出贡献和业绩的学生给予大张旗鼓的肯定和表彰，激励更多的学生多参加社会实践，多创造学习机会，通过培养学生独立地发现问题、分析问题和解决问题的能力，从而培养学生的创新精神和实践能力。

（三）培养学生的创新个性

创新个性是创新型人才培养的灵魂，实现学生创新个性的发展是高校创新型人才培养的重要目标。众所周知，所谓学生的“创新个性”，主要指学生具有的创新潜能，表现为学生敏锐的思想意识、广泛的兴趣爱好、独特的专长和具体的现实条件等。心理学研究表明，人的大脑是一个特殊的复合体，不同人的大脑的支配能力存在差异，显然不同的人就具有不同的特长和个性。因此，所谓的创新型人才也只是某个方面或最多某几个方面的创新型人才，不可能成为全能的创新型人才。创新型人才不可能样样都精通，更不可能各方面的能力都强。如果在创新型人才培养过程中求全责备，这只能导致人才的平庸，最终埋没人才。因此，培养创新型人才的关键在于培养学生的创新个性。首先，学校应营造一种较为宽松的学习环境，学生可以在学习过程中进行奇思怪想和标新立异，可以在自主学习、自行科研、自动实践和自学反思中获得发展。其次，学生要具有超强的社会适应能力，顺应时代发展的潮流，并要在社会实践中确立自我的发展方向，要把个人的追求与社会需要密切联系起来，充分发挥自身的发展潜能，使自己成为社会所需要的人才。再次，学生要能充分发挥自身优势，灵活运用自身的条件，善于分析制约自我发展的主客观环境和条件，对自己的发展做出准确的定位，全面地分析自身的优势与长处，选择最能发挥自身专长、特点和兴趣的方面作为人生的最高价值追求，不失时机地促进自我发展。

三、构建和谐师生关系，创新师生互动机制

高校要培养创新型人才，就必须坚持以人为本的教育理念，营造民主平等的课堂氛围，创建师生互动的交流机制，这是创建和谐师生关系的基本策略。

（一）坚持以人为本的教育理念

在高校创新型人才培养过程中坚持“以人为本”教育理念，就必须

保证学生的自主发展、全面发展与和谐发展。要把为了一切学生、为了学生的一切和一切为了学生作为教育教学的根本宗旨，要从学校的实际情况和学生的具体条件出发，充分尊重学生的个性特点和心理差异，认真分析学生的发展愿望和兴趣爱好。在课堂教学中采用对话式、问题式、探究式、启发式和参与式教学，鼓励学生自主学习、质疑批判和挑战权威的创新精神，为学生的学术自由、行为自主和个性发展创建平台与空间。在教学过程中为学生的发展营造独立思考、自由探索的社会环境氛围。教师在教学过程中应注重教学示范和知行合一，改革传统课堂教学中单纯的知识灌输和接受学习，重点培养学生发现问题、分析问题和解决问题的能力。要关注不同学生的心理特质和个性差异，充分而全面地发展每一个学生的优势和潜能。坚持以学生为本的教育理念并不是要求教师在教学过程中一味地讨好学生，而是要求教师在教学过程中充分发挥自身的主导作用，履行好培养学生、发展学生和提升学生的职责。因为教育的本质是一项育人的活动，不能只看满足学生的意愿与否，而应看是否对学生的未来发展和持续发展有利。因此，在教育教学中坚持以人为本特别是以学生为本，这是构建和谐的师生关系的前提，同时是教育教学的目的所在。

（二）营造民主平等的课堂氛围

构建和谐的师生关系，关键是要营建民主平等的课堂教学氛围。首先，应从思想上领会和谐的师生关系不是管理与被管理的关系，而是亦师亦友的关系。教师在与学生相处的过程中应放下自身的先生架子，以朋友的身份走进学生的生活，应充分地认识到把自己变成学生的朋友并不是什么屈尊降格的事情，也不代表着教师主导作用的丧失。相反，与学生为友是一项难以掌握和驾驭的教学管理技能，这需要教师长期的修炼。其次，在课堂教学过程中，教师虽闻道在先、术有专长，但是要知道师生作为社会的个体在人格上是平等的。教师要尊重学生的思想、情感、个性和人格，在平等的基础上与学生进行沟通与交流，要善于发现学生的闪光点并鼓励学生，让学生体会到教师对自己人格上的尊重。只有这样，学生的自尊、自信、自强和自立等心理品质才能体现出来。最后，教师要面向全体学生，要尊重学生的兴趣爱好和个性特长，不要歧视和放弃任何学生，要用一颗宽仁、博爱和友善的心理解、尊重、关心和爱护学生。要坚持育人为本，对学生一视同仁，要把对学生的爱转变为对教育教学工作的满腔热情，要以积极乐观的心态投入教育教学和与学生交流中。要善于引导学生的求知欲，要爱护学生的好奇心，要培养学生的创新精神、批判精神和社会关怀精神，养成学生自主学习、自主发展和自主管理的能力，为学生潜能的开发创造一种良好的社会环境氛围。

（三）创建师生互动的交流机制

创新型人才的培养不是一朝一夕的事情，不是几个学术报告、几个教师、几门课程或某个教学环节所能完成的教学任务，而需要在人才培养过程中创建系统的师生互动交流机制。一是要充分利用课堂教学，开发探讨式、启发式和研究式的教学制度。教师在学生面前不应以权威自居，在教学过程中不应搞一言堂和满堂灌教学，提倡课堂教学由教师主导模式向教师指导下学生主体的学习模式的转变。在课堂教学中，师生之间可以围绕某个主题进行讨论，可以各自发表自己的学术观点。学生可以理直气壮地提出自己的见解与认识，甚至对教师的观点提出质疑和批判，而教师不会因为自己闻道在先而压制学生，因为师生之间是一种民主平等的关系，可以通过相互讨论互通有无、共同提高。二是要在学校有计划、有目的和有组织的领导下，充分开发和利用导师制，实施科研导师制，引导学生参与老师的课题研究，培养学生研究的兴趣和能力，使学生掌握系统的科学研究方法，更为重要的是还可以增加师生之间的感情。实施企业技术人员导师制，开展技能训练和科技制作，可以增强学生的合作能力和团队意识，培养实践能力和创新精神。三是和谐的师生关系实际上是师生之间在互动过程中心与心的交流与体验，这种交流不仅体现在课内，而且体现在课外，甚至课外比课内更重要。因此，建立课后交流制度显得相当必要。教师要根据课堂教授的内容，围绕学生提出的问题或感兴趣的课题，把学生约到自己的办公室进行讨论，或者可以征求学生对改进课程教学的意见，也可以了解学生的学习水平、发展规划和家庭状况，要使学生感受到自己的和蔼可亲、平易近人，从而密切教与学的关系，促进师生关系的和谐发展。

第七章 结论与展望

高校的创新型人才培养是一项社会系统工程。目前我国仍处于实践探索和经验总结阶段，无论从顶层设计，还是高校的管理调控，抑或是高校人才培养的教学改革，均面临各种现实的困难。然而，必须明确的是，高校创新型人才的培养是我国高等教育发展史上一次重大的教育革新活动，是我国继实施素质教育之后的一次教育观念转型，映射的是社会转型期我国的经济社会发展对高校人才培养的需求，也是钱学森先生提出“为什么我国的高校总是培养不出杰出创新型人才?”这一问题的关键所在，这也正是本研究对我国高校创新型人才培养进行社会学研究的基本出发点。从某种意义上说，对我国高校创新型人才培养计划的实施现状进行调查研究，借鉴国内外的经验教训，构建基于高校创新型人才培养的实践体系，是本研究的基本目标之一。尤其值得注意的是，我国的高校创新型人才培养作为一种持久性、发展性和创造性的社会实践活动，本研究虽说得出了一些值得关注的研究结论，获得了一些有益的研究成果，总结出了一些创新要点，但这些只是阶段性的成绩，还需要后续研究来解决不少问题。对此，本研究只想对我国高校创新型人才培养的研究起到抛砖引玉的作用，从而引起社会理论界与实践界的共鸣，丰富我国高校创新型人才培养的理论体系和实践体系。

第一节 本研究的基本结论

本研究基于我国高校创新型人才培养的实施现状，运用文献分析、资料收集、实地走访和问卷调查等方法，对我国高校的创新型人才培养进行社会学分析，从而得出了一些有意义的结论。

一、高校创新型人才培养是建设创新型国家的基础和前提

当前，我国的社会正处于大发展、大变革和大调整时期，经济体制、经济形态和经济增长方式正在经历升级、变轨和转型。可以说，今天的中国已经大步迈进科学技术迅猛发展和社会全面转型的时代，创新型国家的建设要求每一个有责任感的中国人有所担当。在以市场竞争为主导的市场经济体制的规范下，光有责任和使命还不足以令人称道，必须有“争而必胜”的信念、素质和毅力和高校创新型人才培养的历史使命。

二、高校创新型人才培养需要获得社会广泛的支持与配合

本研究一再强调高校创新型人才培养是一项社会系统工程。从实施的主体上说，它是高等学校的责任与使命，但从实施的效果上说，它需要突破高等学校单打独斗的窘境，转而构建由学前教育、中小学教育、高等教育共同分担的社会格局。从实施的必要性上说，它不仅是高校实现人才培养目标的基本要求，更重要的，它是经济社会发展的对高等教育人才培养方面的新要求。从实施的社会支持上说，高等学校必须走出象牙塔，其人才培养必须与社会实践密切配合。要构建由政府调控、社会支持、家庭配合与高校主导的创新型人才培养体系。

三、我国高校创新型人才培养正处于实践探索的发展阶段

从发展阶段上说，我国高校的创新型人才培养起源于20世纪90年代，真正的实施则开始于21世纪初“国人的诺贝尔奖情节”，特别是“钱学森之问”之后，高校纷纷把创新型人才培养作为一种试验性活动进行探索，主要的做法是通过集中学校内外的优质教育资源对特定的学生实施的一种人才培养活动。从实施的情况看，高校对此相当重视，已做出了许多改革和部署，但这项活动还没有达到普及推广的程度，这说明我国高校的创新型人才培养目前正处于实践探索的发展阶段。

四、我国高校创新型人才培养已取得了一定的经验与成效

我国的高校创新型人才培养正处于试验探索阶段，当前所取得的成效也是显而易见的。社会已开始关注高校的创新型人才培养，创新型人才培养也成为高等教育改革与发展的重要思想潮流，高校已纷纷确定了

自己较为明确的人才培养理念和人才培养目标，并对人才培养制度包括招生制度、导师制度、学分制度以及分流制度等进行了改革，对人才培养模式包括管理模式、交流模式、教学模式以及评价模式等进行了创新，通过理念、目标、模式和制度的创新与实践，初步形成了我国高校创新型人才培养的实践经验。

五、我国高校创新型人才培养目前存在一定的困境与问题

作为一种正处于探索性阶段的试验性活动，我国高校的创新型人才培养出现困境和问题在所难免。中观层面（高校）的主要问题有：人才培养理念的创新中仍然存在一定程度的趋同性，人才培养模式的改革中未能突出培养目标的多元性，人才培养制度的改革中尚未充分显示学生的主体性，人才培养氛围的营造中忽视了师生交往的和谐性。微观层面（教师、学生）的主要问题有：教师教学投入不足，教师创新能力不强，学生价值取向偏颇，学生主动学习不够等。因此，基于以上问题，探索我国高校创新型人才培养的实践路径显得尤为必要。

六、我国高校的创新型人才培养需要进一步完善制度创新

高校要培养创新型人才，需要构建创新型人才培养的实践路径。在宏观方面，要完善国家体制机制，健全政府管理制度，完善社会支持制度，加强校社互动交流，注重文化传承创新，体现文化育人功能。在中观方面，要重塑现代大学精神，创新人才培养理念，改革人才培养体制，完善大学内部治理，创新人才培养模式，健全教学管理制度。在微观方面，要发挥教师主导作用，创新教师教学方式，体现学生主体地位，创新学生学习形式，构建和谐师生关系，创新师生互动机制等。

第二节　本研究的创新之处

高校创新型人才培养是一项探索性的社会实践性活动，对这一社会现象和问题的研究具有重要的理论意义与实践价值。目前我国高校的创新型人才培养没有适用的经验可以借鉴，起步较晚，时间较短，经验较为缺乏，成效还不够明显，在实践过程中各办学主体还缺乏主动性。尽

管近年来社会对此类问题的认识和研究成果较多，研究的方法较为多样，研究的主题较为丰富，研究的成果也具有较为明显的独创性，但仍迫切需要进行方法、思路、视角和方法转换。本研究基于这样的认识，在借鉴前人研究的基础上，提出了一些创新之处。

一、开启了对高校创新型人才培养进行深入研究的新视角

自进入21世纪以来，由于国人的“诺贝尔奖情节”以及有名的“钱学森之问”，较多的学者对我国的高校创新型人才培养进行了广泛而深入的研究，已经取得了较为丰硕的研究成果。透过这些研究成果的形式不难看出，大多数研究成果仅是从教育学的视角论述我国高校创新型人才培养的实践路径，并且研究的趋同化现象较为明显，本研究则是从社会学分析的视角对我国高校创新型人才培养进行创造性研究，突破了原有的教育学研究视角。

二、形成了对高校创新型人才培养进行系统研究的新方法

过去的研究多是一些经验的描绘或理论的探讨，而对高校创新型人才培养进行定性与定量相结合的质性系统研究则基本没有，并且当前的多数研究成果分析深度略微不足，论证性也不够充分。本研究则基于当前我国高校进行创新型人才培养的实践现状，运用实地走访、收集资料并配以问卷调查和现场访谈的方法进行质性研究，实地走访能真实地感受到我国高校创新型人才培养的实施现状，问卷调查和现场访谈能较好地对我国高校创新型人才培养进行客观的评价。因此，从一定程度上探索了对我国高校创新型人才培养进行深入研究的新方法。

三、提出了对我国高校创新型人才培养进行分析的三个层面

研究确定了我国高校创新型人才培养三个层面的影响因素，即宏观层面的影响因素、中观层面的影响因素和微观层面的影响因素。宏观层面的影响因素有国家体制和传统文化，中观层面的影响因素有大学精神和培养模式，微观层面的影响因素有师生关系和教学互动。这三个层面的影响因素是基于大规模的文献分析得出的，是通过对国内外的研究成果、研究结论、实证分析以及咨询相关专家学者的基础上，经综合分析并按照一定的逻辑推理概括出来的。三个层面之间尽管存在一定的关联

性，但其逻辑关系、层次划分和结构体系也具有一定的合理性。

四、确立了分析我国高校创新型人才培养问题成因的三个维度

研究突破了多数研究成果从单一层面、单一维度分析我国高校创新型人才培养问题存在的原因的局限，确立了分别从政府管理体制、培养模式和师生互动三个方面分析我国高校难以培养创新型人才的真正原因。政府管理体制的原因主要有陈腐观念的影响、政治体制的制约、经济体制的制约以及制度规范的缺乏等。培养模式的原因主要有人才培养理念不能体现大学精神、人才培养制度存在缺陷以及人才培养模式较为单一等。师生关系的原因主要有教师的思维不够开放、创新能力不强，教师忽视学生的个性培养，学生的学习缺乏自主性，师生关系不够融洽，教学互动不足等。

第三节　本研究的未来展望

高校创新型人才培养是一项社会系统工程，其本身就是一个宏大的研究领域，涉及的问题很多，研究的内容也很广泛，再加上由于当前我国的高校创新型人才培养正处于实践探索阶段，因而存在许多复杂的、动态性的社会性问题，这些问题都需要进行进一步深入研究。

一、需要对各级各类学校的创新型人才培养进行全面的考察

实际上，创新型人才的培养不仅是高校的事情，从根本上说，应是整个教育系统或者是整个社会的责任。从现实的情况看，很多人都把我国社会创新型人才的缺失归咎于高等学校的责任，这显然有失公平性与合理性。例如，如果中小学不能为高校提供优质的生源，高校的创新型人才培养只能面临无米之炊的窘境，或者说社会不能为创新型人才的成长提供优良的社会环境，而所谓的创新型人才培养将难上加难。因此，对高校创新型人才的培养需要进行系统而全面的考察。

二、对国外著名大学的创新型人才培养理念应进行深入的提炼

国外文献的分析是科学研究的重要组成部分，本研究仅对美国的哈佛大学、英国的牛津大学和日本的东京大学三所大学的人才培养进行了

一定的总结，鉴于受制于研究资料的短缺以及本课题研究时间的有限，可能还存在对三所高校人才培养的经验总结不够全面和不够深刻的情况，特别是对国外一流大学的人才培养研究不够充分。因此，对国外著名大学的创新型人才培养模式进行更为深入的思考是很有必要的。

三、需要对高校创新型人才培养进行深入的社会学理论分析

本研究主要运用质性研究法来分析我国高校的创新型人才培养，虽说简要地提到了教育社会学的结构功能理论、矛盾冲突理论以及符号互动理论，但是仅对这些理论做了一些简单介绍，还没有对这些理论进行深入的分析。因此，作为一种社会学分析方法，要对高校创新型人才培养进行深入的社会学研究，需要深厚的社会学理论与方法的积淀。

四、重视运用测量方法对高校创新型人才培养进行科学的评估

当前，我国的高校创新型人才培养作为一种试验性的探索活动，在社会各界的共同努力下，有些高校已经做出了许多尝试和努力，但至于真实的效果如何，还无从详细得知。当前虽说已有较多的评价，但多是一些经验性的看法和评论，略显缺乏科学性的论断。因此，如果要对高校的创新型人才培养进行科学合理的评价，就必须对评价的量化方法进行科学合理的设计，这应成为未来研究的一个重要思路。

参考文献

一、中文类

［1］王道俊，郭文安．教育学［M］．北京：人民教育出版社，2009．

［2］董泽芳．教育社会学［M］．武汉：华中师范大学出版社，2009．

［3］鲁洁．教育社会学［M］．北京：人民教育出版社，1990．

［4］钱民辉．教育社会学概论［M］．北京：北京大学出版社，2010．

［5］董泽芳．高等教育分流的理论与实践［M］．武汉：华中师范大学出版社，2010．

［6］潘懋元．应用型人才培养的理论与实践［M］．厦门：厦门大学出版社，2011．

［7］董泽芳，沈百福．百川归海：教育分流研究与国民教育分流意向调查［M］．武汉：华中师范大学出版社，1999．

［8］郭有遹．创造心理学［M］．北京：教育科学出版社，2002．

［9］钟秉林．中国大学改革与创新人才教育［M］．北京：北京师范大学出版社，2008．

［10］张人杰．国外教育社会学基本文选［M］．上海：华东师范大学出版社，1989．

［11］高福安．创新人才培养方法论［M］．北京：中国广播电视出版社，2005．

［12］傅进军．创新人才培养的教育环境建设研究［M］．北京：科

学出版社，2011.

[13] 张楚廷. 高等教育学导论 [M]. 北京：人民教育出版社，2010.

[14] 林崇德. 创新人才与教育创新研究 [M]. 北京：经济科学出版社，2009.

[15] 顾明远. 教育大辞典 [M]. 增订合编本. 上海：上海教育出版社，1998.

[16] 教育部. 面向21世纪教育振兴行动计划学习参考资料 [M]. 北京：北京师范大学出版社，1999.

[17] 教育发展与政策研究中心. 发达国家教育改革的动向和趋势 [M]. 北京：人民教育出版社，1986.

[18] 吴志宏. 教育行政学 [M]. 北京：人民教育出版社，1999.

[19] 潘懋元，王伟廉. 高等教育学 [M]. 福州：福建教育出版社，1995.

[20] 张丽霞. 轻松走进牛津大学 [M]. 北京：中国宇航出版社，2010.

[21] 刘献君. 教育研究方法高级讲座 [M]. 武汉：华中科技大学出版社，2011.

[22] 李文玲. 教育与心理定量研究方法与统计分析：SPSS实用指导 [M]. 北京：北京师范大学出版社，2008.

[23] 王英杰. 中国高等教育改革30年 [M]. 北京：北京师范大学出版社，2009.

[24] 闵维方. 高等教育运行机制研究 [M]. 北京：人民教育出版社，2002.

[25] 余风盛，董泽芳. 高等教育60年回顾与展望 [M]. 武汉：华中师范大学出版社，2010.

[26] 王坤庆. 教育哲学简明教程 [M]. 武汉：华中师范大学出版社，2011.

[27] 张应强. 精英与大众：中国高等教育60年 [M]. 杭州：浙江大学出版社，2009.

[28] 吴康宁. 教育社会学 [M]. 北京：人民教育出版社，1998.

[29] 谢维和. 教育活动的社会学分析 [M]. 北京：教育科学出版社，2000.

[30] 杨德广. 先进文化与高等教育创新 [M]. 上海：上海交通大学出版社，2009

[31] 董泽芳，何祥林. 高校目标管理的理论与实践 [M]. 武汉：华中师范大学出版社，2013.

[32] 卫道治. 人·关系·文化：教育社会学略观 [M]. 长沙：湖南教育出版社，1988.

[33] 薛天祥. 高等教育学 [M]. 南宁：广西师范大学出版社，2005.

[34] 熊庆年. 高等教育管理引论 [M]. 上海：复旦大学出版社，2007.

[35] 张斌贤. 西方高等教育哲学 [M]. 北京：北京师范大学出版社，2007.

[36] 顾建民. 高等教育学 [M]. 杭州：浙江大学出版社，2008.

[37] 刘向信. 高校育人新机制探索：情感、激励、嫁接三结合 [M]. 北京：人民出版社，2008.

[38] 李若虹. 在牛津和哈佛求学 [M]. 上海：华东师范大学出版社，2008.

[39] 王葎. 价值观教育的合法性 [M]. 北京：北京师范大学出版社，2009.

[40] 张志英. 高等教育专业评估理论及方法研究 [M]. 北京：中国社会科学出版社，2008.

[41] 张丽霞. 轻松走进牛津大学 [M]. 北京：中国宇航出版社，2010.

[42] 薛涌. 美国大学原来是这样的 [M]. 桂林：漓江出版社，2011.

[43] 张德才. 比较与借鉴：中外高等教育评估体系研究 [M]. 哈尔滨：哈尔滨工程大学出版社，2008.

[44] 刘洪一. 走向国际化的高等教育：香港、深圳高等教育通观研究 [M]. 北京：北京大学出版社，2004.

[45] 吴绍芬. 高等教育改革热点问题研究 [M]. 北京：中国书籍出版社，2012.

[46] 吴明隆. 问卷统计分析实务：SPSS操作与应用 [M]. 重庆：重庆大学出版社，2010.

[47] 马和民. 新编教育社会学 [M]. 上海：华东师范大学出版社，2002.

[48] 宋林飞. 西方社会学理论 [M]. 南京：南京大学出版社，1997.

[49] 张德祥，周润智. 高等教育社会学 [M]. 北京：高等教育出版社，2002.

[50] 韦伯. 社会学的基本概念 [M]. 顾忠华，译. 桂林：广西师范大学出版社，2005.

[51] 特纳. 社会学理论的结构：上 [M]. 邱泽奇，译. 北京：华夏出版社，2001.

[52] 约翰逊. 社会学理论 [M]. 南开大学社会学系，译. 北京：国际文化公司，1988.

[53] 科塞. 社会冲突的功能 [M]. 孙利平，译. 北京：华夏出版社，1989.

[54] 贝克. 风险社会 [M]. 何博闻，译. 南京：译林出版社，2004.

[55] 怀特海. 教育的目的 [M]. 徐汝舟，译. 北京：生活·读书·新知三联书店，2002.

[56] 纽曼. 大学的理想 [M]. 徐辉，顾建新，何曙荣，译. 杭州：浙江教育出版社，2001.

[57] 马克思，恩格斯. 马克思恩格斯选集：第一卷 [M]. 北京：人民出版社，2012.

[58] 朗格朗. 终身教育引论 [M]. 周南照，陈树清，译. 中国对外翻译出版公司，1985.

[59] 阿什比. 科技发达时代的大学教育 [M]. 滕大春，滕大生，

译. 北京：人民教育出版社，1983.

[60] 斯诺. 对科学的傲慢与偏见：查·帕·斯诺演讲集 [M]. 陈恒六，刘兵，译. 成都：四川人民出版社，1987.

[61] 卡西尔. 人论 [M]. 甘阳，译. 上海：上海译文出版社，1985.

[62] 吉尔福特. 创造性才能 [M]. 施良方，沈剑平，唐晓杰，译. 北京：人民出版社，1991.

[63] 斯滕伯格. 创造力手册 [M]. 施建农，译. 北京：北京理工大学出版社，2005.

[64] 罗索夫斯基. 美国校园文化：学生·教授·管理 [M]. 谢宗仙，周灵芝，马宝兰，译. 济南：山东人民出版社，1996.

[65] 熊彼特. 经济发展理论 [M]. 何畏，译. 北京：商务印书馆，1990.

[66] 米尔斯. 社会学的想象力 [M]. 陈强，张永强，译. 北京：生活·读书·新知三联书店，2005.

[67] 米切尔. 新社会学词典 [M]. 蔡振扬，谈谷铮，雪原，译. 上海：上海译文出版社，1992.

[68] 亚历山大. 社会学二十讲：二战以来的理论发展 [M]. 贾春增，董天民，译. 北京：华夏出版社，2000.

[69] 布莱克莱吉，亨特. 当代教育社会学流派：对教育的社会学解释 [M]. 王波，陈方明，胡萍，译. 北京：春秋出版社，1989.

[70] 奥斯特罗姆，菲尼，皮希特. 制度分析与发展的反思：问题与抉择 [M]. 王城，译. 北京：商务印书馆，2001.

[71] 戴维斯，里姆. 英才教育 [M]. 杨庭郊，吴明泰，译. 北京：新华出版社，1992.

[72] 史登堡，鲁巴特. 不同凡响的创造力 [M]. 洪兰，译. 北京：中国城市出版社，2000.

[73] 汉森. 教育管理与组织行为 [M]. 冯大鸣，译. 上海：上海教育出版社，1993.

[74] 班尼，约翰逊. 教育社会心理学 [M]. 邵瑞珍，孙名之，张世富，译. 昆明：云南教育出版社，1996.

［75］索里，特尔福德．教育心理学［M］．高觉敷，译．北京：人民教育出版社，1982．

［76］JONES V F，JONES L S．全面课堂管理：创建一个共同的班集体［M］．方彤，罗曼丁，刘红，等译．北京：中国轻工业出版社，2002．

［77］史密斯，韦伯斯特．后现代大学来临［M］．侯定凯，赵叶珠，译．北京：北京大学出版社，2010．

［78］帕尔菲曼．高等教育何以为“高”：牛津导师制教学反思［M］．冯青来，译．北京：北京大学出版社，2011．

［79］怀特．再论教育目的［M］．李永宏，译．北京：教育科学出版社，1997．

［80］怀特海．教育的目的［M］．徐汝舟，译．北京：生活·读书·新知三联书店，2002．

［81］柏拉图．理想国［M］．张竹明，译．南京：译林出版社，2009．

［82］加塞特．大学的使命［M］．徐小洲，陈军，译．杭州：浙江教育出版社，2001．

［83］范富格特．国际高等教育政策比较研究［M］．王承绪，译．杭州：浙江教育出版社，2001．

［84］富永健一．社会学原理［M］．严立贤，陈婴婴，杨栋梁，等译．北京：社会科学文献出版社，1992．

［85］阿赫巴特．高等教育变革的国际趋势［M］．蒋凯，译．北京：北京大学出版社，2009．

［86］吴海江，杨晓雍．创新教育：面向21世纪高等教育改革的方向［J］．河北师范大学学报（教育科学版），1998（2）：23-26．

［87］房国忠，王晓钧．基于人格特质的创新型人才素质模型分析［J］．东北师大学报（哲学社会科学版），2007（3）：106-109．

［88］李晓轩，牛珩，冯俊新．科研拔尖人才的成才规律与启示［J］．科学学研究，2004，22（3）：273-278．

［89］张成林、宣晓萤．MIT工程教育思想初探［J］．高等工程教

育研究，1998（1）：17-35.

［90］莱文．通识教育在中国教育发展中的角色［J］．国家教育行政学院学报，2010（7）：8-10.

［91］乔万敏，邢亮．开放式教育：创新型人才培养的新视角［J］．教育研究，2010（10）：86-90；106.

［92］钟秉林．国际视野中的创新型人才培养［J］．中国高等教育，2007（3/4）：37-40.

［93］何克抗．现代教育技术与创新人才培养：上［J］．电化教育研究，2000（6）：3-7.

［94］徐小洲，叶映华．创新型人才的素质结构与生成转化机制［J］．高等工程教育研究，2012（1）：70-74；96.

［95］程志伟．创新型人才培养与高校考试改革［J］．辽宁教育研究，2005（5）：25-26.

［96］戴家干．创新考试制度　服务创新人才培养［J］．中国高等教育，2009（1）：28-31.

［97］田起宏，韩笑，雷涯邻．创新人才培养理论研究现状及未来研究方向［J］．山东师范大学学报（人文社会科学版），2010（6）：82-85.

［98］徐晓媛，史代敏．拔尖创新人才培养模式的调研与思考［J］．国家教育行政学院学报，2011（4）：81-84；57.

［99］李娅娜，王东升．创新型人才培养模式研究［J］．山东社会科学，2010（4）：174-176.

［100］张敏．创新型人才培养环境的实践设计［J］．经济与管理研究，2007（7）：67-70.

［101］王青耀，周瑛．基于创新型人才培养的创新教育研究［J］．科技进步与对策，2007（3）：184-186.

［102］王明杰．创新型人才成长的主客观因素分析［J］．中国人才，2010（23）：68-69.

［103］卢清．中国高师院校创新人才培养研究［J］．重庆大学学报（社会科学版），2012（6）：166-169.

［104］李庆丰．夯实高校课程改革　着力创新人才培养［J］．中国

高等教育，2012（7）：29-32.

[105] 刘建国．创新型人才培养与高校考试改革［J］．现代大学教育，2006（2）：107-110.

[106] 董泽芳．社会学视域中的大学文化［J］．现代大学教育，2013（1）：1-9；112.

[107] 袁川，董泽芳．冲突理论视域下创新型人才培养社会学分析［J］．研究生教育研究，2012（3）：29-34.

[108] 袁川．大学文化传承创新与创新型人才培养［J］．国家教育行政学院学报，2012（12）：63-67.

[109] 梁拴荣，贾宏燕．创新型人才概念内涵新探［J］．生产力研究，2011（10）：23-26.

[110] 钟秉林．国际视野中的创新型人才培养［J］．中国高等教育，2007（3/4）：37-40.

[111] 杨茂森．创新型人才的六大特征［J］．中国人才，2006（13）：8.

[112] 付增光．试论创新型人才的基本特征及其培养［J］．陕西师范大学学报（哲学社会科学版），2005（S1）：165-168.

[113] 袁广林．大学何以培养创新人才：批判性思维的视角［J］．高校教育管理，2012（5）：50-54.

[114] 徐波．约束我国高校创新人才培养的制度因素［J］．现代教育管理，2009（8）：51-53.

[115] 李长萍．影响创新人才成长的主要因素［J］．中国高教研究，2012（10）：32-39.

[116] 段凯歌，袁祖望，李勇．创新人才培养的制约因素分析［J］．未来与发展，2012（3）：75-78.

[117] 任建国，周琳，张明月．创新型人才培养机制研究［J］．中国高校科技，2011（6）：36-37.

[118] 陈向明．从北大元培计划看通识教育与专业教育的关系［J］．北京大学教育评论，2006（3）：71-85；190.

[119] 李向荣，李蔚，段远源．研究型大学人才培养体系建设的新

探索：清华大学“985 工程”二期本科人才培养项目规划及建设成效 [J]. 清华大学教育研究，2008 (3)：40-43.

[120] 刘建清，郑伦楚. 重点大学复合型创新英才培养模式探讨：华中师范大学本科人才培养“博雅计划”的实践 [J]. 中国大学教学，2009 (12)：36-38.

[121] 黄建钢. 培养模式创新与创新人才培养 [J]. 中国高等教育，2010 (9)：41-42.

[122] 杨肇夏，屈波，刘拓. 高素质创新人才培养方案的设计与实现 [J]. 中国高教研究，2003 (5)：48-49.

[123] 马陆亭. 由体系和制度入手完善创新人才培养 [J]. 华中师范大学学报（人文社会科学版），2010 (6)：133-140.

[124] 易自力. 谈高校创新人才培养的难题与破解 [J]. 中国高等教育，2010 (21)：12-14.

[125] 赵怀玉，李全武. 高校创新人才培养的新视野 [J]. 陕西师范大学学报（哲学社会科学版），2007 (S1)：208-210.

[126] 吴志华，廖志豪. 创新型人才培养中存在的问题与建议 [J]. 中国高校科技与产业化，2010 (5)：9-11.

[127] 佟庆伟. 创新型人才的基本特征及其培养途径 [J]. 实验技术与管理，2008 (5)：16-18；37.

[128] 李蕾. 创新型人才培养与教学创新研究 [J]. 中国高校科技，2012 (5)：67-68.

[129] 卢铁城. 为建设创新型国家培养造就拔尖创新人才 [J]. 中国高教研究，2006 (10)：10-13.

[130] 刘献君. 改革教学质量评价制度 促进创新型人才培养 [J]. 中国高等教育，2008 (9)：18-20.

[131] 杨德广. 培养拔尖创新人才应克服体制性和制度性障碍 [J]. 中国高教研究，2006 (12)：12-14.

[132] 万正立，张胜. 高校创新型人才培养制度研究 [J]. 企业家天地，2009 (3)：99-100.

[133] 朱清时. 求解创新型人才培养的困局 [J]. 中国高等教育，

2009 (20): 4-5.

[134] 马陆亭. 现代大学制度建设与创新人才培养 [J]. 中国高等教育, 2010 (5): 22-24.

[135] 郭孝菊. 论胡锦涛同志的创新人才培养观 [J]. 毛泽东思想研究, 2007 (3): 115-117.

[136] 田建国. 关于创新型人才培养的思考 [J]. 高校理论战线, 2008 (2): 31-34.

[137] 马元方, 傅佑全. 大教育观视野下大学人才培养观念的转变与更新 [J]. 西南民族大学学报 (人文社科版), 2009 (9): 274-276.

[138] 吴硕贤. 关于对创新型人才培养的几点思考 [J]. 科学与社会, 2012 (2): 34-37.

[139] 高筱梅. 论新型高层次人才及其培养 [J]. 现代大学教育, 2004 (2): 109-111.

[140] 朱君强. 关于高校创新人才培养的思考 [J]. 陕西师范大学学报 (哲学社会科学版), 2007 (S1): 214-217.

[141] 付增光. 试论创新型人才的基本特征及其培养 [J]. 陕西师范大学学报 (哲学社会科学版), 2005 (S1): 162-165.

[142] 黄建钢. 培养模式创新与创新人才培养 [J]. 中国高等教育, 2010 (9): 41-42.

[143] 曹海浪. 论高校创新人才培养 [J]. 黑龙江高教研究, 2005 (11): 138-139.

[144] 包水梅, 李世萍. 我国拔尖创新人才培养的困境及其根源与出路 [J]. 现代教育管理, 2012 (8): 83-89.

[145] 陈文宽. 高等教育培养创新人才的思考 [J]. 西南民族大学学报 (人文社科版), 2004 (10): 382-383.

[146] 姚聪莉, 任保平. 创新人才培养的逻辑及其大学教育转型 [J]. 中国高等教育, 2012 (7): 9-12.

[147] 齐燕铭, 王长龙, 齐俊桥. 教育创新与创新人才培养的研究与实践 [J]. 中国人才, 2012 (8): 143-144.

[148] 郭广生, 李广丰. 培养创新人才呼唤教学方法大变革 [J]. 中

国高等教育，2011（18）：7-10.

[149] 杜玉波. 全面推进素质教育 培养高素质创新人才 [J]. 中国高教研究，2012（1）：1-4.

[150] 马运超. 高校创新人才缺乏的原因及对策探究 [J]. 山西财经大学学报，2012（4）：112-113.

[151] 马防修. 素质教育与创新人才的培养 [J]. 河南社会科学，2004（5）：127-128.

[152] 汪培栋. 高等教育必须培养创新人才 [J]. 现代大学教育，2001（4）：11-13.

[153] 丁烈云. 顺应新型工业化道路 主动培养拔尖创新人才 [J]. 中国高等教育，2012（1）：31-32；55.

[154] 母国光. 营造创新人才成长的环境 [J]. 求是，2003（11）：47-48.

[155] 董泽芳. 高校人才培养模式的概念界定与要素解析 [J]. 大学教育科学，2012（3）：30-36.

[156] 陈伟鸿. 研究性学习之于高校人才培养的价值体现 [J]. 教育发展研究，2004（4）：24-25.

[157] 李如密. 课堂教学互动及其优化策略：符号互动论的视角 [J]. 教育科学研究，2012（10）：51-55.

[158] 刘宝存. 如何创建研究型大学：牛津大学和哈佛大学的经验 [J]. 教育发展研究，2003（2）：67-70.

[159] 袁川. 自主管理、自主学习、自主发展——兼谈“全程全员全域”人才培养模式在某班学生中的实践研究 [J]. 贵州师范学院学报，2012（5）：51-54.

[160] 刘献君. 在文化传承与创新中育人的理性思考 [J]. 中国高等教育，2011（18）：14-16.

[161] 刘志明. 高等工程教育培养创新型人才的思考 [J]. 中国高教研究，2003（9）：10-13.

[162] 胡乐东. 东京大学：在保持传统中变革 [J]. 上海教育，2013（14）：60-63.

［163］刘宝存．哈佛就是哈佛：哈佛大学办学理念探析［J］．教育发展研究，2004（2）：28-33．

［164］李光贞．东京大学课堂教学中的研究性学习及启发［J］．山东外语教学，2012（1）：71-74．

［165］朱晓刚．我国现代大学制度建设之路：历史经验与启示［J］．高校教育管理，2013（3）：11-18．

［166］赵文华．建立现代大学制度　加快我国研究型大学建设［J］．上海交通大学学报（社会科学版），2002（2）：87-90．

［167］陈时见，何梅．牛津大学人才培养的现代走向［J］．大学（研究与评价），2006（12）：58-61．

［168］罗建平，马陆亭．东京大学教育经费与发展战略的联动［J］．高等工程教育研究，2010（6）：130-135．

［169］刘刚，张海兰．英美高校投资来源及对完善我国高校投资体制的启示：基于英美两国几所大学的投资来源的分析［J］．中国高教研究，2011（9）：59-63．

［170］肖丽萍．二战后美国教育政策的演变及启示［J］．教育研究，1997（11）：74-77．

［171］张嵘．牛津大学人才培养模式及其启示［J］．大家，2011（17）：192-193．

［172］李其荣．美国哈佛大学的魅力与特色：我所了解的哈佛大学［J］．中南民族大学学报（人文社会科学版），2009（6）：176-180．

［173］刘宝存．哈佛大学办学理念探析［J］．外国教育研究，2003（1）：48-53．

［174］姜玲．哈佛大学的讨论课制度对我国高校的启示［J］．教育研究与实验，2013（S1）：34-37．

［175］李岩松．东亚大学的国际化发展趋势：以北京大学、东京大学和首尔大学为例［J］．北京大学教育评论，2009（2）：105-106．

［176］卫冬妹，李伟，李永强．大学生科技创新培养的实践与评价：以武汉纺织大学润禾计划为例［J］．武汉纺织大学学报，2011（4）：71-72．

［177］易勇，戚巍．科学家培养拔尖创新人才的年龄结构分析：以1999—2010年全国优秀博士学位论文指导教师为例［J］．中国高教研究，2012（7）：51-55.

［178］文新华．论人的全面发展与个性发展：兼论创新人才的培养［J］．华东师范大学学报（教育科学版），2004（1）：7-13.

［179］袁东．关于创新人才培养与大学教育的几点思考［J］．广西师范大学学报（哲学社会科学版），2010（3）：114-117.

［180］黄敏，陈炎辉．我国研究型大学拔尖创新人才培养模式研究：基于“985工程”大学《2010年度本科教学质量报告》的文本分析［J］．国家教育行政学院学报，2012（12）：51-56.

［181］张道海，查奇芬，陈玉娟．高校创新人才培养模式的构建［J］．江苏大学学报（高教研究版），2003（2）：49-51.

［182］张学洪．大学生课外科技活动与创新人才培养［J］．高校教育管理，2012（6）：80-83.

［183］丁敬群．理想教育与创新人才的培养［J］．江西社会科学，2000（5）：150-151.

［184］廖志豪．基于素质模型的高校创新型科技人才培养研究［D］．上海：华东师范大学，2012.

［185］孙鑫．本科阶段拔尖创新人才培养研究：以“基础学科拔尖学生培养试验计划”为例［D］．南昌：江西师范大学，2012.

［186］陈金江．中国大学本科精英学院运行模式研究［D］．武汉：华中科技大学，2010：169.

［187］李立国．工业化时期英国教育变迁的历史研究［D］．北京：北京师范大学，2001.

［188］李洪修．学校课程实施的组织社会学分析：以吉林省B学校为例［D］．长春：东北师范大学，2010.

［189］成中梅．学习型高校的人才培养模式研究［D］．武汉：华中科技大学，2008.

［190］王秀梅．工科高校创新人才培养及评价研究［D］．北京：华北电力大学，2008.

[191] 罗军飞. 创新型大学与创新型国家 [D]. 长沙：中南大学，2008.

[192] 宋进. 我国创新型国家建设的人文社会维度研究 [D]. 上海：华东师范大学，2010.

[193] 罗文标. 基于知识创新的企业技术创新人才培养研究 [D]. 北京：华北电力大学，2008.

[194] 雅斯贝尔斯. 大学的观念 [J]. 王城，译. 新华文摘，2001 (1)：177-188.

二、外文类

[1] HARRISON B. The history of the University of Oxford：Vol. Ⅷ [M]. Oxford：Clarendon Press，1994.

[2] HENNESSEY B A，AMABILE T M. Creativity [J]. Annual review of psychology，2010 (1)：571.

[3] PREST J. The illustrated history of Oxford University [M]. Oxford：Oxford University Press，1993.

[4] CATTON J I. The early Oxford School [M] //ASTON T H. The history of the University of Oxford：Vol. Ⅰ. Oxford：Clarendon Press，1984.

[5] KELLER M，KELLER P. Making Harvard modern：the rise of America's university [M]. Oxford：Oxford University Press，2001.

[6] SIMONTON D K. Genius，creativity，and leadership [M]. Cambridge：Harvard University Press，1984.

[7] NEWMAN J H. The idea of a university：defined and illustrated [M]. Chicago：Loyola University Press，1987.

[8] RUNCO M A. Creativity [J]. Annual review of psychology，2004 (1)：662.

[9] BARRON A F，HARRINGTON D M. Creativity，intelligence，and personality [J]. Annual review of psychology，2003 (1)：439-476.

[10] NONAKA I，KONNO N. The concept of "Ba"：building a foundation for knowledge creation [J]. California management review，

1998（3）：40-55.

［11］BOBBITT F. The supervision of city schools. Twelfth yearbook of the notional society for the study of education：Part Ⅰ［M］. Chicago：University of Chicago Press，1913.

［12］CONANT J B. General education in a free society：report of the Harvard Committee［M］. Cambridge：Harvard University Press，1945.

［13］CAMPBELL D T. Blind variation and selective retention in creative thought as in other knowledge processes［J］. Psychological review，1960，67：380-400.

［14］ASTIN A. Assessment for excellence：the philosophy and practice of assessment and evaluation in higher education［M］. New York：Macmillan Publishing Company，1991.

［15］CSIKSZENTMIHALYI M. Society，culture，person：a systems view of creativity［M］. Cambridge：Cambridge University Press，1988.

［16］GUILFORD J P. Creativity［J］. American psychologist，1950（5）：444-454.

［17］TAYLOR C W，HOLLAND J H. Development and application of tests of creativity［J］. Review of educational research，1962（1）：91-102.

［18］AMABILE T M. Social psychology of creativity：a consensual assessment technique［J］. Journal of personality and social psychology，1982，43：997-1013.

［19］STERNBERG R J. Implicit theories of intelligence，creativity，and wisdom［J］. Journal of personality and social psychology，1985（3）：607-627.

［20］YAU C. An essential interrelationship：healthy self-esteem and productive creativity［J］. The journal of creative behavior，1991（2）：154-161.

［21］DAHRENDO R. Out of utopia：toward a reorientation of sociological analysis［J］. American journal of sociology，1958（2）：

126-131.

[22] FEIST G J, BARRON F X. Predicting creativity from early to late adulthood: intellect, potential and personality [J]. Journal of research in personality, 2003 (2): 62-88.

[23] FELDHUSEN J F. Creativity: a knowledge base metacoginitive skills, and personality factors [J]. Journal of creative behavior, 1995 (4): 255-268.

[24] BAAS M, de DREU C, NIJSTAD B A. A meta-analysis of 25 years of mood-creativity research: hedonic tone, activation, or regulatory focus [J]. Psychological bulletin, 2008 (6), 779-806.

[25] STERNBERG R, LUBART T. An investment theory of creativity and its development [J]. Human development, 1991 (1): 1-32.

[26] RICIARDELLI L A. Creativity and bilingualism [J]. Journal of creative behaviour, 1992 (4): 242-254.

附　　录

附录一：

高校创新型人才培养的调查问卷（学生问卷）

尊敬的同学：

您好！我们是"高校创新型人才培养的社会学分析"课题研究组成员，目前正在着手进行一项高校创新型人才培养的现状调查，请你结合自己的实际如实填写。此问卷采用不记名填写方式，你的回答仅供本次研究分析使用，有关个人相关信息绝对保密。在此，向你深表谢意！

祝学业顺利、生活愉快！

"高校创新型人才培养的社会学分析"课题研究组

一、以下题目，请结合自己个人实际情况填写，或在相应的位置画"√"。

1．性别：A．男　B．女

2．你是来自：A．城市　B．农村

3．你现在的学历是：A．本科　B．硕士　C．博士

4．你的专业属于：A．文科　B．理科　C．工科

5．你是否有工作经历：A．有　有____年　B．无

6．你所读的学校是：A．985　B．211　C．地方重点本科　D．地方普通本科　E．其他

7. 你的职业定向是：A. 从政 B. 从商 C. 从工 D. 从农 E. 从教 F. 其他

8. 你父母亲的最高学历是：A. 专科及以上 B. 高中及相当学历 C. 初中及以下

9. 你是否参加过课题研究：A. 是 B. 否

10. 你是否亲自主持过课题研究：A. 是 B. 否

11. 你是否发表过论文：A. 是 B. 否 若有，核心____篇，一般____篇。

12. 你是否取得过专利：A. 是 B. 否

13. 你获奖级别最高的是：A. 国家级 B. 省部级 C. 市县级 D. 校级 E. 无

14. 你撰写学术著作的情况：独著__本，合著__本，主编__本，参编__本。

二、请认真阅读下列问题，然后根据自己的实际情况在你认为符合的地方画“√”。

1. 你对学校开设的课程：

A. 很不满意 B. 不太满意 C. 基本满意 D. 比较满意

E. 非常满意

2. 你对学校教师的教学方法：

A. 很不满意 B. 不太满意 C. 基本满意 D. 比较满意

E. 非常满意

3. 你对教师的创新精神：

A. 很不满意 B. 不太满意 C. 基本满意 D. 比较满意

E. 非常满意

4. 你对学校的学习氛围：

A. 很不满意 B. 不太满意 C. 基本满意 D. 比较满意

E. 非常满意

5. 你对科学研究的兴趣程度：

A. 没兴趣 B. 兴趣不高 C. 一般 D. 较有兴趣

E. 很有兴趣

6. 你对大学生活的适应性：

A. 很不适应　B. 不太适应　C. 基本适应　D. 比较适应

E. 非常适应

7. 你与学校老师的关系：

A. 很不好　B. 不太好　C. 一般　D. 比较好

E. 非常好

8. 你所在学校的图书实验设备能否满足你的学习需求：

A. 不能满足　B. 基本满足　C. 能满足

9. 你的任课教师是不是创新型教师：

A. 全都不是　B. 个别是　C. 全都是

10. 你现在的学习成绩是：

A. 不合格　B. 合格　C. 中等　D. 良好

E. 优秀

11. 你现在是不是创新型人才：

A. 不是　B. 不完全是　C. 是

12. 你参加科研活动的情况：

A. 不参加　B. 有时参加　C. 经常参加

13. 你在学习过程中能不能根据自己的爱好选择自己喜欢的课程：

A. 不能　B. 不完全能　C. 能

14. 你觉得制约自己发展的主要因素是：

A. 家庭条件　B. 学校教学质量

C. 社会环境　D. 个人努力　E. 其他

15. 你希望自己成为一个什么类型的人才：

A. 科研型人才　B. 技术应用型人才

C. 领导管理型人才　D. 其他

16. 你在大学最喜欢做的事是：

A. 参加学校的社团活动　B. 参加学术交流活动

C. 参加社会实践活动　D. 其他

17. 你希望学校对你如何管理：

A. 严格管理　B. 宽严结合　C. 放任自由

三、你学习的动机如何，请根据自己的实际情况在相应的标号上画“√”。

序号	描　述	很不符合	不太符合	基本符合	比较符合	非常符合
1	获取文凭学历					
2	增加经济收入					
3	提高社会地位					
4	提高文化素养					
5	满足家长需要					
6	获得较多乐趣					
7	有较多成就感					
8	适应工作需要					
9	获得更多机会					

四、结合自己的实际，谈谈目前不利于自己发展的因素有哪些，你对学校在人才培养方面有哪些建议？

附录二：

高校创新型人才培养的访谈提纲

一、针对高校管理者的访谈提纲

你好，请介绍一下自己（姓名、性别、年龄、专业、在管理岗位上工作了几年）。

1. 你对高校创新型人才培养方面的认识。
2. 贵校（院）过去在创新型人才培养方面的举措。
3. 贵校（院）在创新型人才培养方面的主要成效。
4. 贵校（院）在创新型人才培养方面的现实困难，原因是什么。
5. 贵校（院）下一步在创新型人才培养方面的改革思路。

二、针对高校教师的访谈提纲

你好，请介绍一下自己（姓名、性别、年龄、专业、在教师岗位上工作了几年）。

1．你对高校创新型人才培养方面的认识。

2．贵校（院）过去在创新型人才培养方面的举措，你是怎么做的。

3．贵校（院）在创新型人才培养方面的主要成效，你的经验是什么。

4．贵校（院）在创新型人才培养方面的困难，你在教学过程中存在的问题，原因是什么。

5．贵校（院）下一步在创新型人才培养方面的改革思路，你打算怎么做。

三、针对高校学生的访谈提纲

你好，请介绍一下自己（姓名、性别、年级、专业）。

1．你对高校创新型人才培养方面的认识。

2．为了成为创新型人才，你在学习方面是如何做的。

3．为了成为创新型人才，你在学习方面有什么经验。

4．在学校培养创新型人才的过程中，你在学习方面存在哪些困难，原因是什么。

5．为了成为创新型人才，你觉得学校应该在哪些方面为你们创造条件。

6．为了成为创新型人才，你将通过哪些方面进行努力。

后　记

本书是以笔者的博士学位论文《高校创新型人才培养的社会学分析》为原稿，在华中师范大学2015年出版的专著《改革与探索：高校创新型人才培养的社会学分析》的基础上完成的，也是笔者主持的贵州省哲学社会科学招标项目"新形势下贵州创新型人才培养机制研究"的阶段性成果之一。

开展"创新型人才培养"这一主题的研究，既有导师董泽芳先生的引导，也有笔者的喜好，更有基于社会需要的因素。其一，导师董泽芳先生是高等教育领域的前辈，在课堂教学和平时的交流讨论中有意或无意地引导着我们思考高校的人才培养问题，笔者于是也对此进行积极的思考，且有多篇论文见诸报刊。可以说，能够对"创新型人才培养"展开研究，要感谢导师董泽芳先生的正确引导。其二，笔者已在高等教育系统学习、生活和工作了十多年，学生时代当过学生干部，现在的职业是高校教师，曾做过教育行政机关工作人员，毕业后长期从事学生辅导员工作。作为一名基层的高校教育工作者，本身的职业就是从事人才培养的工作，特别在高校实施创新型人才培养的洪流中，对高校创新型人才的培养有较深刻的体会，并对理论和实践中存在的问题较为敏感。其三，创新型人才的培养是实现国家富强、民族振兴和人民幸福的重要基石，《国家中长期教育改革和发展规划纲要（2010—2020年）》提出"创新型人才培养具有相当的重要性和紧迫性"，充分体现了破解这一议题的时代需要和社会责任。

能够取得本书中的研究成果，特别要感谢我的导师董泽芳先生，感谢恩师将我这个来自西部边陲农村、专业基础薄弱的学子收归门下，老师给了我人生中最重要的一个机会，其对我的培养、启发、引导和再造之恩将使我永远铭记于心。“一位好老师，胜读万卷书”，在博士学业生涯中，除了上课时间的课程学习外，我每周基本上都要保持与老师见一到两次面，感受老师的教学智慧和学者风范。老师年近七旬，曾当过大学校长和党委书记，直到现在，仍保持着规律的作息时间，数十年如一日，即便逢年过节，只要打他办公室的电话，总能听到他智慧、清脆而明快的声音。自指导我的学业以来，无论是课程讲授，还是学业指导，老师用他那渊博的学识、敏锐的思维叩开了我的学术之门，让我在学术的海洋中自由地翱翔，奠定了我对学问的旨趣。老师常说“好课不厌百遍听”，有时，当老师的课与别的课在时间上有冲突时，为了能让我们更好地选课、听课，老师主动调整了自己的上课时间，让我们好几个同学感动无比。在本书的著述过程中，无论是选题、开题，还是写作、修改，处处凝聚着恩师的智慧、汗水和辛勤的劳动，恩师严谨求实的学风、忠于职守的精神、博雅高尚的人格、朴实正直的品行、刚毅慈爱的情怀、开放睿智的个性，都将作为我人生宝贵的精神财富，将在我今后的人生道路上产生深深的影响，不断鼓励着我、鞭策着我前进。师恩如海，敬同于父，感念恩德，在此，对恩师表示衷心的感谢！

此外，还要特别感谢华中师范大学教育学院的各位老师们！感谢郭文安教授、凌云教授、欧阳光华教授、王俊教授和杨杏芳教授等，正是他们精彩的课程教学和学术交流给了我从事学术活动的动力源泉和思想启迪；感谢教育学院办公室、研究生院和图书馆等部门的各位老师，正是他们的辛勤劳动和付出，我才有可能在优美和谐的校园中顺利完成本书。感谢在调研过程中给予我帮助的相关单位的领导、老师和学生，得益于他们的大力支持和全力配合，让我收集到了许多翔实的资料，为本研究的顺利完成奠定了重要的研究基础，再次向他们表示深深的感谢！感谢陪伴我读博岁月的师兄、师姐、师弟、师妹，他们在本研究进行过程中给予我无穷的智慧启迪和思想引领。

感谢恩师董泽芳先生年逾古稀仍然在谋划“高等教育与社会发展论丛”的出版事宜，仍然在协助华中师范大学出版社申报“高等教育与社会发展论丛”的国家出版基金资助。本书出版得到华中师范大学出版社周挥辉社长、冯会平主任等的热情帮助和大力支持，在此一并表示诚挚的谢意！

袁 川

2018年7月18日于贵阳